普通高等教育一流本科专业
建设成果教材

化学化工文献检索与应用

第三版

陈 琼 辜清华 编著

HUAXUE HUAGONG WENXIAN
JIANSUO YU YINGYONG

化学工业出版社

·北京·

内容简介

本书在延续第二版经典内容的基础上，简述了文献基础知识、化学化工专业领域的重点科技图书与期刊等内容，重点介绍了化学领域各类期刊数据库与电子期刊，Web of Science、SciFinder Scholar、Reaxys 等数据库的新的检索方法。另外，还详细介绍了专利文献检索、Web 资源检索等内容。本书相关课件以二维码的形式置于每章后，便于读者参考使用。

本书可作为高等院校化学、化工类专业及相关专业教材，也可供相关专业的技术人员、科研工作者等参考。

图书在版编目（CIP）数据

化学化工文献检索与应用／陈琼，辜清华编著．—3 版．—北京：化学工业出版社，2024.3
普通高等教育一流本科专业建设成果教材
ISBN 978-7-122-44637-4

Ⅰ.①化… Ⅱ.①陈… ②辜… Ⅲ.①化学-情报检索-高等学校-教材 ②化学工业-情报检索-高等学校-教材
Ⅳ.①G252.7

中国国家版本馆 CIP 数据核字（2024）第 000104 号

责任编辑：刘 军　　　　　　　　文字编辑：向 东
责任校对：宋 玮　　　　　　　　装帧设计：刘丽华

出版发行：化学工业出版社
　　　　　（北京市东城区青年湖南街 13 号　邮政编码 100011）
印　　装：河北鑫兆源印刷有限公司
787mm×1092mm　1/16　印张 12½　字数 278 千字
2024 年 3 月北京第 3 版第 1 次印刷

购书咨询：010-64518888　　　　　售后服务：010-64518899
网　　址：http://www.cip.com.cn
凡购买本书，如有缺损质量问题，本社销售中心负责调换。

定　　价：39.80 元

前言

本书第二版于 2015 年出版至今已有八年时间。在此期间，随着网络的发展及各种数据库的建立和推广，科研工作者的检索手段和途径有了翻天覆地的变化。化学化工对整个科技领域的发展和经济社会的进步起到了强有力的推动作用。我们必须坚持"四个面向"，紧跟国家科技布局，为解决国家重大需求做出努力与贡献，使我国化学科学更上一个台阶，更好地发挥其在科技和经济发展中的作用。化学化工文献的重要性在于它们为科学研究提供了重要的参考资料和指导。为了更好地适应现阶段文献检索的需要，我们对本教材进行了适时的修订。

此次修订的指导思想是：在充分发挥第二版特色的前提下，对检索方法进行了更新和补充，增加目前科研领域常用的新检索方法。同时，对全书进行全面的梳理、总结，提升教材的科学性、严谨性。

此次修订的主要内容是：

（1）对第一章至第三章、第八章及附录的内容进行了较大的修改、补充。

（2）在第二版"第四章期刊"中新增了"Nature 数据库"和"Science Online 数据库"，并进行了详细的使用介绍。

（3）将第二版"第五章 Web of Knowledge 的数据库"内容进行了全面更新。它是根据 www 的超链接特性，建立的一个以知识为基础的学术信息资源整合平台，是一个采用"一站式"信息服务的设计思路构建而成的多学科、多种信息类型的数字化研究环境，将各种高质量的期刊、会议、专利、学科网站、Web 学术全文文献以及化合物信息资源整合在同一系统内，提供多个领域中的学术信息，兼具知识的检索、提取、管理、分析和评价等多项功能。

（4）增加了目前学者们使用较多的"Sci-Hub 数据库"（第七章）内容。Sci-Hub 数据库收集了超过 8800 万份研究文件，全部免费下载。包括发表在期刊上的研究论文、会议论文集、书籍的章节等。Sci-Hub 数据库的总规模约为 100TB，数据库中的大多数研究文章（约 2500 万篇）来自医学和健康领域的期刊，其次是化学、生物学、人文社会科学以及其他领域。

（5）在第三版中对"第六章 SciFinder Scholar 数据库"补充了大量内容和实例介绍。

（6）本书相关课件以二维码的形式放在了每章后面，便于读者参考使用。其中，第一章至第三章课件合并成一个文件放在了第三章末。

本书第三版共十章，其中第五、六、七、八、九章主要由陈琼撰写，其余章节由陈琼对第二版中辜清华老师的撰写内容进行补充修改。科学技术高速发展、文献信息不断出新，而文献检索是一门经验积累的课程，它需要反复实践和总结，加之编者的水平和对文献编排原理的理解上的局限，不当和疏漏之处在所难免，恳请广大读者批评指正。

本书在编写过程中得到华中师范大学化学学院老师们的关心和帮助，我们的学生在本书的插图及校对上付出了很多辛勤的劳动，在此一并向他们致以最诚挚、最衷心的感谢！

编著者
2023 年 10 月于武汉桂子山

第一版前言

化学文献在化学学科的发展中具有极其重要的地位和作用，浩瀚的文献量、丰富的信息汇集保存了人类在化学领域创造的科技成果，贯穿于化学学科发展之中。可以说化学文献信息是启迪化学工作者智慧的钥匙，是掌握和获取化学知识的源泉。因此，文献检索已是化学专业学生的必修课，也是化学工作者必须掌握的基本技能。在信息高速发展的今天，计算机和网络技术使文献检索手段发生了重大变化，它的方便、快速、灵活给文献检索技术注入了新的活力和内容，也使文献检索变得日趋重要。我们的教育不应该只注重给学生一个完整的理论体系，还应当给学生一个获取信息、分析信息的方法。在西方很多国家的高校，在大学高年级学生和研究生学习阶段的重要学习就是如何读文献。每一次的科技报告和作业，留下来的很多都是文献方面的问题。我国教育部自 1984 年就印发了关于在高等学校开设文献检索与利用的课程的通知后，于 1992 年又下达了《关于〈文献检索课教学基本要求〉的通知》，由此我们可以看出文献信息对于培养未来科技工作者的重要性。

编者结合长时间的教学和科研以及图书馆文献信息工作的实践，结合国内外检索系统和检索工具书、文献数据库及其他资料，考虑到网络信息检索、文献数据库检索与手工文献检索的继承性和交互性，以及对在校学生文献基本知识与查阅技能的训练要求和学生在校学习环境和条件，编写了《化学化工文献检索与应用》一书。

本书共八章，第一章主要介绍文献的基础知识，使读者对文献的基本常识和检索途径及方法有一个大致了解。第二章中介绍了科学研究方法和科技论文的写作。第三章主要介绍图书的分类、图书馆与电子图书、化学领域的各类工具书及参考书。文献信息是指导科学研究的基础，而科学研究又能加深对文献知识的掌握。科学研究与文献知识密不可分。期刊是文献信息的重要来源，作为高校化学专业的学生应当对本专业的学术期刊有所了解，对期刊文献数据库应会查阅。在第四章中重点介绍了化学领域各类的期刊、SCI 检索的期刊和网上期刊数据库、电子期刊。纸版的美国化学文摘似乎没有网络系统的 SciFinder Scholar 及 CA on CD 光盘先进，但它是检索美国化学文摘的基础，因此第五章中，仍重点介绍了各类检索的索引和检索方法、著录说明、具体研究课题的检索途径。为配合 CA on CD 光盘在各高校图书馆的应用，在本章中对 CA on CD 光盘的基本检索技能通过检索实例进行了介绍。CA（化学文摘）的网络版数据库 SciFinder Scholar 由于收录内容比 CA 更广泛、更强大，检索方式更现代、检索途径方便，在本书中单独作为第六章介绍。第七章介绍了专利的基本知识、专利的主要文献及检索专利的重要数据库与专利检索方法。联机检索虽是机构与有关职能部门应用较多，但读者在科技研究中也常涉及，因此，在第八章对 Dialog 系统联机检索的基本知识作了介绍。此外，本书后面的附录中介绍了重点化工信息网、与化学有关的 SCI 收录期刊及影响因子、中国科技论文统计源期刊目录、免费专利网、原料和中间体信息网。

科学技术高速发展、文献信息不断出新，而文献检索是一门经验积累的课程，它需要反复实践和总结，加之编者的水平和对文献编排原理的理解上的局限，不当和疏漏之处在所难免，恳请广大读者批评指正。

本书第四章与第六章主要由辜清华编写，其余章节由朱传方编写，本书在编写过程中得到华中师范大学化学院领导的关心，化学院资料室严刚老师的支持与帮助，以及华中师大教务处的教材立项的经费支持，在此表示衷心的感谢！

编者

2010 年 3 月于武昌桂子山

第二版前言

本书第一版于 2010 年出版,至今已近五年时间,在此期间,随着计算机的普及以及各种数据库的建立和推广,科研工作者的检索手段和途径有了翻天覆地的变化。为了更好地适应现阶段文献检索的需要,我们对本书进行了适时的修订。

此次修订的指导思想是:在充分发挥第一版特色的前提下,删除一些比较旧的检索方法,增加目前科研领域常用的新检索方法;同时,对全书进行一定的梳理、总结,提升教材的科学性、严谨性。

此次修订的主要变动有以下几点。

(1) 对前四章、第八章及附录的内容进行了适当的修改、补充。

(2) 将第一版中的"第五章美国化学文摘"删除,原因是现在一般不使用手工方式对美国化学文摘(CA)进行检索,而且 CA 检索方式存在 11 个月到 3 个月的报道时差。而目前流行的"SciFinder Scholar 数据库"则包含了 CA 的内容,而且可以查询到当天的最新记录。而我们在第二版中对"第六章 SciFinder Scholar 数据库"进行了大量的补充和实例介绍。

(3) 增加了目前广泛使用的"Web of Knowledge 的数据库"(第五章)。它是根据 www 的超链接的特性,建立的一个以知识为基础的学术信息资源整合平台,是一个采用"一站式"信息服务的设计思路构建而成的多学科、多种信息类型的数字化研究环境,将各种高质量的期刊、会议、专利、学科网站、Web 学术全文文献以及化合物信息资源整合在同一系统内,提供多个领域中的学术信息,兼具知识的检索、提取、管理、分析和评价等多项功能。

(4) 增加了目前广泛使用的"Reaxys 数据库"(第七章)内容。Reaxys 是在 2009 年由著名的贝尔斯坦(CrossFire Beilstein)、专利化学数据库(Patent Chemistry)和盖墨林(Gmelin)整合为一的,包含了 3000 多万个反应、2000 多万种物质、500 多万条文献记录,并且数据库处于不断的更新中。"Reaxys 数据库"在化学反应的查询上具有极大优势。

(5) 删除了第一版中目前不常用的"第八章 Dialog 联机检索系统",增加了更为流行的"第九章 Web 资源"。

本书共 9 章,第五、六、七、九章主要由陈琼编写,其余章节由陈琼对第一版中相关内容进行补充修改。科学技术高速发展、文献信息不断出新,而文献检索是一门经验积累的课程,它需要反复实践和总结,加之编者的水平和对文献编排原理理解上的局限,不当和疏漏之处在所难免,恳请广大读者批评指正。

本书在编写过程中得到华中师范大学化学院领导的关心,我们的学生在本书的插图及校对上付出了很多辛勤的劳动,在此一并向他们致以最诚挚、最衷心的感谢!

编著者

2014 年 11 月于武汉桂子山

目录

第一章 科技文献基础知识 ······ 001
 第一节 科技文献的基本常识 ······ 001
  一、文献的功能与属性 ······ 001
  二、科技文献的级别 ······ 001
  三、文献的分类 ······ 002
 第二节 科技文献的检索方法 ······ 005
  一、科技文献的检索途径 ······ 005
  二、查阅科技文献的基本原则 ······ 005
  三、文献的检索方法 ······ 006

第二章 科学研究的方法和科技论文的写作 ······ 008
 第一节 科学研究的方法 ······ 008
  一、科研课题的选题 ······ 008
  二、科研实验中的基本步骤 ······ 010
 第二节 科技论文的写作与参考文献引证 ······ 011
  一、科技论文的写作 ······ 011
  二、参考文献的引证 ······ 013
 思考题 ······ 017

第三章 科技图书 ······ 018
 第一节 图书的分类 ······ 018
  一、国际十进分类法 ······ 018
  二、杜威十进制分类法 ······ 019
  三、联合国教科文组织分类法 ······ 019
  四、美国国会图书馆分类法 ······ 019
  五、中国图书分类法 ······ 019
 第二节 电子图书馆与电子图书 ······ 020
  一、电子图书馆 ······ 020
  二、电子图书 ······ 021
 第三节 辞典、手册、工具书及参考书 ······ 022

一、辞典 ∙∙ 022

二、手册 ∙∙ 026

三、大型工具书及参考书 ∙∙ 030

思考题∙∙ 034

第四章　期刊 ∙∙ **036**

第一节　重要化学化工期刊介绍 ∙∙∙∙∙∙∙∙∙∙∙∙∙∙∙∙∙∙∙∙∙∙∙∙∙∙∙∙∙∙∙∙∙∙ 036

一、综合性自然科学期刊 ∙∙ 036

二、综合性化学期刊 ∙∙ 039

三、综述性化学化工期刊 ∙∙ 043

四、化学化工各专业主要期刊 ∙∙∙∙∙∙∙∙∙∙∙∙∙∙∙∙∙∙∙∙∙∙∙∙∙∙∙∙∙∙∙∙∙∙ 044

第二节　与期刊有关的化学资源数据库 ∙∙∙∙∙∙∙∙∙∙∙∙∙∙∙∙∙∙∙∙∙∙ 057

一、常用化学资源数据库概述 ∙∙∙∙∙∙∙∙∙∙∙∙∙∙∙∙∙∙∙∙∙∙∙∙∙∙∙∙∙∙∙∙∙∙ 057

二、SCI 科学引文索引数据库 ∙∙∙∙∙∙∙∙∙∙∙∙∙∙∙∙∙∙∙∙∙∙∙∙∙∙∙∙∙∙∙∙∙∙ 058

三、ACS Publications 美国化学会期刊全文数据库 ∙∙∙∙∙ 062

四、RSC Publishing 英国皇家化学会期刊全文数据库 ∙∙∙ 064

五、Elsevier ScienceDirect 爱思唯尔出版社期刊全文数据库 ∙∙∙∙∙∙ 064

六、Wiley InterScience 电子期刊全文数据库 ∙∙∙∙∙∙∙∙∙∙∙∙∙ 067

七、SpringerLink 施普林格出版社全文数据库 ∙∙∙∙∙∙∙∙∙∙∙ 070

八、中国知网学术期刊全文数据库 ∙∙∙∙∙∙∙∙∙∙∙∙∙∙∙∙∙∙∙∙∙∙∙∙ 074

九、Nature 数据库 ∙∙∙ 076

十、Science Online 数据库 ∙∙∙∙∙∙∙∙∙∙∙∙∙∙∙∙∙∙∙∙∙∙∙∙∙∙∙∙∙∙∙∙∙∙∙ 079

思考题∙∙ 082

第五章　Web of Knowledge 的数据库 ∙∙∙∙∙∙∙∙∙∙∙∙∙∙∙∙∙∙∙∙∙∙ **084**

第一节　Web of Knowledge 的数据库集与服务 ∙∙∙∙∙∙∙∙∙ 084

一、Web of Science 核心合集 ∙∙∙∙∙∙∙∙∙∙∙∙∙∙∙∙∙∙∙∙∙∙∙∙∙∙∙∙∙∙∙ 084

二、BIOSIS Previews ∙∙∙ 086

三、Inspec ∙∙∙ 086

四、KCI-Korean Journal Database ∙∙∙∙∙∙∙∙∙∙∙∙∙∙∙∙∙∙∙∙∙∙∙∙∙ 087

五、MEDLINE ∙∙ 087

六、SciELO Citation Index ∙∙∙∙∙∙∙∙∙∙∙∙∙∙∙∙∙∙∙∙∙∙∙∙∙∙∙∙∙∙∙∙∙∙∙ 087

第二节　Web of Knowledge 的检索 ∙∙∙∙∙∙∙∙∙∙∙∙∙∙∙∙∙∙∙∙∙∙∙∙ 087

第三节　Web of Science 检索方法实例 ∙∙∙∙∙∙∙∙∙∙∙∙∙∙∙∙∙∙∙ 089

一、查找某个主题相关的高影响力文章 ∙∙∙∙∙∙∙∙∙∙∙∙∙∙∙∙∙∙ 089

二、获取特定专业某方向的研究现状 ∙∙∙∙∙∙∙∙∙∙∙∙∙∙∙∙∙∙∙∙∙∙ 091

三、了解某位科学家有多少篇论文被 SCI 收录，被别人引用情况及主要方向 ∙∙∙∙∙∙∙∙∙∙∙∙ 094

　　四、查询自己的论文（或某一重要论文）引用情况 ·························· 097

　　五、获取某一领域的 Top10 期刊信息 ································· 098

　　六、检索某一化学结构的化合物是否为新化合物 ·················· 099

　思考题 ··· 101

第六章　SciFinder Scholar 数据库 ······························· 102

第一节　SciFinder Scholar 简介 ································· 102

　一、SciFinder Scholar 的主要栏目 ····························· 102

　二、通过检索 SciFinder Scholar 可获取的信息 ·················· 103

　三、SciFinder Scholar 的检索信息 ····························· 104

第二节　SciFinder Scholar 的检索方法实例 ···················· 104

　一、文献检索 ··· 106

　二、物质检索 ··· 109

　三、反应检索 ··· 121

　四、检索结果及其分析功能 ··· 122

　思考题 ··· 124

第七章　Sci-Hub 数据库 ······································· 125

第一节　Sci-Hub 简介 ··· 125

第二节　Sci-Hub 的检索方法实例 ································· 126

　一、URL 检索 ··· 126

　二、PMID 检索 ··· 128

　三、DOI 检索 ··· 129

　思考题 ··· 131

第八章　Reaxys 数据库 ··· 132

第一节　Reaxys 数据库简介 ······································· 132

　一、CrossFire Beilstein ··· 133

　二、Patent Chemistry ··· 133

　三、CrossFire Gmelin ··· 133

第二节　Reaxys 数据库功能介绍 ································· 133

　一、Reaxys 的检索（Quick search） ····························· 134

　二、Reaxys 的检索（Query builder） ···························· 134

　三、Reaxys 的合成设计（Retrosynthesis） ······················ 135

第三节　Reaxys 的检索方法实例 ································· 136

　实例 1　化合物硝磺草酮（Mesotrione）的结构检索 ·············· 136

　实例 2　锂硫电池的关键词检索 ································· 137

实例 3　结构编辑器中不定位键的使用说明 ·· 139

实例 4　快速筛选对"冠状病毒"有活性的化合物 ·· 140

实例 5　Suzuki 偶联反应制备取代联苯的条件筛选和相关机理文献检索 ········ 143

实例 6　吉非替尼（Gefitinib）合成路线设计 ·· 146

思考题 ·· 148

第九章　专利 ··· 149

第一节　概述 ·· 149

一、专利的性质和保护内容 ··· 149

二、授予专利的条件与专利的申请办法 ·· 150

三、专利说明书 ··· 150

四、专利的审批制度 ··· 151

第二节　美国专利 ··· 151

一、美国专利的特点及分类 ··· 152

二、美国专利说明书及著录说明 ·· 152

三、美国专利商标局网站 ·· 154

第三节　欧洲专利 ··· 161

一、欧洲专利说明书 ··· 161

二、欧洲主要国家的专利制度及检索入口 ·· 162

三、欧洲专利检索方法 ·· 163

第四节　世界知识产权组织 ·· 169

一、世界知识产权组织简介 ··· 169

二、专利检索方法 ·· 170

第五节　德温特专利检索体系 ··· 174

第六节　中国专利 ··· 175

一、中国专利文献 ·· 175

二、中国专利数据库 ··· 177

三、中国专利查询举例 ·· 177

第七节　专利下载方法 ··· 179

一、美国专利下载 ·· 179

二、欧洲专利下载 ·· 179

三、中国专利下载 ·· 180

四、各国专利网站 ·· 180

思考题 ·· 181

第十章　Web 资源 ··· 183

一、Google 学术搜索 ·· 183

二、X-MOL 科学知识平台 ·· 184

三、PubMed ··· 185

四、小木虫学术科研论坛 ·· 186

五、PLoS Journal（科学公共图书馆期刊） ································ 186

六、开放获取课件 ·· 187

思考题 ··· 187

参考文献 ··· 188

第一章

科技文献基础知识 →

第一节　科技文献的基本常识

一、文献的功能与属性

文献是记录知识内容的信息集合体，是人类进步和发展的经验总结，是科技情报的源泉。文献有三大属性：知识性、记录性、物质性。知识产生离不开信息及信息的传递，经过思维加工处理被证实是正确的信息就是知识。而文献则是信息、知识和情报的唯一载体。由于介质不同，记录知识等的方式和手段不同，由此文献是采用不同的手段如以文字、图形、符号等通过排版印刷记录于纸张上，或用光、电等信号通过数据转换，借助于计算机把知识记录于磁带、磁盘、光盘等介质上。因此，文献按载体形式可分为印刷型、微缩型、声像型、机读型、手写型等。文献具有两个基本功能：

（1）继承功能　一切新的知识的产生都是在前人的发现、发明、知识总结的基础上产生的。从元素的发现、性质、反应、反应规律、反应机理的探讨，到今天化学在各个领域中的应用，都记录着当时的文献背景，化学就是在总结这些文献的基础上进一步探索而发展起来的。可以说文献正是通过汇集并保存人类创造的一切科学技术成果，成为传世和继承的媒介，这种媒介无所不在，贯穿于人类发展的历史长河之中。

（2）传递交流功能　文献是传递交流信息知识的主要媒介，由于这种交流，往往使异地相隔的科学研究者成为密友和合作伙伴，也是由于这种交流使研究者和科学管理者们密切注意各国在各学科领域的发展动向，从而决定自身的科研政策、研究方向、布局、步骤和方法，大大地促进了科学的向前发展。

二、科技文献的级别

根据文献传递知识、信息的质和量的不同及加工层次的不同，人们将文献分为零次文献、一次文献、二次文献、三次文献。

（1）零次文献　零次文献指未经正式发表或未形成正规载体的一种文献形式，如书信、手稿、笔记、会议记录等。零次文献一般通过口头交谈、参观展览、报告会等途径获取，能弥补一般公开文献从信息的客观形成到公开传播之间费时的弊病，且内容上具有一定价值。

（2）一次文献　一次文献也称原始文献，直接记录科研与开发及生产中的新发明、新创造、新技术、新知识的原始论文，习惯上称为第一手资料，它是科学工作者经常阅读的主要文献。这类文献主要包括期刊、科技报告、专利说明书、会议论文、学位论文等。这类文献有文摘、索引、题录、目录。一次文献具有创造性、新颖性、先进性等特点，具有参考借鉴的价值，但数量庞大、发表分散、难以查找。

（3）二次文献　二次文献是对一次文献加工整理的产物，也称检索工具。指将分散的、无组织的一次文献进行加工整理，提供有规律的检索途径，是科研人员进行文献检索的主要工具和手段。

（4）三次文献　指在选用一次文献的基础上经重新组织、综合分析而编写的文献。这类文献主要包括综述性报告、进展和评述、数据手册、年鉴、百科全书等。三次文献集中了某一领域的大量信息，对该领域的发展历史、现状及趋势都有较系统的介绍，是获取信息十分有效的途径和手段。

三、文献的分类

科技文献的出版类型主要包括：期刊、图书、专利、科技报告、会议文献、学位论文、技术标准、产品资料、电子出版物和联机系统、政府出版物等。

（1）期刊　期刊（periodicals）亦称杂志（journal 或 magazine），为定期或不定期的连续出版物，因此又称为连续出版物（serials）。期刊的内容一般是围绕某一主题、某一学科或某一研究对象，由多位作者的多篇文章编辑而成，用卷、期或年、月顺序编号出版。现在，正式出版的期刊通常都有国际标准连续出版物号（International Standard Series Number，ISSN）。期刊中所发表的论文多数是一些首次发表的第一手情报知识，许多新的成果、观点往往首先在期刊上刊登，内容较为新颖、丰富，它的发行与影响面广，能及时反映水平动向。

目前，中国期刊总数已超过 1 万。具有高知名度、高学术水平的称"双高期刊"；而获国家期刊奖、国家期刊奖提名奖的期刊称"双奖期刊"；通过每两年一届评比产生的百种重点社科期刊、百种重点科技期刊称"双百期刊"。国际期刊或外文期刊一般以 SCI 影响因子进行评定。

期刊包含一、二、三次文献。期刊在科技信息来源方面占有很重要的地位，它和专利文献、科技图书三者素有科技文献三大支柱之称。

在原始性期刊中发表的论文通常有三种：论文全文（paper）、简报或摘记（note）和通讯（communication 或 letter）。论文通常分为研究性论文与综述性论文。研究性论文全文通常包括摘要、关键字、前言、实验、简要的结论和结果讨论等部分；而综述性论文一般是对某一研究领域的进展进行评述。简报的内容不如论文有分量，重点在实验部分，前言、结果和讨论都很简短。通讯对那些即将发表的论文中特别重要的问题予以抢先报道，因而反映新思想。关于国内外各类期刊的数据库或网址将在"第四章期刊"中详细介绍。

(2) 图书　图书是对已发表的科技成果、生产技术知识和经验的概括论述，而不直接记录科研、生产的成果，一般来说它是经过总结和重新组织的三次文献。现在，正式出版的图书均有 ISBN (International Standard Book Number)。图书的内容从时间上看，它所报道的知识比其他类型的科技文献要晚，通常不反映最新的科技情报。但是，图书中所提供的资料比较系统、全面，是一种较成熟的科技资料。

(3) 专利　世界上许多国家和地区都实行专利制度。通常我们所说的专利文献，是指向专利局申请专利时所呈交的一份详细说明发明的目的、意义、特点用途的书面技术文件——专利说明书。专利说明书有各种形式：发明专利申请公开说明书；发明专利审定说明书；专利公报等。全世界发明创造成果约 90%～95% 首先公之于专利文献，故它是获取新技术最快、最重要的技术信息资源。主要检索工具有：①中国国家知识产权局专利检索数据库（https://pss-system.cponline.cnipa.gov.cn/conventionalSearch）；②欧洲专利局（https://www.epo.org/en）；③美国专利商标局专利数据库（http://www.uspto.gov）；④日本特许厅专利数据库（http://www.jpo.go.jp 或者 https://www.j-platpat.inpit.go.jp）等。

(4) 科技报告　科技报告是科学研究过程中的一种技术性资料，是科学研究或承担单位向为其提供经费的部门反映研究过程、阶段进展情况的备忘录或报告，以及工作最终成果的正式技术文件。科技报告涉及的研究课题可以分为生产技术与理论研究两个方面，其类型包括技术报告书、技术备忘、札记、通报等。它是科技工作者围绕某一专题从事研究所取得的进展情况和结果的记录，也是科技人员用来交流自己的开发和研究活动成果的重要手段。科技报告具有保密性，它所报道的科技研究成果，要比期刊论文详尽。它可以是成功的记录，也可是失败的记录，常常还附有大量图表及原始数据等。科技报告在文字上比较随意，没有固定周期，其报告一般采用分别出版单行本的办法提供使用。为便于管理和检索，每件报告都编有一定的带有研究机构代号的流水号（报告序号）。如：NASA 报告源于美国国家航空航天局（National Aeronautics & Space Administration）英文名首字母，NASA 报告始于 1958 年，它是一种综合性的科技报告，除航空航天外，还涉及机械、化工、电子和天体物理等特殊性相关学科。

网址：https://ntrs.nasa.gov

(5) 会议文献　会议文献就是学术会议上所提交的论文。发表过的论文不能参加学术会议，而会议上提交的论文还可正式发表，学科领域中的重大发现与创新性的成果往往在会议上先发表。据有关部门统计全世界每年召开的科技会议有一万个左右，参加科技会议不仅能得到会议的文献，更重要的是可以通过会议中的交流，了解正在进行中的科学研究动向。

科技会议文献是报道科技成果的主要形式，它的专业性强、内容新颖。美国化学会每年两次年会，会议的论文摘要（abstracts of national meeting of american chemical society）就是很有价值的文献资料，具有相当高的引文影响因子。由于科技会议的分散性与不规则性，会议文献大多为非正式出版物，通常只有会议代表能得到，不易收集。会后文献是主要的会议文献，通常为专家审定后录用的论文的正式出版物。我国收藏会议文献的主要单位有：中国科技信息研究所、中国科学院文献情报中心以及各大型图书馆。如：中国科技信息研究所主编的《中国学术会议论文库》（CACP）可在网上查阅（https：//c.wanfangdata.com.cn/conference）；美国科学情报研究所编辑的《科技会议录索引》（Index to Scientific & Technical Proceedings，ISTP）是当前报道重要国际会议论文的权威性刊物。

（6）学位论文　学位论文是高等学校或科研单位的研究生为取得某种学位而撰写的研究性论文。学位论文在英国称为 thesis，在美国称为 dissertation。学位论文从内容上看，一般都参考了大量国内外文献资料，对研究的课题有详细的记述和论证，一些优秀的学术论文的主要部分通常会在期刊上发表。

（7）技术标准　技术标准主要是对工农业产品和工程建设的质量、规格、技术要求、生产过程、工艺规范、检验方法及其计量方法等方面所作的技术规定，反映了当时的技术水平及政策，是从事生产、建设的一个共同的技术依据，是一种规章性的文献，具有一定的法律约束力。标准的"新陈代谢"较为频繁，随着经济条件和技术水平的改变，需要不断修订，或以新代旧，过时作废。标准文献常以单行本发行，主要的检索工具是标准目录，一般采用专门的分类体系。每一件技术标准都是独立、完整的资料，并编有一定的标准代码与编号。在化学领域的标准中，对各种化学品的规格均有详细规定，这些规定是产品的质量检验标准。

根据国际标准化管理条例，我国标准分为国家标准、行业标准、企业标准，我国国家标准均冠以 GB（国标 Guo Biao 的首字母），行业标准的代码多以主管部门的汉语拼音的两个首字母表示，企业标准一般是 QB（企标 Qi Biao 的首字母）。涉及中国国家标准的主要文献有：《中华人民共和国国家标准和行业标准目录》《中国国家标准汇编》《中国国家标准分类汇编》等，检索工具有中国标准网（http：//www.standardcn.com）、中国标准咨询（https：//www.cssn.net.cn/cssn/index）等。国际上最重要的标准化组织为 ISO（International Standard Organization），所以通常称国际标准为 ISO 标准。涉及 ISO 的文献主要有《国际标准化组织标准目录》（ISO Catalogue），是检索 ISO 标准的主要工具，为年刊，以英、法两种文字出版。

网址：https：//www.iso.org/home.html

（8）产品资料　产品资料主要是产品目录或产品说明书。由于产品资料的来源不稳定，收集困难，规格不一，因此难以妥善管理，这对产品资料的利用产生了不利影响。在化学领域，许多公司（如 Merck、Alderich、SIGMA 等试剂公司）都提供自己的化学品目录。此外，期刊之中的广告也是了解产品信息的重要来源。

（9）电子出版物和联机系统　随着信息技术的发展，电子出版物和联机系统在文献中的地位越来越重要，发展十分迅速。最初的电子出版物产品的载体是磁带，它们是作为书本式检索工具的副产品而出版发行的。现在，二次文献的编辑出版机构已经把机读产品作为竞争和发展的主要目标。当前，电子出版物的主要形式是光盘，光盘出版物已经从单纯的检索型发展到全文型和多媒体型。最近，电子出版物已经发展到直接在网络上出版。商用联机检索系统（如 Dialog 系统：https：//dialog.com；STN 系统：https：//www.stninternational. com 等）已有近四十年的历史，而 Internet 中众多的数据库更大大丰富了联机系统的内容（如 Yahoo，Baidu，Google 等搜索系统）。联机系统中除了检索性的文献数据库、数值数据库、事实数据库以外，还有全文数据库。全文数据库有全文图像数据库和全文文本数据库。

第二节　科技文献的检索方法

一、科技文献的检索途径

文献检索途径一般分为两大类：一类是文献的外表途径，如著者途径、序号途径、文献名途径、引文途径；另一类则是内容途径，如主题途径、分类途径。

（1）著者途径　著者途径是根据已知作者的姓名来查找文献，如作者目录、作者索引。

（2）序号途径　序号途径是依据某些类型的文献出版时所编的号码顺序来查找文献。如标准号索引、登记号索引、专利号索引等。

（3）文献名途径　文献名途径是根据文献所出版的如书名、刊名、篇名等来检索文献。

（4）引文途径　利用引文而编制的索引系统称为引文索引系统，它提供从被引论文去检索引用论文的一种途径。

（5）主题途径　主题途径是指依据所需文献的主题内容来检索文献，如主题索引、关键词索引等。

（6）分类途径　这是按科学分类体系进行查找，这类检索工具有分类目录、分类索引等。

（7）其他途径　除以上途径外，在检索工具中还编有一些各自独特的检索途径，如依据化合物分子式检索的分子式索引，依据文献名称检索的刊名索引、书名索引，依据出版类型、出版日期、国别、语种等途径。

二、查阅科技文献的基本原则

1. 掌握部分文献检索工具

（1）目录、题录与摘要　目录是对图书、期刊或其他单独出版物特征的揭示和报道；题录是对单篇文献外表特征的揭示和报道，著录项目一般有篇名、著者、文献来源、文种等；摘要是以单篇文献为报道单位，是论文的核心，具有图书、期刊及各类文献的内容梗概，使读者能快速掌握各有关检索工具的使用方法。

（2）几种重要的数据库　化学领域重要的数据库，国内主要有：中国期刊网、重庆维普网、中国专利网、化工信息网、中国知网（CNKI）、万方数据库、中国知识产权信息网。国外主要有：SciFinder（检索入口：https://scifinder. cas. org），Elsevier（检索入口：https://www.elsevier.com），Springer（检索入口：https://link.springer.com），Wiley（检索入口：https://onlinelibrary.wiley.com），Academic Search Premier（检索入口：http://search.ebscohost.com）。

（3）索引、书评与文摘指南　索引是揭示各种文献外表特征或内容特征的系统化记载工具，能快速指导读者查阅出二次文献与一次文献；书评是以综述或专题形式反映课题研究领域的进展动态和水平并加以评述，使读者能快速掌握这一领域的背景资料与研究状况；文摘指南包括某学科领域主要图书、期刊及其他类型文献的状况及检索方法，使读者能快速掌握各有关检索工具的使用方法。

（4）几种检索性期刊　对化学领域主要有：CA 手工版或 ACS 网络版（检索入口：https://pubs.acs.org）检索，也可从 Scitation（http://scitation.aip.org）检索平台或 SCI（检索入口：http://isiknowledge.com/wos）检索。此外根据各人的专业和实际情况可再确定 1~2 种与自己工作有关的以浏览为主的专业性检索期刊进行查阅。

（5）利用 www 与计算机文献检索系统　用 www 来检索化学资源具有检索速度快、检索方法方便、快捷、检索途径入口点多及相互交流的特性，能及时、动态地得到网上许多重要信息资源。而计算机文献检索系统能了解一些重要的联机检索系统的基本命令：Internet 的访问方法和重要 Internet 地址，重要光盘数据库的使用。

（6）参考工具书　参考工具书包括百科全书、专业学科全书、年鉴、手册、指南、词典综述、评述、索引、文摘等。在化学领域，有 Beilstein、Gmelin Handbook、Dictionary of Organic Compounds 和 CRC 的手册系列等。

2. 确定自己必须随时跟踪浏览的重要期刊

重要刊物通常包括以下几类：

（1）权威性刊物　如：*J.Am.Chem.Soc.*，*Chem.Rev.*，*Acc.Chem.Res.*，*Angew.Chem.Int.Ed.*，*Nature* 和 *Science* 等。

（2）有关专业刊物　如有化学领域的 *J.Org.Chem.* 和 *Tetrahedron Lett.* 等，可根据不同领域分别选择。

（3）消息性刊物　如：*C&En*，*Science News*。

（4）科普性刊物　如：*Sci.Am.*。

3. 阅读文献时注意参考文献的引证

不管是浏览核心期刊，还是用检索工具进行检索，都不能确保文献查全，因此在阅读文献时，注意该文献引用的参考文献是确保查全的重要补充。

三、文献的检索方法

文献的检索方法主要包括直接法、顺查法、倒查法、抽查法、追溯法、循环法和工具法。

（1）直接法　又称常用法，从浏览原始文献中直接查出与课题相关的文献线索，依据文献线索查原始文献，如文献的作者、篇名、出版年月、来源期刊等。用户也可以通过输入化合物中英文名称、分子式、化合物形态、化合物类型这些检索入口进行直接检索。直接法又可分为顺查法、倒查法和抽查法。顺查法指按照时间顺序，由远及近地查找；倒查法指由近及远、从新到旧，逆着时间顺序查找；抽查法指针对所查目标的特点，选择有关该目标的文献信息最可能或最多出现的时间段进行查找的方法。

（2）顺查法　顺查法是指按照时间的顺序，由远及近地利用检索系统进行文献信息检索的方法。这种方法能收集到某一课题的系统文献，它适用于较大课题的文献检索。例如，已知某课题的起始年代，需要了解其发展的全过程，就可以用顺查法从最初的年代开始查找。

（3）倒查法　倒查法是由近及远、从新到旧，逆着时间的顺序利用检索工具进行文献检索的方法。使用这种方法可以最快地获得最新资料。

（4）抽查法　抽查法是指针对项目的特点，选择有关该项目的文献信息最可能出现或最多出现的时间段，利用检索工具进行重点检索的方法。

（5）追溯法　依据文献所附的参考文献为线索查找文献的方法。

（6）循环法　又称分段法或综合法，它是交替使用直接法和追溯法，以期取长补短、相互配合，获得更好的检索结果。

（7）工具法　利用文摘和索引等检索工具进行检索，具有快速、方便的优点。通过对它们的检索可了解其研究主题和内容要点，明确是否进一步寻求原件。另外文献浩繁，索引和文摘简要、概括，可以节省大量时间和精力。同一种内容具有纸质载体形式、磁盘载体形式或光盘载体形式的，大型检索工具应优先选择磁盘或光盘载体形式；对于专门性的检索工具和综合性的检索工具应优先选择使用专门性的检索工具；检索最新最近的文献信息，应选择反映文献信息最快捷的检索工具。

第二章

科学研究的方法和科技论文的写作

第一节　科学研究的方法

科学研究，广义地说，就是在科研理论的指导下，通过一定的科研实践，去创造知识和综合整理知识的过程，使科学技术在现有水平上更进一步。

科学研究必须具有原始性与创新性，所以它是一种创造性劳动。科学研究的成功与否，是以取得新的结果是否有创新性与先进性作为衡量的标准，这种新的结果可能是新发现、新理论、新的研究方法或实验方法、新工艺、新应用，等等。科学研究的方法很多，这里主要对自然科学实验研究中的方法进行简单的描述。

一、科研课题的选题

科研选题是在总结前人科学研究的基础上提出新的问题和新的设想以及实现这些设想的可能性，从而通过自身的实际研究推动这一领域的科学进步。有创见的研究课题的提出，往往成为科学发展和取得成果的生长点或指路标。

1. 选题原则

（1）科研选题必须具有创新性与先进性　科学研究的核心在于其创新性，它主要体现在必须是要解决前人没有解决或没有完全解决的问题，有自己的独创之处。如果是理论研究就要求有新的理论与观点并得出新的结论；技术研究就要求发明新技术、新产品、新材料、新的实验方法与测试方法或者新的应用领域。课题除具有创新性外，还必须具有先进性，在理论上它必须对这一领域的研究与开发具有指导作用，在实际应用上它必须能服务于社会，满足市场需要且具有好的经济效益与社会效益。

科研活动的最终目的是满足日益增长的生产和人们生活不断改善的需要，因此科研选题必须以生产为基础，以市场为导向，为生产服务，从社会和经济发展的根本需要出发，研究和解决目前的和长远的生产建设中的各种科学理论与生产技术问题。

（2）选题必须注意实际性　联系实际主要是联系国家的实际、工作单位的实际、研究者本人的实际和科学技术发展的实际。应该分析一下选题对于发展经济有没有意义，在我国现在和不久的将来要达到的生产技术水平的情况下有没有必要和可能，在自己工作单位的人力、物力条件下有没有完成的可能性，在整个科学技术发展的现阶段有没有现实性。某些科学研究，在一些国家是大力发展的，而在另一些国家是不应发展的；有些研究课题条件苛刻，设备复杂、耗费大，这对有些企业是可能的，而对有些企业是不能的；有的人擅长理论研究不一定非选定实验研究课题，有的人擅长实验研究，就不一定非选理论研究课题不可。

（3）选题必须考虑科学上的可行性　尊重科学实际、尊重科学原理是每一个科研工作者必须遵守的原则。如：化学反应是否可行、路线设计是否合理、是否符合环保法规、是否具有经济上的可持续性。任何研究课题的选择都必须是在总结和发展过去与此有关的科学领域的科学实验成果和理论思想的主要遗产的基础之上。这就要求在选题时，必须了解前人对该课题所作的有关工作，以及与之有关的理论和研究方法。

（4）选题必须抓住关键性的时机　时机主要是指市场机遇、政策导向、有价值的实验机遇。此外，选题还必须考虑研究者个人的具体情况，即本人所具备的条件、特长与兴趣、所处环境的科研平台、实验基本设备、资金，前期的基础工作，甚至于还包括身体、年龄、社会背景和社会基础。

2. 调查研究

（1）历史和现状的调查　不论做什么课题，动手研究之前都应调查清楚它的历史和现状。它主要包括：对于类似的或者相关课题别人已经做了哪些工作？已经解决了哪些问题？通过什么方法解决？还存在什么问题？为什么这些问题还没有解决？已经得到了什么结论？这些结论是否真正可靠？所存在的问题中，哪些可能是现象性的或者是由于实验方法不合理和设备不准确造成的？哪些则是事物的本质规律性所决定的？等等。这种调查不仅可以逐步找出问题的核心，明确主攻的方向，初步形成解决问题的办法和技术路线，还可以借鉴别人的经验和成果，避免重复别人的劳动，也可从中吸取别人的教训，少走弯路。

（2）实地考察　对于一种新的产品的确立和研制或者某一产品开发出新的用途的课题，首先应进行市场调查，它包括市场容量、销售前景。如果该课题所研究的成果需要在某公司或机构实施，或课题来自公司提出，首先必须调查清楚该部门在同行业中所处的地位、所具备的生产条件、环保设施、交通与能源、技术力量、资金来源。其次，还必须了解该部门现在的生产状况、产品销售情况及财政收支情况。这些不仅能为研究者争取主动，而且还可以使研究工作真正走在生产的前面，与该厂条件紧密结合。

（3）文献调查　实地考察是搜集资料的一种重要方法，而另一种常用的方法就是查阅期刊文献及文献数据库。充分利用各大图书馆提供的文献数据库与专利网站、文摘、文献目录、索引、报刊、期刊索引等进行查阅。如化学类的 SciFinder，Springer，Elsevier，Wiley，Science Online 等。通过这些数据库，读者可以从不同的途径了解到哪些科研人员或研究小组正在做或做过与自己课题有关的研究工作，然后筛选出自己感兴趣的原始文献。通过阅读已搜集到的原始文献，进一步选择性地搜集每一篇文章中所引用到的参考文章。这样继续下去，就可在较短时间内了解到自己所作课题的进展情况，建立起自己研究工作所需要的一套资料目录。在文献调查中特别要注意查阅一些与该课题相关领域的有关评论或综述（review），如化学研究中常常要注意查阅：《化学进展》《化工进展》*Chem. Rev.*，*Chem. Soc. Rev.*，以及各专业期刊中的综述与评论。阅读这些评述能迅速地了解到前人在此领域的研究进展情况、研究的方法与特点、得到的结论与存在的问题。由此，在研究工作开始的初期，对全部有关的文献做充分的研究，反而会大大节省自己研究工作的时间。

（4）资料的整理　在研究者已经掌握了大量的有关资料后，应把大量资料加以整理、分析、归纳。如果是理论文章，应注意文章所提出的新的理论和观点是什么？这些新的理论的哪些部分继承了过去的理论？哪些是创新的理论？这些新理论或观点是否正确？是否对本领域的科研或产品开发的实施具有指导意义？是否对社会或经济的发展具有推动作用？如果是实验方面的研究论文，应该考虑到：与原来同类型的实验研究相比，有哪些创新与先进性？它是否能用原有的理论加以解释？论文的作者是如何解释的？所用的实验设备和方法是否可靠？测试或鉴定方法是否规范？结论是否正确？经过这样的资料整理，最好以资料评论或文献报告的形式结束初步的调查研究，明确自己的研究目的、方案、突破口及工艺技术路线的选择。

（5）研究方案的制定　经过充分的调查和资料整理、分析归纳之后，就要制订自己课题的研究方案，大致可分为下述几方面的内容：本课题的研究目的和意义，研究内容和技术关键，完成此课题拟采取的技术方法和工艺路线、技术关键，完成此课题所需的设备、材料以及具备的条件和准备工作情况，研究计划及进展和预期达到的目的。此外，还需预计要完成此课题存在的困难与问题以及解决的方法。

二、科研实验中的基本步骤

为了顺利地进行科学实验，并且力求多快好省地获得可靠的实验结果，研究者必须充分地重视科学实验的准备工作，这种准备工作主要包括理论上的准备、实验方案的设计、实验器材与原料的准备等。

（1）理论上的准备　科学实验是人们一种有目的的实践活动，但它必须以先进的科学理论作指导。一个客观的实际的现象或过程，往往包含着许多的自然规律。而我们所研究的对象和过程，包含有人们尚未发现或尚未认识的规律。设计一个合理的反应路线、一个正确的分析方案，要求我们用已经学习过的理论去分析所要做的科研和实验是否有着一定的理论基础和依据；预计的实验结果是否有着新的理论和规律，对这些结果加以解释。

（2）实验方案的设计　设计实验时，首先应参考别人的工作，即从文献中找出类似的方法，取其有用的部分或分析别人的实验是否正确，是否有重现性，它的优点和缺点在哪里？自己设计的实验与别人相比，有哪些优点，是否有自己的创新或改进。此外，要结合自己所在单位的科研平台分析所设计的实验是否超出现有的条件，自己设计的实验其原料和器材是否易购、价值是否超出自己的经济条件，工作时间能否间断、分离测试是否容易。

（3）实验器材与原料的准备　实验前必须检查实验中所需的仪器是否准备好，测试仪器、仪表应首先校准，容易破损的仪器应能及时补充。要落实原料的购置，其中包括原料的产地、规格、价格、运输所需时间。对所需的原料还应查出它们的物理性能，并用适当的方法加以检定原料是否合格。如果是有毒、易挥发、易燃的原料，应查阅其注意事项，在操作前应按要求准备好安全设施。

（4）实验过程中的观察与记录　科学实验的目的就在于借助适当的工具和方法观察并记录未知或不十分明了的事实。法国生理学家把观察分为两种类型：第一，自发观察或被动观察，即意想不到的观察。许多重要的偶然发现都是这样取得的，如德国化学家埃米尔·费歇尔（Emil Fischer，1852—1919），他在指导拜尔的博士生将 4,4′-二硝基联苯合成 4,4′-联苯二酚时，意外地发现了苯肼。英国生物学家弗莱明（Fleming A.，1881—1995），在研究葡萄球菌变异时，意外地发现青霉素的培养液能杀灭葡萄球菌或抑制其生长，这种具有抗菌性能的青霉素培养液就是青霉素。此外，巴斯德（Pasteur L.）在研究酒石酸钠铵时发现对映异构体。第二，诱发观察或主动观察，即有意识安排的观察。通常为了验证一个假说或一个实验事实、实验现象而进行的观察。正确的观察方法是：

① 在进行实验时，要聚精会神地密切注视全部细节，对于所观察的各种现象和实验中的每一个细节都应详细地做好记录，除记录实验细节所伴随发生的现象外，还应记下实验日期、温度、原材料及仪器的规格和型号、实验操作的步骤。对于观察的现象如果不明确或者是短暂、模糊的现象，必须重复实验。

② 在观察实验时要注意选定范围，特别是决定实验成败的关键步骤中所产生的现象，如果事先没有选定观察重点，而是对实验的一系列过程平分秋色，就可能忽略所需观察的重点，结果一无所获。当然如果仅仅注意那些预期的事物，就有可能错过一些预料之外的现象，这就要求观察者注意搜寻各种值得追踪的线索。

③ 观察中要积极思考、多疑、善思。实验观察的过程中要用积极的思维去分析实验中的现象，并把这些现象与已知的事物或过去经验中的有关知识自觉地联系起来，由此及彼、由表及里、去伪存真。

（5）实验结果的评价和分析整理　研究者在评价和整理自己的实验结果时，必须以实验给出的事实材料为依据，切忌主观偏见或受其它文献结论的影响。对于数据的处理，应采取审慎的态度。无论是以曲线、表格、图解或数学的方法处理，都不能漏掉或删除某一个数据，即使是某一个或几个不符合某种规律，都不应轻易处理掉，而应对此不符合某种规律的数据进行重复性实验，若实验结果确是如此，应从理论上解释它的特殊性。对于有条件限制的实验结果的适用范围，必须有客观的估计，下结论时应十分小心谨慎。对于某种条件下的客观规律，不应当作普遍规律。

第二节　科技论文的写作与参考文献引证

一、科技论文的写作

科技论文常因学科不同，研究项目、过程和结果不同等，可以有多种写作方式和体裁结构。因此，很难列出一切科技论文共同遵循的千篇一律的文体结构。这里只把常见论文的项目按一般的逻辑顺序逐一加以探讨。

(1) 标题　标题的选择对一篇文章来说是很重要的，一篇论文的标题不仅要简单扼要说明文章内容，而且要体现文章的内涵和重要性。这就要求一个标题既不要过于概括，以致流于空泛、一般化；也不宜过于繁琐，使人难以记忆和引证。如果是英语标题，每个重要词的第一个字母都应大写。

(2) 摘要　每篇论文的摘要一般在 50～300 字内，简短清晰地反映出内容和工作结果。摘要给读者一个很深印象，就是即使不依靠文章主体，也能对文章的内容一目了然。摘要一般包括下述内容：研究目的、简短的过程、突出的成果。摘要如以英文表达，应使用正规、标准的术语，人称一般用第三人称，时态不宜混淆使用，也避免把陈述式和命令式掺杂使用。一般说来，最有影响的化学杂志对摘要写作有些共同要求。

要说明实施或论证中新观察的事实、结论，可能还要说明新的理论、处理方法、仪器、技术等要点。

要说明新化合物的名称、新数据，包括物理常数等。

在说明实验结果时，要说明采用的方法。如是新方法，还需说明基本原理、操作范围和准确度。

(3) 引言　引言的目的是给出作者进行本项工作的原因，为什么要研究这个课题，想解决什么问题？前人对此问题做了哪些工作？解决到什么程度？明确指出还有哪些问题遗留下来没有解决？因此应给出必要的背景材料，以便让编审人员对作者的研究与文献所报道的工作作比较，确定作者所做的工作是否有其特点与创新，也可以让读者能够更多地了解这一领域的研究状况与进展情况。引言应言简意赅，不要与摘要雷同，对于在这一领域的研究者所了解的知识，在引言中不必赘述。引言中要说明本文的研究目的、研究结果、主要的研究特点与创新之处。

(4) 工作方法　工作方法（即正文）是科技论文的主体，是体现研究思想、工作方法和学术水平的主要部分。该部分要求作者详细完整地阐明自己的研究工作。如果是理论工作，则应明确地阐述立论的前提，依据的实验材料或方法和手段，自己提出的简化假设或模型，以及主要的推理或数学演算的方法与步骤。如果是实验研究工作，则应介绍实验原理或反应路线、所需的实验材料、实验设备。介绍实验用的材料与设备时，不仅要充分详尽地说明使用的材料的规格、型号，还要介绍供应者的单位或地址。在实验操作步骤中，仿照别人的方法做的实验研究工作，只简单地说明所参考的文献，而需详细地叙述自己的改进部分。如果是论文作者自己设计的实验，那么应该充分地说明实验研究和方案设计的理论依据、实验装置图或实物照片，以及工作条件和操作的详细步骤。

(5) 结果与讨论　实验和观察的数据资料结果是论文研究工作的中心，这些数据资料通过数理统计和技术处理，可以用照片或图像、数据或表格予以说明。如果是合成的某一化合物，则应予以表征。如：沸点、熔点、折射率、IR（红外光谱）、NMR（核磁共振）、元素分析等，如果合成的是一种高分子材料，则应有 X 射线衍射、扫描电镜、透射电镜、GPC（凝胶渗透色谱）、粒径、DSC（差示扫描量热分析）及其它力学性能测试说明。根据所研究的结果，用简洁明晰的语言表达出自己在研究工作中所得到的结论。对于所给出的结论不能模棱两可，也不能夸大其词，一定要恰如其分，令人信服。

在讨论中解释自己的实验结果时，应有理论依据，若理论上无充分的依据，可以提出自己的假说。

（6）致谢　论文的结尾处，应以简短的文字对于在研究工作中曾给予帮助、参加讨论、审阅或提出批评建议的单位或个人表示谢意，这一方面是一种礼貌，另一方面也是尊重别人的贡献和劳动。

二、参考文献的引证

参考文献是科技论文的重要组成部分，它能反映该领域的科学研究的发展状况，体现科学的继承性，体现了研究者在此领域所作的贡献与劳动，为科技论文提供文献依据。作者引用文献文字要精练、符合论文发表的规范、具有代表性与权威性。读者可从中获取论文中提及而未展开的更广泛的相关资料线索。编审者通过查看所引的文献对研究者的研究水平进行初步评估并决定论文取舍。情报工作者用其编制引文索引等检索工具，进行引文分析。参考文献中英文中的杂志名一般都用英文缩写，专利国别也用缩写。

1. 引证原则

科学论文之后，应按顺序列出论文参考或引证的主要文献资料。其中包括正式出版的杂志、书籍、专利、会议论文等，对于尚未公开发表的资料一般最好不要列出。另外，所列的文献，应只包括那些自己亲自阅读，并且真正对本论文起到参考作用的主要文献。引用参考文献应遵循如下原则：

（1）及时性原则　所著录的参考文献必须是最新的科技情报，已过时的、教科书中所载明的人所共知的结论则不必引用。

（2）珍贵性原则　著录的参考文献主要是近期的，但对一些具有重要科学价值的古稀文献，也必须注意引用。

（3）准确、相关性原则　著录的参考文献，必须是准确无误的，并且是与本研究工作直接有关的重要材料。

2. 著录参考文献时应注意的问题

化学类著论文献引用常用格式——ACS 格式。ACS 引文格式（American Chemical Society citation format）是由美国化学会（American Chemical Society，ACS）编制的一种文献引用格式，基于 Janet S. Dodd 主编的 "The ACS Style guide：A Manual for Authors and Editors"（Washington DC：American Chemical Society，1997：460），是美国化学会在编写论文时采用的标准格式。这种格式主要适用于化学学术文章，以降低学术论文格式的复杂性，让作者能够更容易地提交论文。ACS 引文格式在研究文献中提供了标准的引文参考文献和链接，从而让作者能够对其他相关工作的贡献进行综合考虑。研究投稿要求使用 ACS 引文格式来准确表示参考文献列表。ACS 引文格式有几个基本原则值得遵守，例如，所有文献必须按照文献发表年份排序，并且所有文献必须按照美国化学会文献引文格式排列；所有文献必须包括论文标题、作者姓名、出版发表日期，出版物名称和卷号/页码等内容；每一项文献的页码要求准确，如果是图书必须在该书的前面提供 ISBN 号信息；最后每一项文献的出处要求标明准确。

ACS 引文格式也要求作者在文中使用指定的缩写方式，以表示不同的文献出处。对于一篇文献的第一处引用，作者必须在文献参考列表中提供全部信息，并在文章中使用提供信息的括号引用。以后，作者可以用文献本身的缩写来表示文献，但不能删除和改变原文献本身的缩写。此外，使用 ACS 引文格式时，论文中的句子尽量避免使用介词"来自"，以减少对文献参考列表的混乱。而一些特殊的句型，如"包括"或"模仿"，虽然不容易混淆，但仍然必须将文献的引用缩写放在句子的中间。

总的来说，ACS 引文格式旨在让科学家们能够更好地发表论文，在格式上更准确、更有效地参考及引用文献。因此，在写作论文时，使用正确的 ACS 引文格式对论文质量的提高有着至关重要的作用。只有将正确的格式与正确的文献信息正确耦合在一起，作者才可获得一份完美的论文，从而获得学术上的认可。

3. 文内的文献引用

（1）引用的位置　引用如果放在句首，则只发表年份加括号。

例如：郑十（2022）说论文请准确使用文献格式。

错误示范：（郑十等，2022）说论文这样的引用格式是不对的。

引用如果放在句内，引用内容添加括号，在标点符号前面。

例如：这篇推文在多种作物中都适用，包括水稻（张三，1997）、小麦（李四等，2001）、番茄（王五，2010）和黄瓜（赵六和孙七，2019）。

引用如果放在句末，引用的内容需要添加括号，是放在句子的句号前面，而不是句号后面。

例如：应该是这样引用（李四，1997）。

错误示范：不能这样引用。（李四，1997）。

（2）单一作者　英文格式为"（作者姓氏，发表年份）"，中文格式为"（姓名全名，发表年份）"。

例 1-1：Give me liberty or give me death（Henry，1775）.

例 1-2：不自由毋宁死（亨利，1775）。

例 2-1：Henry（1775）declared give me liberty or give me death.

例 2-2：梁启超（1902）将美国演说家帕特里克亨利的名言翻译为不自由毋宁死。

（3）两名作者　作者姓氏必须以他们的名字在其发表文章内的顺序来排序。

若两名作者都在括号内引用，名字中间需加上"&"符号，也可用"and""和"进行连接，取决于期刊格式。

若在句首引用则使用"and"以及"和"。

例 1：The ETI responses largely overlap with those of the PTI pathway resulting in the restriction of biotrophic pathogen growth（van Schie and Takken，2014）.

例 2：The ETI responses largely overlap with those of the PTI pathway resulting in the restriction of biotrophic pathogen growth（van Schie & Takken，2014）.

例 3：Van Schie and Takken（2014）suggested that the ETI responses largely overlap with those of the PTI pathway.

例4：黄瓜霜霉病俗称跑马干，是一种瓜类作物容易发病的真菌性病害（宋勇仓和白亚鹏，2020）。

例5：宋勇仓和白亚鹏（2020）浅析了设施黄瓜霜霉病的发生和防治措施。

（4）三名作者及以上　一篇文献有三名作者及以上，则只列第一位作者，英文用"et al."指代剩余作者，中文则使用"等"。

注1："et al."来自拉丁短语"et alia"（女性的）和"et alii"（男性的），意思为"and others"（和其他人）。因为alia和alii以缩写呈现，所以需要加上句点（al.）。

注2：括号内的"et al."后面是否跟逗号"et al.,"？这取决于期刊的格式。两者都可以，全文统一即可。若放在句首，则一定不加逗号。

注3："et al."是否斜体？有一些样式会对"et al."使用斜体。不过，这个样式渐渐不太常用，不少期刊选择正体。例如一些常见的拉丁文术语不再斜体，如in vivo和in vitro不再斜体化。

注4：保证全文格式的统一性。

例1：ZmWAK/qHSR1 of maize，which contributes to head smut resistance，promotes cell growth in the absence of pathogen challenge（Zhang et al. 2017）。

例2：ZmWAK/qHSR1 of maize，which contributes to head smut resistance，promotes cell growth in the absence of pathogen challenge（Zhang et al.，2017）。

例3：Caldwell et al.（2011）and Shetty et al.（2014）reported three DM resistance QTL.

例4：王惠哲等（2007）利用BSA筛选到与黄瓜抗炭疽病紧密连锁的AFLP标记。

例5：利用灯光防治蔬菜害虫主要集中在灯的诱杀上（边磊等，2012）。

（5）引用多篇文献　多篇文献，一作来自同一作者，只需用逗号来区隔作品的发表年份（最早到最晚依序排列）。注意，中文姓氏里Li，Wang，Zhang姓氏较多，不代表是同一作者，不能合并！

若同一作者的多篇文献在同一年内发表，在年份后面加上a、b、c……标注。（按：abc的使用需与参考文献部分有所对应，而这些文献的编排以标题名称的字母或按照第二作者的字母顺序来决定。）

例1：Van Vliet and Meysing（1974，1977）found that the DM and PM resistance in the cultivar 'Poinsett' was often closely linked.

例2：Large-scale screening tests identified PI 197088 with high-level resistance to prevailing field DM strains in the US（Call et al. 2012a，b）。

例3：同一作者相同年份的多篇文章引用中文中采用的格式为（张三，2022ab）。

（6）多篇文献，多位第一作者　同时引用多篇文献，多位第一作者，使用分号隔开。

例1：The expression of this cell wall-strengthening phenotype has thus far only been linked to the action of WAKs involved in defense against non-vascular pathogens（Hu et al.，2017；Yang et al.，2019；Malukani et al.，2020；Zhang et al.，2020）。

例2：More recently，Berg et al.（2015）and Nie et al.（2015a）identified a candidate gene for the major-effect PM resistance QTL.

例 3：虫体呈卵椭圆形，刚出生的若虫为淡黄色，后变草绿色，最后至黑色（韩强，2010；徐雪莲，2013）。

（7）采用数字格式　若采用数字上标式引用，较为简单。多篇文献，用逗号隔开，连续的引用则使用"-"简略。主要注意文中的数字顺序对应文末的文献顺序。以下是几个例子。

例 1：Give me liberty or give me death[1] .

例 2：梁启超[2]将美国演说家帕特里克亨利的名言翻译为不自由毋宁死。

例 3：Aoki et al. [3] used cDNA library shotgun sequencing and found that only about 10% of the genes undergo alternative splicing.

例 4：王惠哲等[4]利用 BSA 筛选到与黄瓜抗炭疽病紧密连锁的 AFLP 标记。

例 5：Van Vliet and Meysing[5,6] found that the DM and PM resistance in the cultivar 'Poinsett' was often closely linked.

例 6：The expression of this cell wall-strengthening phenotype has thus far only been linked to the action of WAKs involved in defense against non-vascular pathogedeath[7,9,10-13] .

4. 文末的参考文献

文末引用类型主要分为书籍（book-chapter）、期刊（journal）、专利（patent）、会议（conference）论文、毕业论文（thesis）、网页等。

引证参考文献的顺序原则是：作者（author）、题目（title）、出版事项（tacts of pub-lication）。如果文内采用的是"作者姓名和日期"的格式，那么文末清单要按作者姓氏首字母排序。如果文内采用的是编号的格式，那么清单要按编号从小到大排序。

下面是几种常见类型的实例：

（1）科技图书

[1] Coghill A M，Garson L R. The ACS Style Guide：Effective Communication of Scientific Information. Washington DC：American Chemical Society，2006.

[2] 杨光富，宋宝安. 话说农药：天使还是魔鬼？北京：化学工业出版社，2022.

（2）图书章节

Bard A J，Faulkner L R. Double-Layer Structure and Absorption//Electrochemical Methods：Fundamentals and Applications. 2nd ed. New York：John Wiley & Sons，2001：534-579.

（3）期刊论文

[1] Qu R Y，He B，Yang J F，et al. Where are the new herbicides？Pest Manage Sci，2021，77：2620-2625.

[2] 曲仁渝，严耀超，杨景芳，等. 有机化学，2019，39：2303.

（4）专利

[1] Lois-Caballe C，Baltimore D，Qin X F. Method for Expression of Small RNA Molecules within a Cell：US 7732193 B2，2010-06-08.

[2] 杨光富，王大伟，陈琼. 三酮类化合物及其制备方法和应用：ZL20130516269.0，

2016-11-09.

（5）网页

［1］ACS Publications Home Page. https：//pubs. acs. org(accessed 2022-07-14).

［2］Current Status of the International Herbicide-Resistant Weed Database. www. weedscience. org（accessed 05 January 2023）.

更多文献类型实例请参考：https：//doi. org/10. 1021/acsguide. 40303。包括 ACS 参考文献格式在内的关于编辑过程、版权、语法、拼写和写作风格等各种详细信息都来自于这本《ACS 格式指南》，最新版是第三版（2006 年出版，ISBN 是 9780841239999）。

思考题

1. 请从网上查阅与化学有关的研究性文章（一篇中文、一篇英文），写出它们的论文组成部分，参考文献的引证次序。

2. 科技实验中的基本步骤主要包括哪几部分？

3. 科技实验中的物理常数主要有哪些？

4. 科技论文中的前言，应主要包括哪些内容？

5. 在写论文时，引证参考文献应注意哪些方面的问题？

第三章

← 科技图书

第一节 图书的分类

随着科技的发展，图书作为人们用来记录资料和交流知识的载体显得极其重要，图书馆的藏书量越来越大，因此索取图书时应了解图书馆的目录体系和查阅方法。

一、国际十进分类法

国际十进分类法（Universal Decimal Classification，UDC）有很广泛的应用，尤其在欧洲很受欢迎。UDC 又称为通用十进制分类法，原由比利时人 P. M. G. 奥特莱和 H. M. 拉封丹在《杜威法》的基础上发展起来的。国际目录学会在取得杜威的同意后，对《杜威法》逐类进行增补。1905 年出了第一版（法文版），称为《国际文献目录手册》，1927～1933 年出了第二版（法文版），改名为《国际十进分类法》。以后陆续出版了其他语种，是现代西方使用最广泛的图书分类法之一。该分类法仍在不断修订，把重点放在科学与技术各类，有目的地按类扩充细目，独立分编成册，以供专门图书馆和情报系统使用。20世纪 50 年代初，电子计算机开始应用于文献检索，它首先被采用。至 60 年代末，它已被称为世界图书情报的"国际交流语言"。UDC 的类目表主要由主表与辅助符号、辅助表组成。主表把整个人类知识分为十大类（据 1989 年英文版），每一大类下并不完全细分为10 个类，一般少于 10 个，也有超出 10 个的。基本大类如下：

0 总类，1 哲学、心理学，2 宗教、神学，3 社会科学，4（语言），5 数学、自然科学，6 应用科学、医学、技术，7 艺术、娱乐、体育，8 语言、语言学、文学，9 地理、传记、历史。

UDC 采用单纯阿拉伯数字作为标记符号，用个位数（0～9）标记一级类，十位数（00～99）标记二级类，百位数（000～999）标记三级类，以下每扩展（细分）一级，就加一位数，每三位数字后加一小数点。如：6 应用科学、医学、技术；62 工程、技术（总论）；621 机械工程总论、核技术、电气工程、机械制造；621.3 电工程、电技术、电气工程；621.39 电信技术；621.396 无线电通信设备和方法；621.396.9 雷达。

国际上采用较多的是杜威十进制分类法（Dewey Decimal Classification）。

二、杜威十进制分类法

此分类法将整个人类知识分为十类。

如：000 综合类，100 哲学，200 宗教，300 社会科学，400 语言，500 自然科学，600 应用技术，700 艺术，800 文学，900 历史。

上述十类中，每一类又分十部。

如：500 一般科学，510 数学，520 天文学，530 物理学，540 化学……

每一部分十科。

如：540 普通化学，541 理论化学，542 实用和实验，543 分析化学，544 定性分析，547 有机化学，547.2 有机合成及反应，547.3 有机分析……

三、联合国教科文组织分类法

联合国教科文组织制定了一套联合国教科文组织分类法，全部学科分 6 个大类：A. 自然科学，B. 工程学，C. 医学科学，D. 农业，E. 社会科学，F. 人文科学和美术。

四、美国国会图书馆分类法

美国国会图书馆还有自己的一套分类法——《美国国会图书馆分类法》（Library of Congress Classification，LCC）。

五、中国图书分类法

我国图书分类主要按字母 A～Z（除 L、M、W、Y 以外）的 22 大类分类。

A 马列类：A1 马克思、恩格斯著作，A2 列宁著作，A3 斯大林著作……

A11 选集，A12 单行本，A13 书信、日记，A15 手稿，A16 专论汇编……

B 哲学：B0 哲学理论，B1 世界哲学，B2 中国哲学，B3 亚洲哲学，B4 非洲哲学，B5 欧洲哲学，B6 大洋洲哲学，B7 美洲哲学……

C 社会科学总论：C0 社会科学理论与方法论，C1 社会科学现状、概况，C2 机关、团体、会议，C3 社会科学研究方法，C4 社会科学教育与普及，C5 社会科学丛书、文集、连续性出版物，C6 社会科学参考工具书，C7 社会科学文献检索工具书，C8 统计学……C91 社会学，C92 人口学……

D 政治、法律：D0 政治理论……D4 工人、农民、青年、妇女运动与组织……

E 军事：E0 军事理论，E1 世界军事，E2 中国军事……E8 战略、战役、战术，E9 军事技术……

F 经济：F0 政治经济学，F1 世界各国经济概况、经济史、经济地理，F2 经济计划与管理，F3 农业经济，F4 工业经济，F5 交通运输经济，F6 邮电经济，F7 贸易经济，F8 财政、金融……

G 文化、科学、教育、体育：G0 文化理论，G1 世界各国文化事业概况，G2 信息与知识传播，G3 科学、科学研究，G4 教育……

H 语言、文字：H0 语言学，H1 汉语，H2 中国少数民族语言，H3 常用外国语，H4 汉藏语系，H5 阿尔泰语系……

I 文学：I0 文学理论，I1 世界文学，I2 中国文学……

J 艺术：J0 艺术理论，J1 世界各国艺术概况，J2 绘画，J3 雕塑，J4 摄影艺术，J5 工艺美术……

K 历史、地理：K0 史学理论，K1 世界史，K2 中国史，K3 亚洲史，K4 非洲史，K5 欧洲史，K6 大洋洲史……

N 自然科学总论……

O 数理科学与化学：O1 数学……O6 化学，O7 晶体学……O61 无机化学，O611 化学元素与无机化合物，O62 有机化学，O621 有机化学问题……

Q 生物科学：Q1 普通生物学，Q2 细胞学，Q3 遗传学，Q4 生理学……

R 医学、卫生：R1 预防医学、卫生学，R2 中国医学，R3 基础医学，R4 临床医学……

T 工业技术：TB 一般工业技术，TE 石油、天然气工业……TQ 化学工业，TS 轻工业、手工业……TQ0 化工技术一般性问题，TQ1 基本无机化学工业，TQ2 基本有机化学工业，TQ3 高分子化合物工业……

X 环境科学：X1 环境科学基础理论，X2 人类与环境的关系，X3 环境保护管理与环境卫生……

第二节　电子图书馆与电子图书

一、电子图书馆

电子图书馆是利用电子技术将图像、视频、声音等以电子形式储存、检索文献信息，通过网络通信技术为公众提供服务的图书馆。电子图书馆里面收藏的不是一本本的印刷在纸上的图书，而是以电子形式储存的文献信息。电子图书馆，具有存储能力大、检索速度快、保存时间长、成本低、便于交流等特点。

在电子图书馆，我们能很快地从浩如烟海的图书中，查找到自己所需要的信息资料。这种图书馆，保存信息量的时间要长得多，不存在霉烂、生虫等问题。利用网络，在远在几千里、万里的单位、家中，都可以使用这种图书，效率极高。"未来图书馆是由沙子、玻璃和空气组成的"。这里沙子比喻芯片，玻璃比喻光纤，空气比喻网络通信。这反映了信息技术发展对图书馆的影响。信息技术的发展，改变了科学家获取信息的方法，也影响着传统的信息出版、收藏和利用的固有流程。利用电子出版物传播科学信息非常方便和经济。

二、电子图书

作为覆盖全球的网络，在传播信息方面具有独特的优势。随着电子出版物的飞速发展，电子出版物网络化已成为现实。电子出版物是指以数字代码方式将图、文、声、像等信息存储在磁、光、电介质上，通过计算机或类似设备使用，并可复制发行的大众传播体。类型有：电子图书、电子期刊、电子报纸和软件读物等。随着网络的发展，狭义的电子出版物已被人们认为是指完全在网络环境下编辑、出版、传播的书刊报纸等出版物。电子图书是电子出版物中最常见的文献形式。

我国主要电子图书数据库：

（1）中国知识资源总库（CNKI）　"中国知识资源总库"（简称"总库"）是由清华大学主办，中国学术期刊（光盘版）电子杂志社出版，清华同方知网（北京）技术有限公司发行，数百位学者参与建设，精心打造的大型知识服务平台和数字化学习系统。目前，"总库"囊括了自然科学、人文社会科学及工程技术各领域知识，拥有约7000种期刊、1000种报纸、400多家博硕士培养单位的优秀学位论文、全国重要会议论文、中小学多媒体教辅以及1000多个加盟数据库，文献总量达2000万篇。

"中国知识资源总库"的重点数据库介绍：

《中国期刊全文数据库》（CJFD）收录1994年至今7000多种期刊，是世界上最大的连续动态更新的中国期刊全文数据库，积累全文文献800万篇，题录1500余万条，分理工A（数理化天地生）、理工B（化学化工能源与材料）、理工C（工业技术）、农业、医药卫生、文史哲、经济政治与法律知识、教育与社会科学、电子技术与信息科学九大专辑，126个专题文献数据库。

《中国优秀博硕士学位论文全文数据库》（CDMD）收录2000年至今400多家博硕士培养单位的学位论文，内容每日累增。

《中国重要报纸全文数据库》（CCND）收录2000年至今1000多种重要报纸，内容每日累增。

《中国重要会议论文集全文数据库》（CPCD）收录2000年至今约400家学术团体的会议论文，内容每日累增。

《中国企业知识仓库》（CEKD）收录国内5400余种核心与专业特色期刊、博硕论文、报纸、行业标准、法律法规、行业经济数据统计、行业深度研究报告、技术发展动态、国外经济发展动态等信息，涵盖企业技术创新、经营决策、企业管理、WTO、行业动态等专业资料信息。

（2）超星电子图书馆　收录的电子图书内容丰富，包括经典理论、哲学、社科、经济、语言文字、文学、数理化、生物、工业技术、计算机等50余个学科门类，现拥有中文电子图书80万种，论文300万篇，全文总量4亿余页，并且每天仍在不断地更新与增加。

（3）书生之家数字图书馆　主要收录1999年以后出版的新书，其收录量为每年中国出版的新书品种一半以上，目前拥有图书15万种，数量可观，学科门类齐全。

（4）中国学术期刊数据库（China Online Journals，COJ） 收录始于 1998 年，包含 8000 余种期刊，其中包含北京大学、中国科学技术信息研究所、中国科学院文献情报中心、南京大学、中国社会科学院历年收录的核心期刊 3300 余种，年增 300 万篇，每天更新，涵盖自然科学、工程技术、医药卫生、农业科学、哲学政法、社会科学、科教文艺等各个学科。该库的产品分为十大专辑：理工 A、理工 B、理工 C、农业、医药卫生、文史哲、政治军事与法律、教育与社会科学综合、电子技术与信息科学、经济与管理。每个专辑分为若干专题，共 168 个专题。

（5）维普中文科技期刊数据库 按照《中国图书馆分类法》进行分类，所有文献被分为八大专辑：社会科学、自然科学、工程技术、医药卫生、农业科学、经济管理、教育科学和图书情报。八大专辑又被细分为 36 个专题。

（6）万方数字化期刊全文数据库 目前集纳了理、工、农、医、人文五大类 70 多个类目，2500 多种科技类核心期刊，实现全文上网。该系统收录的期刊种类主要有 7 个：基础科学、农业科学、社会科学、哲学政法、医学卫生、教科文艺、经济财政。

在电子图书数据库，可以方便快捷对题名、关键词、作者、机构等各种字段进行检索，得到相关文献。比如清华大学的中文学术期刊（全文）数据库、万方学位论文数据库（网络版）和中文期刊数据库、超星图书馆、维普中文科技期刊数据库等都有快速检索功能。电子图书数据库几乎成为各国图书馆信息数据库的支柱，是高校师生获取最新学术信息的重要来源。

第三节　辞典、手册、工具书及参考书

一、辞典

（1）《现代科学技术词典》 钱伟长、吴汝康等于 1980 年编译，上海科学技术出版社出版的工具书。全书 781.8 万字，分上、下两册，共收词 110.67 万条，2751 页，系我国第一部大型综合性汉英科技工具书。按汉字笔画和笔顺排列。英汉索引自成册，名为《英汉现代科学技术词汇》。收词范围除数学、物理学、化学、天文学、生物学、动物学、植物学、农学、医学、地理学等基础学科外，还着重收录了电子计算机、高能物理、系统工程、材料科学等涉及现代科学技术内容的词条。词条多选自国外已出版的科学技术词典，兼及反映国内某些重要科学研究成果的新词。该词典编撰人员多为资深专家学者，有"计量单位制""数学符号""物理学基本常数""国际图式符号表"等十项附录。书末有单字汉语拼音目录。该词典是目前国内较有影响的适用于各方面读者参考的有关科学技术的综合性工具书。

（2）《辞海》 上海辞书出版社于 1961 年出版。《辞海》第 12 分册为自然科学（1），内容为数学、物理、化学、天文、地球物理、地质。化学中主要涉及学科名称、化学名人、化学著作、术语、理论、概念、学说、重要的化合物、定律及常用的仪器、主要设备等。如：诱导效应（inductive effect）、马可尼可夫规则（Markovnikoff's rule）等，主要用于教学参考。

（3）《新英汉化学化工大词典》 由张键主编，2009 年水利水电出版社出版。《新英汉化学化工大词典》共收词 24 万余条。主要有术语、重要的物质名称、元素名称、基团名以及与化学有关的物质名。

特点：①当今化学化工的核心领域是石油化工，而目前国内的英汉化学化工大词典均缺乏这一核心领域的单词。本词典在保留化学化工基础理论单词的基础上，收录了石油化工领域的常用单词，约有 10 万条之多。②这本词典克服了"重理论、轻实践"的弊病，注意收集了工厂、化工设备、工业技术、环境保护等相关用语，弥补了一般同类词典在这方面的不足。③考虑到加入 WTO 后我国企业对外经贸活动的增加，本词典同时也收集了两万多条化工技术经济评价和财会用语，从项目立项、可行性研究、经济评价，到项目施工、竣工、验收，所需词汇基本收全。同时也收集了常用的贸易用语，便于企业人员或外贸人员开展对外经贸活动时使用。④考虑到近年来化学化工领域的科学技术新进展，特别是在生物化学领域的进展，出现了不少常用的新词汇，本书特别收录了 1 万多条近年来出现的新词汇，确保了本书的新颖性。

（4）《化工辞典》 第五版由化学工业出版社于 2014 年出版。所收词目：化学矿物、金属和非金属、无机化学品、有机化学品、基本有机原料、化肥、农药、树脂、橡胶、塑料、感光材料、炸药、医药、油脂、化学纤维、纸、涂料、染料、颜料、助剂、物理化学、高分子、化学工程、化工机械等，介绍化合物有关的物理性质、制备方法、用途，对有些术语名词进行了解释。如：发烟硝酸，含硝酸 86%～97.5% 以上的浓硝酸，是腐蚀性极强的液体，因溶有二氧化氮而呈红色……主要用于制硝基化合物；杂醇油，发酵法制酒精的副产品，无色至黄色油状液体，有特殊的臭味和毒性……可用作溶剂，也用于提制异戊醇等。

全书按汉字笔画排列，并附汉语拼音检字索引，本辞典适用于对有关化合物的各种性能、用途、制备的查找。

（5）《汉英科技大词典》 是 2011 年 9 月 1 日由上海译文出版社出版的图书，作者是吴光华。全书共有近 50 万词条，其中单字条目约 6000 条，多字条目约 49 万条（包括近 10 年来新词新义 1 万条），总字数达 1000 万字，内容包括：数学、物理、化学、机电、机械、电信、电工、矿产、农业、生物、地理、天文等 100 多个专业和学科。该词典主要将汉语专业词译成了英文，在写英文文章和查找 CA 时常用。本词典查阅方法是按笔画次序查找。

（6）《汉译海氏有机化合物辞典》 原著（英）由 Ivan Heilbron 和 H. M. Bunbury 编辑，中译本为科学出版社出版。本辞典共四册，按有机化合物名称的字母次序编排，收录主要常见的有机化合物 28000 条，连同其衍生物约 60000 条，列有组成结构、来源、物化性质，并附参考文献。

（7）《墨克索引》（The Merck Index） 本书第一版是 1889 年出版，以后差不多每 10 年修订一次，最早为美国默克公司出版的药品目录，经多次改进，现已成为一本化学药品、药物和生理性物质的综合百科全书。共收集了 1 万多种化合物的性质、结构式、组成元素百分比、毒性数据、标题化合物的衍生物、制备方法及参考文献等。卷末附有分子式和名称索引。该书第十二版已有光盘问世。本书包括下述部分：专论（monograph），有机人名反应（organic name reaction），杂项（miscellaneous tables）。

专论（monograph）：专论主要包括按字母次序编排的各种无机和有机化合物的名称、结构式、摩尔质量、各种物理常数、反应性质、用途、来源和制备、毒性检定、生理活性等，并附原始参考文献。

有机人名反应（organic name reaction）：在有机人名反应中，附有每一个人名反应的反应式、机理、反应结果、有关报道的产率和方法。

杂项（miscellaneous tables）：列出了一些常用的数据、符号、索引等。如放射性同位素、溶液的渗透压、液体的密度、指示剂、制冷剂等表。

此外，书后附有分子式索引、名称交叉索引，俗名、商品名、系统命名对照，还包括各种化合物的美国化学文摘号。

(8)《化学百科全书》（The Encyclopedia of Chemistry）　该书由 Clark George L. 和 Hawley Gessner G. 于 1959 年首次主编出版。它包括化学、化工和其它学科中许多重要的术语、名称、基本理论和单元操作的解释。1973 年由 Hampel C. A. 和 Hawley G. G. 出版了第三版，这是由于一些新的化学分支的出现，如环境化学、物理测试、遗传密码而增添了许多新的内容。因此，在旧版的基础上重新进行了再版。

该书概述了化学化工和其它学科中的许多重要的化学名词、定义、术语、规则及类别，按英文字母次序排布。

如我们要查找萃取某一物质的溶剂，或在柱色谱、纸色谱中要选择洗脱剂，那么我们要查找溶剂（solvents），在溶剂这一栏目中，有定义、种类、化学性质、物理性质、应用和选择等，在种类中分为水相、非水相、有机溶剂三种。而在非水相溶剂中有碱性溶剂、酸性溶剂、质子性溶剂、非质子性溶剂。

又如催化（catalysis），介绍了催化的定义、催化剂的种类和应用。如催化的分类有均相催化、异相催化、酶催化，此外还有酸碱催化、相转移催化、催化氢化等。

如果要了解立体化学方面的内容，可以查阅立体化学（stereochemistry），在这一栏目中，介绍了定义（definition）、历史（history）、构型（configuration）、构象（conformation）、构象分析（conformation analysis）、拆分（resolution）、立体控制合成（stereo controlled synthesis）、立体专一催化（stereospecific catalysis），此外，还介绍了一些相关化学家的简历和贡献等。

(9)《化学工艺大全》（Encyclopedia of chemical Technology）　第一版于 1947～1956 年间出版，共 15 卷。第二版于 1963～1972 年间出版，共 22 卷。第三版于 1978 年开始出版，至 1984 年完成，共 24 卷。内容包括聚合物（polymer）、塑料工艺（plastic tech）、纺织物（textile）、燃料（fuels）、能源（energy）、涂料（coating）、发酵（fermentation）、酶（enzymes）等，书中对每一类的材料介绍得相当详细。

如粉末涂料（powder coating）：介绍的种类主要两大类，热固性及热塑性。热固性粉末涂料又包括环氧聚酯、丙烯酸聚酯等。热塑性粉末涂料包括聚乙烯、聚丙烯、聚氯乙烯、尼龙等，并且对每章内容中关于它的性能、制备工艺及方法、用途都给予了较详尽的介绍。

（10）《万诺化学家辞典》（Van Nostrand's Chemist's Dictionary）　由 Jurgen M. Honig 等编写。该辞典介绍了一些化学物质的知识和化学术语的定义、新的元素、离子、典型化合物等，还有化学反应及其它学科的有关内容。

（11）《化学同义语与商品名》（Chemical Synonyms and Trade Names）　1971 年由 George W. A. Milne 编辑，约有 32500 条目，以商品名称为主按字顺排列。

（12）《应用化学辞典》　由朱宣译著，台湾宏业书局 1980 年出版。它主要收集了化学方面的普通名词。内容包括化学化工方面的定义、定律、术语，化学药品、药物、香料、染料半成品、芳香油、油脂、金属、矿物、石油产品、黏土制品、杀虫剂及鞣料等。该辞典按物质名称字顺排列，注以中文解释。书末设中文索引，附录包括：Ⅰ简单实验方法；Ⅱ药品名词（译者增补）；Ⅲ重要实用恒数表（译者增补）。

（13）"Dictionary of Organic Compounds"　这套辞典列出了有机化合物的化学结构、物理常数、化学性质及其衍生物等，并附有制备的文献资料和美国化学文摘社登记号（CAS 号）。全书共 9 卷，收录常见有机化合物 3 万余条，加上衍生物达 6 万条。按化合物名称的英文字母顺序排列。其第三版有中译本，即《汉译海氏有机化合物辞典》。

（14）《现代化学术语》（IUPAC Compendium of Chemical Terminology）　《现代化学术语》是国际纯粹与应用化学联合会（IUPAC）发布的化学术语参考书，包含化学中的定义、符号、名称和术语，以及其含义解释和用法。该书通过对全球化学界的审查和讨论，制定了全球化学中的标准术语，为化学研究提供了一致的语言规范。该书的最新版收录了大量的新术语和定义，包括生物化学、分析化学、环境化学、材料化学等领域。《现代化学术语》是化学领域中最权威的术语参考书之一，对于化学教育、科研和工业生产都有重要的意义。

（15）《化学品名与术语词典》（Dictionary of Chemical Names and Synonyms）　《化学品名与术语词典》是一本广泛使用的化学参考书，主要用于查找化学品名称和同义词，以及提供一些化学品的常见用途和性质信息。这本词典涵盖了数万种化学品，包括有机化合物、无机化合物和天然产物等。该词典的编写基于化学品名称的国际标准，如国际化学品标识符——CAS 号等，以确保其名称的准确性和一致性。此外，该词典还提供了许多同义词和交叉引用，以便读者能够更方便地查找需要的信息。词典还提供了化学品的结构式和分子式，以及它们的物理和化学性质、危险性和用途等信息。对于从事化学研究、工业生产或其他相关领域的人来说，该词典是一个非常有用的工具。在科学研究中，化学品的准确命名和标识是非常重要的，因为它们对于研究结果的解释和交流至关重要。在工业生产中，正确地使用化学品可以提高生产效率和保证生产过程的安全性。此外，该词典还为教育工作者和学生提供了一个有用的工具，可以帮助他们了解化学品名称和性质，从而更好地理解化学课程和实验室实践。对于初学者来说，该词典提供了一个简洁、易懂的概述，以帮助他们入门化学领域。总之，该词典是一个在化学领域非常实用的工具，可以帮助学生、教育工作者、科学家和工程师等查找化学品名称和同义词，并了解化学品的基本性质和用途，从而更好地进行化学研究和工业生产。

二、手册

(1)《试剂手册》 上海科学技术出版社出版，入书的化学品11560余种，包括一般试剂、生化试剂、色谱试剂、生物染色素及指示剂等。每个品种包含中文和英文名称、分子式或结构式、分子量、主要的物理化学性质、用途规格、贮存要求和危险性质等信息，凡有国家标准（GB）、化工行业标准（HG）的试剂，均分别为GB、HG的代号将其规格标准列入。该册末附有中文名索引和英文名索引，中文按笔画、英文按字母顺序排列。

(2)《化工产品手册》 《化工产品手册》由化学工业出版社出版，是一本经典的化工专业图书，已经传承了40余年，累计销售100余万册。该手册主要介绍了化工产品的性能、组成、标准、制法、用途、安全性以及参考生产企业等方面的内容，并有不同的分类。《化工产品手册（第六版）·化工助剂》于2016年2月由化学工业出版社出版，该书立足于为专业和行业服务，把近年有利于可持续发展的新品收集汇总，介绍的近千个品种涉及皮革、造纸、农药、电镀、油田、水处理六个领域。

(3)《世界精细化工手册》 1982年化工部科技情报研究所编辑出版。以后又在1985年出版了《续编》。该手册叙述了近年来该行业或门类的世界市场动向和各类品种的发展趋向，收载了600多个国外较新的或在广泛使用的精细化学品，比较详细地介绍了每个品种的名称、结构式、性状、毒性、制法、生产情况、用途与用法、包装与价格等。

(4)《CRC化学与物理手册》（CRC Handbook of Chemistry and Physics，The Chemical Rubber Co.） 1988年出版了第69版，由Robert C. Weast主编。现为每两年出版一次，每版内容不断更新。该手册内容丰富、查阅方便，不仅提供了物理和化学方面的重要数据而且还提供了大量的科学研究和实验室工作所需要的知识。该手册共分六大部：

A部 数学表（Mathematical Table）。

B部 元素和无机化合物（The Elements and Inorganic Compounds）。主要包括各元素的化学性质、物理性质、物理常数等。它们以英文字母顺序编排。

C部 有机化合物（Organic Compounds）。主要包括一般有机化合物、金属有机化合物和有机溶剂等的化学性质、物理性质，其中收录了15000多种有机化合物的物理常数、结构式等资料，其化合物按母体的英文字母顺序排列，母体相同则以取代基顺序排，另附有有机化合物的熔点索引、沸点索引、分子式索引等。

D部 普通的化学表（General Chemical Tables）。汇集了常见的化学物质、材料及体系的热力学性质、电化学性质等物化及化学和物理数据资料。

E部 普通物理常数（General Physical Constants）。内容包括力学、热学、电学、磁学、光学等常数。

F部 杂项（Miscellaneous）。内容包括密度、摩擦系数、表面张力、黏度及物理化学常用的缩写、符号，物理学上的单位和名称等。

(5)《生化药剂方面的有机试剂手册》（Handbook of Biochemicals Organic Compound for Research and Diagnostic Reagents） 由SIGMA化学公司每年出版一次，主要登载SIGMA化学公司所能销售的化学试剂、医用试剂、生物化学品等，除一般的化学品外，还有一些专用的化学品，如无水溶剂（anhydrous solvents）、有机铝试剂（organoaluminum reagents）、格氏试剂（Grignard reagents）、高压液相色谱溶剂（HPLC solvents）等，此外还有科研用的仪器。

该手册内有化合物字母表（按字母次序编排）、产品类别，根据化合物字母表和产品类别可查阅所需的药品，刊载各药品的名称、纯度、量、价格，并且每年价格会变化。

（6）《物理学、化学、天文学、地球物理学和技术中的数据、数学和函数关系》（Landolt-Börnstein's Zahlenwerte und Funktionen aus Physik, Chemic, Astronormie, Geophysik und Technik）　1883 年出版，第六版于 1951 年问世。该手册收集的各种物质的数据齐全、准确，是世界公认的权威手册之一。它主要包括物理、化学、天文学、地球物理学和技术等方面的数据。手册没有总索引，要查找某一数据，必须仔细查看目录表。第六版的各卷内容如下：

卷Ⅰ　原子及分子物理（共 5 册），主要有：原子与离子、分子结构、外电子层、晶体、原子核与基本粒子。

卷Ⅱ　聚集态物质（共 10 册），主要有：热力学参数、非熔融平衡、熔融平衡和界面现象、量热学、迁移现象、电性Ⅰ（各种固体的电性质，包括金属的电导、固体中的离子电导、光导电性等）、电性Ⅱ（电化学体系的电性质）、光学常数、磁性Ⅰ、磁性Ⅱ。

卷Ⅲ　天文学和地球物理。

卷Ⅳ　基本技术（共 4 册），主要有：天然材料和力学性质，金属材料，电技术、光技术、X 射线技术，热学和热力学性质的测定。

新版是由 K. H. Hellwege 主编的，改名为 "Zahlenwerte und Funktionen aus Naturwissenschaften und Technik"（自然科学技术中数字、数据和函数关系）。共分为六大类。

第一大类　核物理和工艺（nuclear particle & physics）。

第二大类　原子和分子物理（atomic & molecular physics）。包括原子和分子物理，自由基的磁性（magnetic properties of free radicals），配位化合物及有机过渡金属化合物的磁性（magnetic properties of coordination & organometallic transition metal compounds），有机物的发光（luminescence of organics substance），微波光谱中的分子常数（molecular constant from microwave spectroscopy），分子声学（molecular acoustics），微波分子散射及 ESR 光谱中的分子常数（molecular constants from microwave molecular beam-& ESR-spectroscopy）。

第三大类　晶体和固体物理（crystal & solid state physics）。

第四大类　物质的宏观性质和工业性质（microscopic & technical properties of matter）。

此外，还有地球物理学和空间研究，天文学和天文物理学两大类。

（7）《烃类和有关化合物性质选择值》（Selected Values of Properties of Hydrocarbons & Related Compounds）　该书由美国得克萨斯 A & M 大学化学系热力中心研究所编制出版，主要刊登石油工业上有关烃类和某些含硫及含氮化合物。它分为七卷，第一至第五卷的内容为各种烃化物性质的数据，第六到第七卷为各种化合物的参考文献。书中的度量单位主要采用公制，也有一部分采用英制和公制两种表示。该书每半年出版一次修正数据卡片。国际出版的卡片截止于 1972 年。1981 年，热力学研究中心又出版了这套《烃类和有关化合物性质选择值》（由 Hall, K. R. 等人编辑），全书分九卷：第一至第七卷为正文，第八至第九卷为参考文献，内容与原来的七卷有部分重复。

（8）《分析化学手册》（Handbook of Analytical Chemistry） 由 Pradyot Patnaik 编写，McGraw-Hill 公司出版，2004 年为第二版。主要包括基本数据、定性分析、无机定量分析、气体分析、化学分析、光学技术、磁学技术、热分析、pH 值的测定等。

（9）《实验室手册》（Laboratory Handbook） 由 Parr N. L. 编辑，George Newnes Limited 于 1963 年出版。介绍了实验室设计、设备、常用药品的毒性、污染及防治等注意事项以及分馏、温度测量、电子显微镜、低温等技术。

（10）《工业溶剂手册》（Industrial Solvents Handbook） 由 Flick Ernest W. 编辑、Noyes Publications 出版。1998 年第五版，主要介绍了包含 1100 多种的以下各类溶剂：烃类、卤代烃类、硝基烷烃类、有机硫化合物、单羟基醇、多羟基醇、酚、醛、醚、酸、酯等。包括它们的物理常数，如分子量、沸点、熔点、折射率、密度、蒸发热、燃烧热等。

（11）《高聚物手册》（Polymer Handbook） 由 J. Brandrup, E. H. Immergut, E. A. Grulke 编辑，它包括许多高分子化合物的基本科学数据，如聚合与解聚、引发剂的数据、低聚物数据、多种聚合物的结晶学数据、高聚物在溶液中的沉降常数；还有单体和溶剂的物理性质，以及一些重要高聚物的物理常数。

（12）《盖墨林无机化学手册》（Gmelin Handbook of Inorganic Chemistry） 由 Leopold Gmelin 编辑，Springer-Verlag 公司出版。该手册是一本完整的无机化学和无机化合物手册，它主要包括化学元素、无机化学和无机化合物（含有机金属化合物）的各种数据资料，如各种无机化合物的发现史、制备方法、化学性质、物理性质等。

（13）《Lange 化学手册》（Lange's Handbook of Chemistry） 由 James Speight 编辑，McGraw-Hill 公司出版，2004 年第 16 版。该手册分为四大部分：第一部分为无机化学，包括无机化合物命名、物理性质、元素、键长与键强、亲和能、黏度与表面张力、导热性等；第二部分为有机化学，包括有机物的命名与物理性质、黏度与表面张力、折射与折射率、蒸气压与沸点、可燃性、共沸物、凝固混合物、键长与键强、离子化能、导热性、电导率等；第三部分为波谱，包括红外吸收光谱、紫外光谱、拉曼光谱、荧光光谱、火焰原子吸收光谱、质谱、核磁共振谱等；第四部分为一般知识及换算表，主要包括物理常数转换、温度换算表、密度与比重、分子量、热浴、重量分析、容量分析、分离方法等。

（14）《CRC 有机电化学手册》（CRC Handbook Series in Organic Electrochemistry） 该手册是美国化学橡胶公司出版的电化学数据丛书之一，作者为 Louis Meites 和 Petr Zuman。该手册主要收集了有机化合物化学数据。全书分装两册，共十个表格。第一册为电化学数据表，按化学式排列（化学式按 Hill 系统编排）。第二册共收集了九个表格，内容包括结构式，半反应（电极反应）的机理，前文所列的有机化合物的名称、索引，功能基索引、溶剂索引、方法索引、指示电极索引，文献指南，作者索引。

（15）《非水电解质手册》（Nonaqueous Electrolytes Handbook） George J. Janz 和 R. P. T. Tomkins 于 1972 年编写出版。该手册分装为两卷，第一卷的内容包括：溶剂的

物理性质、溶剂的提纯、电导（电解质电导数据按溶质和溶剂分类，溶剂分为单一的和混合的两种，电解质分无机酸和有机酸，周期表中各族的常见盐、络盐及季盐）、扩散、密度、迁移数、补充参考文献和数据来源、化合物索引（分溶剂和溶质两部分）。

第二卷的内容包括：电解质的溶解度、电动势数据、蒸气压、冰点降低测定、溶解热测定、极谱法、配位体交换速度与电极反应、电偶层、非水光谱法、有机电解质电池组体系、补充参考文献和数据来源、化合物索引（分溶剂和溶质两部分）。

（16）《化学品安全手册》（Chemical Safety Handbook）《化学品安全手册》是一本旨在帮助化学品使用者正确、安全地使用化学品的参考书。该手册涵盖了化学品的安全使用和管理的多个方面，如化学品的危害性评估、个人防护、安全操作和事故处理等。该手册首先介绍了化学品的危害性评估，包括如何识别和评估化学品的物理、化学和毒理学危害，以及如何使用安全数据表（SDS）和其他参考资料来了解化学品的危险性。接下来，该手册介绍了如何选择和正确使用个人防护装备，包括防护服、手套、护目镜和呼吸器等，以降低化学品对人体的危害。此外，该手册还介绍了化学品的安全操作和管理，包括如何储存、搬运和处理化学品，如何正确标识化学品容器并保持清洁的实验室或工作场所，以及如何处理废弃物和事故等。手册还提供了大量的实用信息和建议，例如应急情况下的应对措施、危险化学品的替代品和更安全的实验室操作等。

（17）《化学术语手册》（Handbook of Chemistry and Physics）《化学术语手册》是一本广泛使用的化学参考书，该手册的第一个版本最早出版于 1907 年，现在已经成为了化学和物理学领域的权威参考书之一。手册的主要内容包括化学、物理、数学等领域的术语、公式、物理常数、化合物的物理和化学性质等信息。该手册还包括了一些附录，如SI 国际单位制和物理恒量等。最新版的手册收录了来自全球科学界的近 30000 个术语和1000 多个图表。该手册为学生、研究者、工程师和科学家提供了一个全面的资源，帮助他们理解科学中的术语、公式、数据和概念。

（18）《有机化合物命名手册》（IUPAC Organic Nomenclature）《有机化合物命名手册》是国际纯粹与应用化学联合会（IUPAC）发布的命名规则参考书，主要包括有机化合物的命名规则。该手册规定了有机化合物的命名方式，以统一全球化学界的命名规范。该手册的最新版修订了许多过时的命名规则，添加了新的规则以适应有机化学的最新发展。该手册是化学教育、研究和工业生产中有机化合物命名规则的重要参考书。

（19）"CRC Handbook of Chemistry and Physics" 是一本综合性的化学和物理参考手册，它涵盖了广泛的主题，包括元素、化合物、反应、物理学、地球科学等。这本手册包含了大量的数据、图表和方程式，适于化学和物理领域的学生和专业人士使用。

（20）"Handbook of Chemistry and Biochemistry" 是一本大型的化学和生物化学参考书，涵盖了各种化学领域的主题，包括无机、有机、生物化学等。该手册提供了详细的信息，包括化学式、物理化学性质、光谱数据、反应机理等，对于化学和生物化学学生和专业人士非常有用。

（21）"NIST Chemistry WebBook" 是由美国国家标准与技术研究院提供的在线数据库，它包含了广泛的化学数据，包括热力学数据、光谱数据、物理和化学性质等。这个数据库非常方便易用，对于学生和专业人士进行研究和实验工作都非常有用。

（22）"Handbook of Green Chemistry" 是一本专注于环境友好型化学的手册，提供了在各种化学领域中实现可持续性的方法。这个手册包含了许多绿色化学的原则、实践和实例，对于学生和化学从业者都非常有用。

（23）"The ACS Style Guide" 是一本美国化学学会提供的手册，用于引用化学文献和编写科学论文的指南。该手册包含了各种引用和写作规则，对于学术论文的准备和写作都非常有用。

三、大型工具书及参考书

（1）《新不列颠百科全书》（The New Encyclopedia Britannica）　1786 年出版，最新版是 1999 年出版（ISBN：0-85229-663-0）的 No15 修订版，我国称为大英百科全书。该百科全书是世界上历史最悠久、影响最广也是最权威的一部综合性百科全书，内容涉及人文、社科与自然科学，现由中国百科全书出版社和美国芝加哥不列颠百科全书公司合作编译成中文的《简明不列颠百科全书》，全书共 32 卷分四个主要部分。

第 1～12 卷，《百科简编》（Micropaedia），条目较短，按字母顺序编排，编辑宗旨是"情报知识性"和教育性的结合，它可以作为简明的百科词典，所涉条目与注释可详查《百科详编》。

第 13～29 卷，《百科详编》（Macropaedia），条目详细，按字母顺序编排。

第 30 卷，《百科类目》（Propaedia），是全书的分类目录，其内容是按学科分为十大类：物质与能、地球、地球上的生命、人类生命、人类社会、艺术、技术、宗教、人类历史、知识分支。每一大类下又分部、门类、细类等六个层次。每类目都有类目释义及类目在百科中的卷号、页码，它是全书的分类指南。

第 31～32 卷为《关键词索引》，可提供对《百科简编》与《百科详编》的检索指南。

现已有《新不列颠百科全书》光盘的 CD-ROM 版本（Britannica CD）与网络版本（Online），网址为 http://www.eb.com，电子版本需注册交费才能查阅。

（2）《中国大百科全书》　由中国大百科出版社出版。从 1980～1993 年逐步完成。按学科分卷，共 74 卷，每卷不标卷号而列出该卷的学科名称，各学科按自身的体系层次以条目形式编写，每卷按条目的汉语拼音的字母顺序排列。各卷下文前有条目分类目录，正文后有内容索引、条目外文索引、条目汉字笔画索引。本书有光盘版，4 张新的光盘版于2000 年出版。

网址：http://www.ecph.com.cn

（3）《化学大全》（Chemie-Lexikon）　该书由 Römpp H. 博士编著，初版于 1947 年。这里只介绍增订的第四版。该书的内容丰富，对无机、有机、胶体、分析化学、地球化学、晶体学、生物化学、药物学和化学工艺等均有所论及。第四版除收录短论、引述参考文献外，还给出了数百篇杰出化学家的传记，本书的第一卷末附有"A～K"的主题索引，第二卷末附有"L～Z"的主题索引。

（4）《无机化学大全》（A Comprehensive Treatise on Inorganic & Theoretical Chemistry）　无机化学大全的主编是英国著名化学家 Joseph William Mellor 博士。该书文献资

料齐全，索引完善。各卷均设有索引，第十六卷中设有总索引（主题词字顺索引）。全书按周期表中各主族和副族元素的次序进行编排。就内容来说，全文根据物理化学原理，对无机化学书籍中的各种元素及其化合物，进行了分析和探讨。1956 年起，出版了各卷的补编卷。它收集了在正编之后发表的无机化学的重要文献资料。补编《Supplement Ⅱ. Part 1》是正编第二卷的补编第一册。其他各补编也按类似方式标记。

（5）《化学反应大全》（Encyclopedia of Chemical Reaction） 是一部反应元素的化学反应手册，在每一种元素下列出这一元素与其它化学物质的化学反应、反应条件、产物、反应方程式，并注明了引证的参考文献。它是由 Carl Alfred Jacobson 和 Clifford A. Hampel 编辑并于 1946 年开始出版，至 1960 年共出版了八卷，按元素的英文名称的字母顺序编排。

（6）《Sadtler 标准光谱图集》 该集由 Sadtler Research Laboratories 编辑出版。它收录了大量的红外光谱图、紫外光谱图、核磁共振图谱和差热分析数据，如标准 ^{13}C 核磁共振图谱、标准荧光光谱、标准拉曼光谱、高分辨红外光谱等。收录了 26 万多张红外谱图，近 4000 张近红外谱图，9000 张拉曼谱图，67 万多张核磁谱图，近 30 万张质谱谱图，3 万张紫外-可见光谱图。该图谱收集的谱图数量大、品种繁多，是世界上相当完备的光谱文献。图谱按类型分集出版。

查阅 Sadtler 光谱图集必须使用有关索引，如：总光谱索引（包括化合物名称索引，光谱图连续号码索引、分子式索引、化学分类索引）；标准红外光栅光谱 1980 年累积谱线索引；专用索引（如核磁共振化学位移索引、紫外标准光谱线索引、红外标准谱线索引等）。

（7）《光谱手册》（Handbook of Spectroscopy） 由 Guenter Gauglitz 和 Tuan Vo-Dinh 编写，Wiley 公司在 2005 年出版。主要内容包括：样品的收集、测试仪器与技术、液体的核磁、固态核磁、X 射线衍射荧光分析、原子吸收与原子发射光谱、质谱、表面分析技术、生物分析法、气相色谱、元素分析等。

（8）《化学工程和设计大全》（Encyclopedia of Chemical Processing and Design） 是一部化学工程师使用的百科全书，1977 年开始出版，精确地阐述了化学工艺过程、方法、标准及最新发展，由 John J. McKetta Jr. 编著。

（9）《工业化学分析大全》（Encyclopedia of Industrial Chemical Analysis） 由 Foster Dee Snell，Clifford L. Hilton，Leslie S. Ettre 编著。1966 年开始出版。全书包括两部，第一部为一般技术分布在 1~3 卷内，介绍了大量的工业产品的一般分析方法和技术，阐述了基本原理、分析方法、常数测定、滴定法、分离技术、鉴定技术。第二部为个别的或某一组产品的分析，分布在 4~19 卷内，它又分为四大类；个别化合物、元素及其化合物，具有相同结构的化合物，具有同样用途的化合物，各项条目按字序排列。

（10）《美国材料检验标准》（Annual Book of American Society for Testing and Material Standards） 采用的标准分为两种：①作为标准的方法和规格（须经过 ASTM 协会全体会员通过）；②暂行标准（须经过专家委员会通过）。其大致包括以下各项：应用范围、测定条件、仪器设备的介绍、试剂的配制、取样方法和处理、检验方法、计算方法。每一检验都有规定的号码，称为 ASTM 号码，每卷前有该卷目录，并注有起止页码，还有分类目录。

（11）"综合无机化学书"（Comprehensive Inorganic Chemistry）　由 John Christian Bailar 和 A. F. Trotman-Dickenson 等编辑。全书共九卷，每卷前面都有详细目录，主要介绍各元素和化合物的存在、来源、制备、发展史、生产方法、物理和化学性质、毒性及安全处理等。

（12）《化学进展丛书》（Advances in Chemistry Series）　由美国化学会 1949 年开始组织出版，主要是严格按美国化学会出版标准进行选择的专题讨论会上的论文。丛书分为若干部，如：化学史、无机化学进展、有机化学进展、物理化学进展、化学教育、农业与食品化学、药物化学、化学工程、化学催化、化学助剂、生理化学、表面化学、涂料、日用化学等。

（13）"美国化学会专著丛书"（American chemical Society Monograph Series）　由美国化学会受理论与应用国际会议的委托负责编辑。丛书主要是按化学品种或类别进行专论，分别编辑出版。如《硫酸生产》《磷酸生产》《表面活性剂》等丛书分别介绍它们的生产方法、工艺流程、产品的性质、用途、检测方法等。

（14）《电化学数据》（Electrochemical Data）　由 Meites Louis，Zuman Peter 等编辑。该书是电化学和电分析工作者的工具书。它精选出 1960～1971 年间，有关于极谱法、伏安法、电流法、控制电势库仑法、计时电势法、计时电流法和计时库仑法等电化学分析和测量试验方法的基本电化学数据。它分为两部分。第一部分的内容包括：有机和有机金属化合物及生物化学物质的电化学数据；第二部分的内容为无机化合物的电化学数据。书末附有主题索引。

（15）《无机和有机化合物的溶解度》（Solubilities of Inorganic & Organic Compounds，H. Stephen & T. Stephen，Pergamon，1963～1979）　该书共有三卷。第一、二卷又分为上下两册，第三卷分为上中下三册。主要内容包括：元素、无机化合物、有机化合物和金属有机化合物在二元系和三元系及多组分体系中的溶解度的实验数据。

（16）《化学工程物性常数》（Physico-Chemical Properties for Chemical Engineering）　该书由日本化学工程协会（Kagaku Kōgakkai Japan）编辑。它包括了化学工程有关的物理学性质常数、实验数据、实验方法以及化学工程有关的预测法和理论等。目前国内已出版三卷，目次均与第一卷相同。

该书的具体内容有：①压力-体积湿度间的关系和液体密度；②蒸发过程中的蒸气压和热；③蒸气液体平衡；④溶液的溶解和热；⑤黏性；⑥分子扩散系数。

（17）《综合有机化学》（Comprehensive Organic Chemistry）　由 Derek Barton，W. David Ollis 等编辑，Elsevier Science 出版。全书共分为六卷，第六卷为各册的总索引。卷一：有机物命名及立体化学、烃、卤代烃、含氧化合物；卷二：含氮化合物、磷化合物、羧酸；卷三：硫、硒、硅、硼及金属有机化合物；卷四：杂环化合物；卷五：糖、蛋白质及天然有机化合物、生物有机化学；卷六：分子式索引、主题索引、作者索引、反应索引、试剂索引。

（18）《Beilstein 有机化学大全》（Beilstein's Handbuch der Organischen Chemie）　由 Springer-Verlag 在 1918 年出版，是一本十分完备的有机化学工具书，收集了 1918 年以前

所有的有机化合物数据，后来又出版续编。主要介绍了化合物的来源、性质、用途及分析方法，且附有原始文献。

（19）"Handbook of Chemistry" 是一本综合性的化学参考书，涵盖了有机、无机、分析、物理和生物化学等各个方面。该书由 McGraw-Hill Education 出版，已经发行了数个版本。它旨在为化学专业学生、研究人员、工程师和其他化学领域的专业人士提供全面的参考资料。内容非常广泛，其中包括化学元素和化合物的物理和化学性质、有关反应的详细信息、实验室技术和方法、光谱数据、材料科学，等等。此外，该书还提供了化学符号、单位、常数和术语等方面的信息。

（20）"Encyclopedia of Inorganic Chemistry" 是一本广泛涵盖无机化学领域的参考书，由 John Wiley & Sons 出版。它是一个多卷的参考工具书，内容包括无机元素、化合物、配合物、催化剂和催化反应、纳米技术、电化学、环境化学，等等。内容非常丰富，它提供了关于无机化学各个方面的详细信息，包括物理和化学性质、结构、合成和分析方法、反应机制、应用和未来发展方向等。该书还涵盖了一些新兴领域，如催化剂设计、纳米技术和生物无机化学等。

（21）"Comprehensive Organic Synthesis" 是一本综合性的有机合成参考书，涵盖了有机化学合成领域的各个方面，由 Pergamon Press 出版。它的内容非常广泛，其中包括了有机合成的各个方面，如催化剂设计、反应机理、新的合成方法和战略、重要化合物的合成、天然产物合成等。该书共分为九卷，每卷涵盖了一个特定的主题。每卷都由多个章节组成，每个章节由各领域的知名专家编写，确保了内容的权威性和深度。它的主题非常全面，其中包括了许多经典的和新兴的有机合成方法和策略，如金属催化反应、羧酸的还原和羰基化合物的加成等。该书还讨论了一些具有挑战性的合成问题，如立体选择性、串联反应和多步合成等。它不仅提供了许多有机合成方法和策略的详细描述，还提供了大量的实例和应用案例。这些实例涉及了广泛的应用领域，如药物合成、天然产物合成、材料科学、能源化学，等等。此外，该书还包括了各种实验室技术和实验步骤，使读者能够更好地理解和应用合成方法和策略。

（22）"Kirk-Othmer Encyclopedia of Chemical Technology" 是一本涵盖化学技术领域的参考书，由 John Wiley & Sons 出版。该书的第一版于 1949 年出版，现已经更新至第六版。该书包括大约 600 个主题，涉及了化学原理、有机化学、物理化学、化学工程、材料科学、生物技术等多个领域。每个主题都由专家编写，内容涵盖了该主题的历史、现状、最新研究进展、关键技术和应用案例等方面。该书还提供了许多实用的信息，如化学品的性质、化学过程的设计和优化、化学工厂的设计和运营、安全和环境管理等方面。该书还包括了大量的图表、公式和实例，以及详细的参考文献和索引，使读者可以深入了解该领域的各个方面。此外，该书还提供了在线版本和交互式应用程序，方便读者查找和使用信息。

（23）"Organic Syntheses" 是一本关于有机合成的实验室手册，由 Organic Syntheses, Inc. 出版。该书旨在为有机化学家和有机合成实验室提供有用的参考和指导，为实验室制备有机化合物提供了一系列经过验证的合成方案。它主要包括两部分内容：第一部分是实验室手册，提供了许多有机合成方法和实验步骤，包括反应的详细条件和反应机理；第二部分是有机合成文献，介绍了有机合成方面的最新研究进展和应用案例。实验室手册部分共收录了超过 300 篇合成方案，每篇合成方案都经过实验室验证，提供了详细的实验步骤、反应条件、反应机理和实验数据等信息，有助于有机化学家更好地理解和掌握有机合成技术。这些合成方案涵盖了各种类型的有机化合物，包括芳香族化合物、脂肪族化合物、环状化合物、含氮化合物、含氧化合物和含硫化合物等。有机合成文献部分介绍了有机合成领域的最新研究进展和应用案例，收录了超过 600 篇合成文献，内容涵盖了从基础研究到应用开发的各个方面。这些文献还提供了详细的反应机理和实验数据，可以为有机化学家提供有用的参考和启示。

此外，在有机化学方面的参考书还有：Alfred T. Blomquist 编写的 "Organic Chemistry"（有机化学）；Roger Adams 编写的 "Organic Reactions"（有机反应）；Adams R. 和 Gilman H. 主编的 "Organic Synthesis"（有机合成）；W. Theilheimer 编辑的 "Synthetic Methods of Organic Chemistry"（有机化学合成方法）；W. Forest 编写的 "Newer Methods of Preparative Organic Chemistry"（制备有机化学新方法）；Arnold Weissberger 编写的 "Technique of Organic Chemistry"（有机化学操作技术）；Mary Fieser 编写的 "Reagents for Organic Synthesis"（有机合成试剂）；北京理工大学出版社出版的樊能廷编写的《有机合成事典》等。

还有一些与化学学科相关的电子图书：由 Peter Atkins 和 Loretta Jones 共同撰写的《化学原理》（Chemical Principles），是一本广泛使用的化学教科书，涵盖了从基础知识到高级主题的内容；由 William Brown 和 Thomas Poon 撰写的《有机化学导论》（An Introduction to Organic Chemistry），涵盖了有机化学的基本概念、反应和分子结构；由 Neil Isaacs 撰写的《物理有机化学》（Physical Organic Chemistry），介绍了有机化学中的物理和量子化学原理，并探讨了有机分子的结构和反应机理；由 Reginald Garrett 和 Charles Grisham 撰写的《生物化学》（Biochemistry），是一本介绍生物化学和分子生物学的广泛使用的教科书；由 Saeed Moaveni 撰写的《化学与化学工程导论》（Chemistry and Chemical Engineering：An Introduction），介绍了化学和化学工程的基本概念，包括化学反应、热力学、传热和传质等内容；由 Daniel L. Reger、Scott R. Goode 和 David W. Ball 撰写的《化学原理与实践》（Chemistry：Principles and Practice），着重于实验室技能的开发和实践应用；由 Octave Levenspiel 撰写的《化学反应工程》（Chemical Reaction Engineering），是化学工程中化学反应过程的重要参考书；由 Brian W. Pfennig 撰写的《无机化学原理》（Principles of Inorganic Chemistry），介绍了无机化学中的基本概念、元素周期表、化学键和物质转化等内容；由 David Harvey 撰写的《现代分析化学》（Modern Analytical Chemistry），讲解了分析化学中的方法和原理，包括色谱、光谱、质谱和电化学等技术；由 Stanley E. Manahan 撰写的《环境化学》（Environmental Chemistry），介绍了环境化学中的基本原理、化学污染和生态系统的影响等内容。

思考题

1. 除教材介绍的图书分类法外，请列举出一种其他的分类方法。

2. 从网上查阅一国外图书馆及一国外大学图书馆，网页上主要有哪些内容？

3. 请从网上图书馆查阅2本与化学有关的教材和参考书，写出查阅途径、书名、出版社。

4. 从网上可以查阅到哪几种化学方面的中外文物质手册与辞典（词典）？

5. 查找某一化合物的物理性质、光谱性质可通过哪几种词典？若查找化工原料或化学试剂的产地、价格，可从哪些手册与辞典（词典）查找？

6. 请从网上查阅下列原料的生产厂家或公司（写出它们的公司名和网站，中外厂家或公司名各列举2个）

（1）丙烯酸或丙烯酸酯　　（2）聚氯乙烯或聚丙烯　　（3）OP10

（4）TNT　　（5）茉莉香精　　（6）山梨酸

7. 下列是一些有毒化学品，请从网上或资料室的有关资料中手工查阅它们的毒性及防护方法（注明网站）。

（1）胺　　（2）氯苯　　（3）DDT　　（4）氯仿　　（5）甲醛　　（6）苯并芘

（7）亚硝基化合物

8. 从网上或资料室查阅下列化合物的物理性质，写出其查阅途径及网站

（1）对羟基苯甲酸异丙酯　　（2）水杨酸　　（3）十二烷醇

9. 制备水性涂料、聚碳酸酯、磺酸酯类的非离子表面活性剂、偶氮类分散型染料应查找哪些参考书？

10. 三氯异氰尿酸的工业制备中涉及快速干燥、泥浆泵、气液分离设备，应查找哪些参考书？

11. 甲苯二异氰酸酯是一种重要的化工原料，如需查找它的标准及分析方法，应查哪一类参考书？

第四章

期　刊

与化学化工专业有关的期刊以刊载文献的内容大致划分为：原始性期刊（*Nature Chemistry*，*Journal of the American Chemical Society*，*Angewandte Chemie International Edition*，《化学学报》等）、检索性期刊（CA、《中国化学化工文摘》等）、评述性期刊（*Chemical Reviews*，*Accounts of Chemical Research*，《化学进展》等）、消息性期刊（*C&E News*，*Chemistry World* 等），科普性期刊（*Scientific American* 等）等类型。

第一节　重要化学化工期刊介绍

一、综合性自然科学期刊

（1）《国家科学评论》（*National Science Review*）　2014 年 3 月创刊，由中国科学院主管，科学出版社主办，《中国科学》杂志社编辑出版，海外合作出版商为牛津大学出版社，是具有战略性、导向性的高端综合类英文学术期刊。报道范围涵盖数理科学、化学科学、生命科学、地球科学、材料科学、信息科学等六大领域。该期刊旨在以多种形式全面反映国内外重大研究进展，尤其是重点报道中国具有代表性的科学研究进展，同时还设立社论、科学家访谈、新闻与观点、研究亮点、短评等多个栏目，成为世界了解中国前沿科技突破和重要活动的高端平台。该期刊的国际刊号是 2095-5138，国内刊号是 10-1088/N，所有文章开放获取（open access，OA），现已被包括科学引文索引（SCI）、工程索引（EI）、Scopus 等知名数据库收录，2022 年影响因子达到了 23.178，学术水平达到专业领域前 5%。

网址：https://academic.oup.com/nsr

（2）《研究》（*Research*）　2018 年创刊，是由中国科学技术协会与美国科学促进会（AAAS）共同创办的国际化高水平综合性学术期刊，在 *Science* 平台上运营，是 *Science* 自 1880 年创刊以来的第一本合作期刊。*Research* 致力于打造成具有国际一流学术水平的大型科技期刊，是向世界展示中国科学技术发展成果的重要窗口，搭建促进中外高水平科学家交流与合作的重要平台。该刊以开放获取方式出版，严格执行国际同行评议制度，主要报道国内外科学家在人工智能与信息科学、生物学与生命科学、能源研究、环境科学、新兴材料研究、机械科学与工程、微纳米科学、机器人与先进制造、技术研究和应用这 9 个交叉学科领域的最新高水平突破性原创科研成果。2022 年影响因子达到了 11.036。

网址：https://spj. sciencemag. org/journals/research

（3）《中国科学》（*Science China*） 1950 年 8 月创刊，中国科学院编。主要反映我国基础科学及农业、医学、技术科学方面具有创造性的代表我国科学水平的重要科研成果和学术论文。1951 年第 2 卷第 4 期后，又出版外文版（英、法、德、俄）。该期刊把国内自然科学期刊上发表的论文选择质量较好的译成外文发表，每卷编有著者和分类主题索引。从 1996 年开始，中文、外文版均按 A、B、C、D、E 辑出版。A 辑包括：数学、物理学、力学与天文学；B 辑：化学；C 辑：生命科学，包括生物学、农学和医学；D 辑：地球科学，包括地质学、地理学、地球物理学、海洋学和大气科学；E 辑：技术科学。2001 年创办了《中国科学》F 辑信息科学英文版。

网址：http://www. scichina. com

（4）《科学通报》（*Chinese Science Bulletin*） 1950 年 5 月创刊，中国科学院科学通报编委会编辑，科学出版社出版。1966 年 12 期后停刊，1973 年 7 月复刊。该刊是中国科学院主办的综合性自然科学学术性刊物。它较及时、全面地报道了我国基础科学以及农业、医学和技术科学的基础研究成果和阶段性的科研成果。1980 年 1 月起增辟"研究通讯"专栏，简要报道科学工作者最新的研究成果。年度编写有总目录。该期刊的英文版于 2015 年 1 月起改为 *Science Bulletin*，由中国科学院、国家自然科学基金委员会、Elsevier 出版社联合出版。该期刊为中国科学院一区顶刊，影响因子快速上涨，2022 年影响因子达到了 20.577，国际影响力进一步提升。

中文版网址：http://kxtb. soripan. net；英文版网址：https://www. sciengine. com/SB

（5）《自然》（*Nature*） 英国 1869 年创刊，Macmillan Journals Ltd. 出版，现由英国 Nature 出版集团（Nature Publishing Group，NPG）出版发行。它是世界著名的综合性自然科学刊物，稿件来自世界各国，侧重于生物科学。内容有论文（articles）、来信（letters to nature）、简讯（brief communications）和短评（communications arising），其 2022 年的影响因子为 69.504。

Nature 出版集团的姊妹刊有：*Nature Genetics*（1992 年创刊）；*Nature Structural & Molecular Biology*（1994 年创刊）；*Nature Medicine*（1995 年创刊）；*Nature Biotechnology*（1983 年创刊）；*Nature Neuroscience*（1998 年创刊）；*Nature Cell Biology*（1999 年创刊）；*Naure Immunology*（2000 年创刊）；*Nature Materials*（2002 年创刊）；*Nature Methods*（2004 年创刊）；*Nature Chemical Biology*（2005 年创刊）；*Nature Physics*（2005 年创刊）；*Nature Nanotechnology*（2006 年创刊）；*Nature Photonics*（2007 年创刊）；*Nature Geoscience*（2008 年创刊）；*Nature Chemistry*（2009 年创刊）；*Nature Energy*（2016 年创刊）和 *Nature Microbiology*（2016 年创刊），这 17 种刊物以发表原创性的研究论文为主。此外，还有 *Nature Reviews Genetics*（2000 年创刊）；*Nature Reviews Molecular Cell Biology*（2000 年创刊）；*Nature Reviews Neuroscience*（2000 年创刊）；*Nature Reviews Cancer*（2001 年创刊）；*Nature Reviews Immunology*

（2001 年创刊）；*Nature Reviews Drug Discovery*（2002 年创刊）；*Nature Reviews Microbiology*（2003 年创刊）；*Nature Clinical Practice Cardiovascular Medicine*（2004 年创刊）；*Nature Clinical Practice Gastroenterology and Hepatology*（2004 年创刊）；*Nature Clinical Practice Oncology*（2004 年创刊）；*Nature Clinical Practice Urology*（2004 年创刊）；*Nature Clinical Practice Endocrinology and Metabolism*（2005 年创刊）；*Nature Clinical Practice Neurology*（2005 年创刊）；*Nature Clinical Practice Nephrology*（2005 年创刊）；*Nature Clinical Practice Rheumatology*（2005 年创刊）和 *Nature Reviews Materials*（2016 年创刊），这些刊物主要刊载综述、评论与研究进展方面的文章。另外，《自然》还有系列在线出版物：*Nature China*（于 2007 年 1 月出版），*Nature India*（于 2008 年 2 月出版）和 *Nature Communitations*（于 2010 年出版）。

网址：http://www.nature.com

（6）《科学》（*Science*） 1883 年创刊，周刊，由美国科学促进协会出版。它是自然科学的综合性刊物，是国际上著名的自然科学综合类学术期刊，其 2022 年的影响因子为 63.714。*Science* 杂志发表的论文主要涉及物理学、生命科学、化学、材料科学和医学领域。每年《科学》杂志还出版大约 15 期专辑，展示某一专门领域的最新成果，内容包括自然科学中各个学科的科研成果与综述文章。1995 年，*Science* 杂志实现了上网，即 *Science Online*（科学在线），提供 *Science* 杂志全文、摘要和检索服务。特别要注意的是：网络版是印刷版。该期刊旗下报刊有：*Science Signaling*（1999 年创刊）；*Science Translational Medicine*（2009 年创刊）；*Science Advances*（2015 年创刊）；*Science Immunology*（2016 年创刊）和 *Science Robotics*（2016 年创刊）。

网址：http://www.sciencemag.org

（7）《细胞》（*Cell*） 1974 年创刊，由爱思维尔（Elsevier）出版公司旗下的细胞出版社（Cell Press）出版发行，是一本同行评审科学期刊，主要发表生命科学领域中的最新研究发现。该杂志与《自然》和《科学》并列，是全世界最权威的学术杂志之一。《细胞》在"细胞生物学"和"生物化学与分子生物学"类别学术期刊中排名第一，曾刊登过许多重大的生命科学研究进展，2022 年的影响因子为 66.850。从 20 世纪末开始，细胞出版社在《细胞》之后陆续推出一系列学术期刊，包括：*Molecular Cell*（1997 年创刊）；*Developmental Cell*（2001 年创刊）；*Cancer Cell*（2002 年创刊）；Cell Metabolism（2005 年创刊）；*Cell Host & Microbe*（2007 年创刊）和 *Cell Stem Cell*（2007 年创刊）。

网址：http://www.cell.com

（8）《美国科学院院报》（*Proceedings of the National Academy of Sciences of the United States of America*，PNAS） 1914 年创刊，是与 *Nature*、*Science*、*Cell* 齐名的，世界上被引最多的跨学科综合性科技期刊之一。该期刊为周刊，主要刊载世界尖端的研究报告、学术论文、学术评论、学科回顾及前瞻、观点展示以及美国科学院学术动态报道等，所涵盖学科领域主要为生命科学、自然科学、社会科学。生命科学主要包括：细胞生物学、发育生物学、微生物学、生物物理学、计算生物学、应用生物学、生物化学、免疫学、医学、神经系统科学、药理学、生理学、植物生物学、环境科学、生态学、人口生物学、进化学、遗传学、可持续性科学等；自然科学主要包括：数学、化学、物理学、应用物理学、地球物理学、地质学、天文学、统计学、工程学、计算机科学等；社会科学主要包括：人类学、心理学、环境学、经济学、政治学、社会科学、可持续性科学等。该期刊在 2022 年的影响因子为 12.779。

网址：http://www.pnas.org

（9）《科学美国人》（*Scientific American*） 1845 年创刊，月刊，Scientific American Inc. 出版。它是一种高级科普性杂志。内容包括基础科学和技术科学各领域的进展情况、科学新闻及图书评论等。1979 年中国科学技术情报研究所重庆分所将此刊译成中文，刊名为《科学》。但由于发行量等原因，于 2005 年底停办。《电脑报》杂志社后获得了《科学美国人》杂志社新的授权，在 2006 年 1 月，与《科学美国人》版权合作的简体中文月刊《环球科学》创刊。《环球科学》语言简明易懂，及时报道全球最新科学成果以及科技对人类未来商业、文化、伦理和政治等方面的深刻影响。

网址：http://www.sciam.com

二、综合性化学期刊

（1）《化学学报》（*Acta Chemica Sinica*） 1933 年创刊，原名《中国化学会杂志》（*Journal of the Chinese Chemical Society*），月刊，2004 年改为半月刊。该刊为基础理论性化学科学期刊，是目前我国最重要的化学杂志之一。刊载化学各学科领域基础研究和应用基础研究的原始性、首创性成果，涉及物理化学、无机化学、有机化学、分析化学和高分子化学等，目前设以下 4 个栏目：研究专题、研究通讯、研究论文、研究简报。

该刊于 1998 年在国内化学类期刊中率先被 SCI 收录，并长期被国内外多种著名检索刊物和文献数据库摘引和收录，包括美国《化学文摘》（CA）、日本《科技文献速报》（JICST）、俄罗斯《文摘杂志》（AJ）等。该刊 2022 年的影响因子为 2.789。

网址：http://sioc-journal.cn/Jwk_hxxb/CN/volumn/current.shtml

（2）《化学通报》（*Chemistry*） 1934 年 1 月创刊，原名《化学》，由中国科学院主管，中国化学会、中国科学院化学所主办，月刊。该刊是一种综合性化学学术刊物，是中国科技核心期刊。主要内容是：化学及其边缘学科的新进展、新动向的介绍和评述；研究工作简报和经验交流；现代化实验手段、实验技术介绍；新学科、新理论、新技术、新材料、新概念介绍；大学化学中有关基本理论、基本概念以及实验方法介绍；化学哲学问题、化学史、化学家介绍和化学简讯、学术活动报道；中国化学会通讯；书刊评价等。该刊编有年度总目录。

网址：http://www.hxtb.org

（3）《高等学校化学学报》（*Chemical Journal of Chinese Universities*） 1964 年创办的中文学术期刊，原名为《高等学校自然科学学报，化学化工版》，由中华人民共和国教育部主管，吉林大学、南开大学主办。该刊为化学学科的综合性学术刊物，主要刊登全国高等学校师生和中国科学院各研究所研究人员在化学学科及其相关交叉学科领域中的优秀学术论文、研究简报、综论评述以及学术动态方面的文章（月刊）。此刊以研究论文、研究快报和综合评述等栏目集中报道广大化学工作者在无机化学、分析化学、有机化学、物理化学、高分子化学及其相关的生物化学、材料化学和医药化学等学科领域所开展的基础研究、应用研究和开发研究所取得的创新性的科研成果。该刊被美国 ISI 数据库、SCI、CA、EI、俄罗斯文摘杂志和日本《科技文献速报》《中国科学文献数据库》等 20 多个国内外权威数据库和著名文摘刊物收录。该刊 2022 年的影响因子为 0.786。

网址：http://www.cjcu.jlu.edu.cn

（4）《自然化学》（*Nature Chemistry*）　2009 年创刊，发表介绍化学所有领域最重要、最尖端的研究工作，月刊。除了反应分析化学、无机化学、有机化学和物理化学这些传统核心领域的研究成果外，该刊还介绍更大范围内的化学研究工作，其中包括（但不限于）催化、计算和理论化学、环境化学、绿色化学、药物化学、核化学、聚合物化学、超分子化学及表面化学。其他交叉学科如生物无机化学、生物有机化学、有机金属化学和物理有机化学等也是该刊所覆盖的内容。除了基础研究外，该期刊还发表评论文章、新闻和观点、关于其他期刊上报道的重要工作的研究重点、评论、书评、通讯，以及对实验室之外更广泛的化学情景的分析——包括教育、资金、政策、知识产权和化学对社会的影响等问题。该刊 2022 年影响因子为 24.274。

网址：http://www.nature.com/nchem/index.html

（5）《美国化学会志》（*Journal of the American Chemical Society*）　1879 年创刊，美国化学会出版，周刊。此刊是美国最重要化学杂志，也是美国化学文摘中摘入文摘最多的刊物之一，为化学综合及材料类顶级期刊。2022 年该刊的 SCI 影响因子达到了 16.383，在化学领域中的总引证次数和被引次数排名第一。每年发表约 19000 页化学领域各方面的原始论文、通讯和展望，内容包括普通化学、物理化学、无机化学、有机化学、生物化学及高分子化学等。

网址：http://pubs.acs.org/journal/jacsat

（6）《化学》（*Chem*）　于 2016 年创刊，是由 Cell Press 出版的第一个化学期刊，定位为 *Cell* 的姐妹刊，为开创性和有洞察力的研究提供了一个场所，并展示了化学及生物、材料等学科的基础研究如何有助于找到解决未来全球挑战的潜在解决方案。该期刊的影响力呈现出持续快速上升趋势，2022 年该刊的 SCI 影响因子达到了 25.832，可谓化学期刊领域的后起之秀。

网址：https://www.cell.com/chem/home

（7）《德国应用化学》（*Angewandte Chemie International Edition*）　1962 年创刊，化学领域的顶级期刊，是德国的化学类周刊，由 Wiley 公司出版，分德语版和英语版。SCI 收录期刊，2022 年的影响因子为 16.823。该刊收录的文章以简讯类为主，主要分布在有机化学、生命有机化学、材料学、高分子化学等领域，无机化学、物理化学涉及相对较少。收录的论文要求原创性、结果的重要性、惊奇性、内容的通俗性以及科学的正确性。

网址：http://onlinelibrary.wiley.com/journal/10.1002/(ISSN) 1521-3773

（8）《化学科学》（*Chemical Science*）　2010 年创刊，英国皇家化学会旗舰期刊，是涵盖化学科学各领域的跨学科综合性期刊，开放获取，自 2015 年起免费出版。该刊发表文章、综述、观点、评论，现年发文量超过 1700 篇，2022 年影响因子为 9.969。该刊发表的研究强调各种新颖的想法、进步的思维和解决具有挑战性的问题，这些能带来未知的突破。发表的论文可以集中在一个领域，也可以跨越多个领域，甚至可能超出化学科学的公认范围，开始一个全新的研究领域。具体来说，论文范围包括有机化学、无机化学、物理化学、材料科学、纳米科学、催化、化学生物学、分析化学、超分子化学、理论化学、计算化学、绿色化学、能源与环境化学等。

网址：https://pubs.rsc.org/en/journals/journalissues/sc

（9）《CCS 化学》（*CCS Chemistry*） 2018 年创刊，是中国化学学会的旗舰刊物，是中国出版的国际知名化学期刊，月刊。中国化学会创办 *CCS Chemistry* 的目标是创建一本化学领域的国际一流学术期刊，在全球范围内征集稿件，发表化学科学各个领域真正鼓舞人心的研究以及化学相关交叉领域的重要进展。所有的文章都可以在发表后立即以开放访问的方式获得，而投稿作者无需支付任何费用。涵盖了化学的所有领域，包括开创性的概念、机理、方法、材料、反应和应用。*CCS Chemistry* 强调化学对生物医学、纳米技术、能源、地球和行星科学以及许多其他研究领域的重要性。该期刊发表三种类型的文章：通讯、小型综述和原始研究论文。

网址：http://www.chinesechemsoc.org/journal/ccschem

（10）《中国科学：化学》［*Scientia Sinica*（*Chimica*）］ 1996 年 1 月创刊。由中国科学院和国家自然科学基金委员会共同主办的自然科学综合性学术刊物，主要报道化学及与其他学科交叉领域的具有重要意义和创新性的科研成果，包括化学、化工各分支学科的研究成果以及环境科学、生命科学、材料科学、能源科学、资源保护和综合利用等领域中与化学有关的研究成果。月刊，主要栏目有综述、研究报告、简报等。其英文版刊物为 *Science China Chemistry*，于 2010 年出版，已被 SCI、EI、Scopus 等数据库收录。2022 年影响因子达到 10.138。

网址：https://www.springer.com/journal/11426

（11）《英国化学会志》（*Journal of the Chemical Society*） 1841 年创刊，早期刊名为：*Memoirs and proceedings*（1841—1847 年）及 *Quarterly Journal of the Chemical Society of London*（1848—1862 年）。此刊是世界上有名的化学期刊之一，内容包括化学领域的各个方面。1966—1971 年该刊分为四辑：A 辑改名为 *Journal of the Chemical Society，Dalton Transactions*（化学会志，Dalton 汇刊），该辑主要刊载无机化学方面的文章。B 辑改名为 *Journal of the Chemical Society，Perkin Tran-sactions* Ⅱ：*Physcial Organic Chemistry*（化学会志，Perkin 汇刊Ⅱ：物理有机化学），该辑主要刊载有机化合物反应动力学、物理化学、光谱学与结晶学技术在有机化学中的应用等方面的研究论述。C 辑改名为 *Journal of the Chemical Society. Perkin Transactions* Ⅰ：*Organic ＆ Bio-organic Chemistry*（化学会志，Perkin 汇刊Ⅰ：有机与生物有机化学），该辑主要刊载有关合成与天然产品的有机与生物有机化学方面的文章。D 辑仍为化学通讯，只是刊名改为 *Journal of the Chemical Society，Chemical Communications*（化学会志，化学通讯），主要刊载简讯，报道化学领域中的重要研究成果。

网址：http://www.rsc.org

（12）《化学通讯》（*Chemical Communications*） 1996 年创刊，该刊由英国皇家化学会出版，周刊，2022 年 SCI 影响因子为 6.065。该刊主要刊载世界化学领域最新科研成果的简报，出版快速。论文可以随着工作的逐步完成而全文发表。此外，每期《化学通讯》都会刊登一篇特写，特写文章的作者均是各学科的代表人物，他们从个人角度对最新研究领域进行总结与评述。

网址：http://www.rsc.org/Publishing/Journals/cc/index.asp

(13)《中国化学快报》(*Chinese Chemical Letters*)　1990 年 7 月创刊，由中国化学会主办，中国医学科学院药物研究所承办的化学综合性英文通讯类学术期刊，内容覆盖我国化学研究全领域，及时报道我国化学领域研究的最新进展及热点问题，月刊，目前与 Elsevier 出版公司合作出版。该刊报道的是原始性研究成果，在《中国化学快报》发表通讯后，可以扩充内容在其它刊物上发表。《中国化学快报》1996 年被 SCI 收录，现已被 CA、《日本科技文献速报》，*Chemistry Citation Index*，*Research Alert* 等收录。2022 年影响因子为 8.455。

网址：https://www.sciencedirect.com/journal/chinese-chemical-letters

(14)《中国化学》(*Chinese Journal of Chemistry*)　该刊为中国科协主管，中国化学会、中国科学院上海有机化学研究所主办，向国内外公开发行的英文版，月刊，创刊于 1983 年，1990 年起开始改用现刊名 *Chinese Journal of Chemistry*。1999 年被 SCI 收录。主要刊载物理化学、无机化学、有机化学和分析化学等各学科领域基础研究，以及应用基础研究的原始性研究成果。特色栏目 account 由学科带头人撰写，对作者自己某一领域的研究进行总结和展望。2005 年由上海有机所学报联合编辑部与 Wiley-Vch 联合出版。2022 年影响因子为 5.560。

网址：https://onlinelibrary.wiley.com/journal/16147065

(15)《澳大利亚化学杂志》(*Australian Journal of Chemistry*)　该刊创刊于 1948 年，是由澳大利亚 (CSIRO Publishing) 出版的英文月刊，主要刊载实验化学、理论化学和化工技术方面的研究论文、简讯和评论。ISSN：0004-9425，该刊被 SCI 收录，2022 年影响因子为 1.224。

网址：http://www.publish.csiro.au/nid/51.html

(16)《化学快报》(*Chemistry Letters*)　由日本（日本化学会）出版的英文月刊，该刊被 SCI 收录，2022 年影响因子为 1.715。该刊主要刊载化学、工业化学和化学技术方面研究成果的简报。

网址：http://www.csj.jp/journals/chem-lett/index.html

(17)《加拿大化学杂志》(*Canadian Journal of Chemistry / Journal Canadian de Chimie*)　创刊于 1951 年，由 Canadian Science Punlishing 出版，SCI 收录，影响因子指数 1.051。收稿方向涵盖化学、化学综合全领域。

网址：http://cdnsciencepub.com/journal/cjc

(18)《日本化学会通报》(*Bulletin of the Chemical Seciety of Japan*)　月刊，主要刊载理论物理化学、分析化学、无机化学、有机化学、生物化学和应用材料化学方面研究论文。

网址：https://www.jstage.jst.go.jp/browse/bcsj/

三、综述性化学化工期刊

这类期刊多是总结本学科在一段时间内的进展动态。文章多在大量原始论文的基础上加工综合分析而成。专门刊载综述性的综合性化学化工期刊的数量并不多，但专业性的评述性期刊为数不少，而且有大量的评述性文章刊登在各种化学化工杂志上。科技人员在从事一项新的科研任务之前，常常希望能查阅到有关的综述性文献，以了解对一些课题研究的进展情况。下面介绍一些世界著名的综论性化学化工期刊。

（1）《化学评论》（*Chemical Reviews*） 1924 年创刊，现为月刊，美国化学会出版。该刊被世界图书出版公司（简称世图）2003 版《国外科学技术核心期刊总览》收录，是最受重视和排名最高的期刊之一，涵盖了化学的一般主题。《化学评论》的宗旨是为有机化学、无机化学、物理化学、分析化学、理论化学和生物化学的重要研究提供全面的、权威的、批判性的和可读的综述。2022 年 SCI 影响因子为 72.087。编卷有关键词索引（1973 年前为主题索引）和著者索引。

网址：http://pubs.acs.org/journal/chreay

（2）《化学会志评论》（*Chemical Society Reviews*） 英国，1947 年创刊，原名 *Quarterly Reviews*，1972 年改为现名，英国化学会出版，月刊，化学领域顶级综述期刊之一。该刊被世图 2003 版《国外科学技术核心期刊总览》收录，2022 年 SCI 影响因子为 60.615。它主要刊载化学理论与技术问题的讨论及化学进展方面的研究综述，其内容可包括有机、无机、物理、分析、理论和生物化学。

网址：http://www.rsc.org/Publishing/Journals/cs/

（3）《化学研究报告》（*Accounts of Chemical Research*） 1968 年创刊，月刊，美国化学会出版。该刊对当前化学领域中重要的研究进展，作出了扼要、深刻的评述，并对新的发现与假说进行讨论。同时刊载反应基础研究和应用基础研究最新进展的分析和评述文章。年度附有主题和作者索引。该刊被世图 2003 版《国外科学技术核心期刊总览》收录，2022 年 SCI 影响因子为 24.466。

网址：https://pubs.acs.org/journal/achre4

（4）《化工进展》（*Chemical Industry and Engineering Progress*） 该刊于 1982 年创刊，由中国化工学会主办，化学工业出版社出版，月刊。该刊被 EI、中国科学引文数据库（Chinese Science Citation Database，CSCD）收录。主要刊载国内外化工领域的研究现状及发展动态。设有综述与进展、开发与应用、国内外新技术、知识窗、讨论与建议、化工信息等栏目。

网址：http://www.hgjz.com.cn

（5）《化学进展》（*Progrees in Chemistry*） 1989 年创刊，由中国科学院基础研究局、化学部、文献情报中心和国家自然科学基金委员会化学科学部共同主办，月刊，是以刊登化学领域综述与评论性文章为主的学术性期刊。主要介绍化学专业领域国内外研究动向、最新研究成果及发展趋势。据 2018 年 10 月中国知网显示，《化学进展》已被 SCI、日本科学技术振兴机构数据库（JST）、CSCD 来源期刊（含扩展版）和北京大学《中文核心期刊要目总览》来源期刊收录。

网址：http://www.progchem.ac.cn

四、化学化工各专业主要期刊

1. 物理化学、化学物理方面期刊

（1）《催化学报》（*Chinese Journal of Catalysis*）　1980 年创刊，是中国化学会催化学会会刊，由中国化学会和中国科学院大连化学物理研究所主办，月刊。该刊被 CSCD 收录。主要发表催化研究方面的论文，包括多相催化、均相络合催化、表面化学、生物催化、催化动力学以及有关边缘学科的理论和应用研究成果，还刊登研究快讯、研究简报等。研究论文有中文、外文提要，年度有总目录。该刊英文电子版在 Elsevier 平台出版，所有文章均不收审稿费和版面费等任何费用，2022 年 SCI 影响因子为 12.920，位居中国科学院期刊分区化学大类一区，连续 10 年被评为"中国最具国际影响力学术期刊"，并获得中国科技期刊卓越行动计划重点期刊类项目资助。

网址：https://www.cjcatal.com/CN/0253-9837/home.shtml

（2）《分子催化》（*Journal of Molecular Catalysis*）　1987 年创刊，由中国科学院兰州化学物理研究所主办，双月刊，核心期刊。该刊内容侧重络合催化、酶催化、光助催化、催化过程中的立体化学问题、催化反应机理与动力学、催化剂表面态的研究与量子化学在催化学科中的应用等。栏目有研究论文、研究简报、研究快报和进展与评述等。

网址：http://www.jmcchina.org/ch/index.aspx

（3）《化学物理学报》（*Chinese Journal of Chemical Physics*）　1988 年创刊，由中国物理学会主办，双月刊。2006 年起，由中文《化学物理学报》改为具有中文摘要的全英文 *Chinese Journal of Chemical Physics* 出版。该刊主要报道化学物理学科领域的科研成果，刊载有关分子间相互作用、光化学、分子结构、量子化学、分子反应动力学、表面科学、聚合物、统计力学等方面的研究论文、研究简报及特邀专题评论。2022 年 SCI 影响因子为 1.090。

网址：http://cjcp.ustc.edu.cn/hxwlxb/index.htm

（4）《物理化学学报》（*Acta Physico-Chimica Sinica*）　1985 年创刊，由中国化学会和北京大学共同主办，月刊。该刊主要报道中国物理化学领域的最新研究成果、原始性创新性研究成果、各分支学科的发展动向，综述物理化学的研究热点和前沿课题。内容涉及热力学、热化学、化学动力学和分子动态学、电化学、结构化学、胶体及界面化学、催化、量子化学及计算化学、材料物理化学及生物物理化学等方面。2022 年 SCI 影响因子为 6.253。

网址：http://www.whxb.pku.edu.cn/CN/1000-6818/home.shtml

（5）《物理化学鉴》（*Annual Review of Physical Chemistry*）　美国，1950 年创刊，美国 Annual Reviews 出版。该刊主要刊载物理化学方面的评述性论文。涵盖了物理化学领域的重大发展，包括生物物理化学、化学动力学、胶体化学、电化学、地球化学和宇宙化学、大气和气候化学、激光化学和超快过程、液态、磁共振、物理有机化学、聚合物和大分子等。年发文量较少，仅有 30 篇左右，2022 年 SCI 影响因子为 16.314。

网址：http://www.annualreviews.org/journal/physchem

（6）《物理化学杂志》（*The Journal of Physical Chemistry*）　1896 年创刊，美国化学会出版。1947 年第 51 卷曾改名为 *Journal of Physical & Colloid Chemistry*，该刊主要刊登物理化学与化学物理学基础和实验的研究论文、评论、快讯以及部分专题会议录。学科范围广阔，有光谱、结构、分子力学、激光化学、化学动力学、表面科学、界面、统计力学和热力学等。目前该期刊下有四个期刊，分别是 *The Journal of Physical Chemistry A*，*The Journal of Physical Chemistry B*，*The Journal of Physical Chemistry C* 和 *The Journal of Physical Chemistry Letters*。它们分别创刊于 1997 年、1997 年、2007 年、2010 年，2022 年 SCI 影响因子分别为 2.944、3.466、4.177、6.888。*The Journal of Physical Chemistry A* 聚焦的领域在：分子和团簇的结构、光谱和反应性，气溶胶，环境与大气化学，天体化学，燃烧与等离子体化学，以及实验和理论的新工具和新方法（网址：http://pubs.acs.org/journal/jpcafh）；*The Journal of Physical Chemistry B*，聚焦的领域在：生物物理与生化系统与过程，生物材料和膜，液体，溶液中的化学和动力学过程，软物质，流体界面，胶体，聚合物和玻璃材料（网址：http://pubs.acs.org/journal/jpcbfk）；*The Journal of Physical Chemistry C*，聚焦的领域在：能量转换和储存，界面上的化学和催化反应性，纳米、杂化和低维材料的光谱学和动力学，材料与界面物理性质（网址：https://pubs.acs.org/journal/jpccck）；*The Journal of Physical Chemistry Letters*，虽然创刊时间最短，但其已经成为传播物理化学、化学物理和材料科学方面的重大科学进展的主要期刊之一，该期刊主要报道对新兴话题的观点、原始研究快报、社论和观点，聚焦于以下方面的物理观点：量子现象与功能，材料与分子性质，光与物质的相互作用，生物圈、大气层和太空，化学、催化和界面以及能源科学，该杂志一直保持着快速的出版时间，从而为作者提供了在竞争中保持领先的机会（网址：https://pubs.acs.org/journal/jpclcd）。

（7）《ACS 催化》（*ACS Catalysis*）　2011 年创刊，由美国化学会出版，致力于出版关于多相催化、分子催化和生物催化的原始研究。广泛覆盖生命科学、有机金属与合成、光化学与电化学、药物发现与合成、材料科学、环境保护、聚合物发现与合成、能源与燃料。该杂志发表有关新反应和新合成方法领域的内容，包括已知催化剂、新催化剂的发现或改性、新的催化机理和发现研究，以及对表现出催化转化作用的分子、大分子和天然催化材料的实验和理论研究。2022 年 SCI 影响因子为 13.700。

网址：http://pubs.acs.org/journal/accacs

（8）《催化杂志》（*Journal of Catalysis*）　1962 年创刊，美国 Academic 出版，半月刊。它主要刊载多相催化、均相催化方面的原始研究文章，其中包括表面化学研究、多相和均相催化、表面化学反应的催化性质研究，以及与催化有关的工程研究等。发表论文、札记和书评卷，有著者索引、主题索引及卷总目次表。2022 年 SCI 影响因子为 8.047。

网址：https://www.sciencedirect.com/journal/journal-of-catalysis

（9）《化学热力学杂志》（*The Journal of Chemical Thermodymamics*）　英国，1969 年创刊，月刊，Academic 出版。主要登载热化学方面的研究文章，卷有总目次和总索引。2022 年 SCI 影响因子为 3.269。

网址：https://www.sciencedirect.com/journal/the-journal-of-chemical-thermodynamics

（10）《化学物理快报》（*Chemical Physics Letters*）　1967 年创刊，半月刊，由荷兰 N. Holland 出版。该刊主要发表化学物理方面的研究文章，文章用英文发表。卷末附有该卷作者索引，每 10 卷出累积总索引（按著者字顺排列，后注明论文题目及刊载页码）。2022 年 SCI 影响因子为 2.305。

网址：https://www.sciencedirect.com/journal/chemical-physics-letters

（11）《热化学学报》（*Thermochimica Acta*）　荷兰，1970 年创刊，月刊，Eisevier 出版社出版。该刊主要刊载物质的热分析、热化学、化学热力学和热分析技术等方面的原始研究论文和札记。文章多用英文发表，少数用法文、德文发表。卷有著者和主题索引。1981 年出 50 卷时，附有 1～50 卷的累积著者索引和主题索引。2022 年 SCI 影响因子为 3.378。

网址：https://www.sciencedirect.com/journal/thermochimica-acta

（12）《自然材料》（*Nature Materials*）　是由 Nature 出版集团出版发行的全球著名期刊，月刊，2002 年 9 月创办，最大特点是不仅刊登原创性论文，还刊登评论及相关新闻。读者能免费在因特网上读到所有论文的简明摘要和部分全文。研究领域为生物医学和牙科材料、制造材料等。期刊以材料的合成/加工、结构/成分、性能/应用及基本理论为目标，发表原创性论文。*Nature Materials* 是 *Nature* 周刊的姐妹期刊，是物理化学和材料科学顶级期刊，2022 年 SCI 影响因子为 47.656。

网址：https://www.nature.com/nmat

（13）《自然催化》（*Nature Catalysis*）　该刊是 Nature 出版集团于 2018 年推出的一份仅在线出版的月刊，收录了所有领域关于催化的最佳研究成果。发表的内容有文章、分析、通讯、综述、观点、评论等，2022 年 SCI 影响因子为 40.706。

网址：https://www.nature.com/natcatal/

（14）《先进材料》（*Advanced Materials*）　创刊于 1988 年，由 Wiley 国际出版集团出版，该杂志是工程与计算大学科、材料与化学大领域（包含材料化学、材料物理、生物材料、纳米材料、光电材料、金属材料、无机非金属材料、电子材料等非常多的子学科，以及非常大量与材料相关的研究领域）的顶尖期刊，在国际材料领域科研界享有盛名。2022 年 SCI 影响因子为 32.086。

网址：https://onlinelibrary.wiley.com/journal/15214095

（15）《焦耳》（*Joule*）　2017 年创刊，是 Cell Press 旗下的第一本能源旗舰期刊，定位为《细胞》期刊的姊妹刊，主要收录能源相关领域的研究成果。Joule 这个单词翻译成中文就是焦耳，即热力学单位焦耳。该刊是一本独特的、具有前瞻性的期刊，涵盖了能源研究的各个方面，从基础实验室研究到能源转换和存储，再到全球范围内的有效分析，汇集了杰出而有见地的研究、分析和想法，以应对关键的全球挑战——对可持续能源的需求。2022 年 SCI 影响因子为 41.248。

网址：http://www.cell.com/joule/home

此外，仍有许多高影响力的期刊，如 *Advanced Energy Materials*、*ACS Energy Letters*、*Advanced Functional Materials*、*Applied Catalysis B-Environmental*、*Nano Energy*、*ACS Nano* 等，在物理化学领域占据着十分重要的地位。

2. 无机化学方面的期刊

（1）《无机化学学报》（*Chinese Journal of Inorganic Chemistry*） 1985 年创刊，由中国化学会主办，月刊，该刊主要报道我国无机化学研究领域中的配位化学、物理无机化学、有机金属化学、生物无机化学、配位催化等最新研究成果，综述无机化学的研究热点和前沿课题。主要栏目有：进展与评述、研究论文、研究简报和动态等。

网址：http://www.wjhxxb.cn/wjhxxben/ch/index.aspx

（2）《无机化学》（*Inorganic Chemistry*） 1962 年创刊，双周刊，美国化学会出版。该刊主要刊载无机化学所有领域的理论、基础和实验研究论文与简讯，包括新化合物的合成方法和性能、结构和热力学的定量研究、无机反应的动力和机理、生物无机化学、某些有机金属化学、固态现象和化学键理论等。卷有著者索引和关键词索引（1972 年以前为主题索引）。该刊 2022 年 SCI 影响因子为 5.436。

网址：https://pubs.acs.org/toc/inocaj/50/24

（3）《配位化学杂志》（*Journal of Coordination Chemistry*） 1971 年创刊于英国，半月刊，主要刊载与配位化学相关的原始性研究论文（包括配位化合物的合成、配体选择、性质、应用）以及评论与简讯。2022 年影响因子为 1.869。

网址：https://www.tandfonline.com/journals/gcoo20

（4）《无机化学学报》（*Inorganica Chimica Acta*） 1967 年创刊于瑞士，半月刊，刊载该领域的研究成果。涉及合成、活化性、金属有机化合物、催化反应、电子传递反应、反应机制和分子模型等。该刊被 SCI 收录，2022 年影响因子为 3.118。

网址：https://www.sciencedirect.com/journal/inorganica-chimica-acta

（5）《无机化学评论》（*Reviews in Inorganic Chemistry*） 1975 年创刊，由以色列（Freund & Pettman Publishers）出版（英文），季刊，主要刊载无机化学研究进展方面的评论。该刊被 SCI 收录，2022 年影响因子为 2.905。

网址：https://www.scimagojr.com/journalsearch.php?q=25308&tip=sid

（6）《欧洲无机化学杂志》（*European Journal of Inorganic Chemistry*） 1868 年创刊，由德国（Wiley-VCH Verlag GmbH & Co. KGaA）出版（英文），半月刊。该刊被 SCI 收录，2022 年影响因子为 2.551。主要发表有关无机化学和有机金属化学研究方面的论文。1998 年起由比利时、法国、德国、意大利和荷兰等 5 国的国家化学会联合编辑。

网址：https://chemistry-europe.onlinelibrary.wiley.com/journal/10990682c.

（7）《配位化学评论》（*Coordination Chemistry Reviews*） 1966 年创刊于荷兰。该刊是国际性刊物，月刊，主要刊载对配位化学及相关金属有机化学、理论化学和生物无机化学的综述，有关技术的最新成果以及会议消息与书评。该刊 2022 年 SCI 影响因子为 24.833。

（8）《无机化学前沿》（*Inorganic Chemistry Frontiers*） 创刊于 2014 年 1 月，由中国化学会、北京大学化学与分子工程学院与英国皇家化学会合作出版。无机化学领域顶刊，2022 年 SCI 影响因子为 7.779。

网址：https://pubs.rsc.org/en/journals/journalissues/qi#!recentarticles&adv

3. 有机化学方面的期刊

（1）《有机化学》（*Chinese Journal of Organic Chemistry*） 1975 年 1 月创刊，中国

科学院上海有机化学研究所编，月刊。该刊是有机化学专业的学术性刊物。主要刊登国内外有机化学领域基础研究和应用基础研究的原始性研究成果，设有研究专题、综述与进展、研究通讯、研究论文、研究简报、学术动态、亮点介绍等栏目，接受中文、英文稿件。

网址：http://sioc-journal.cn/Jwk_yjhx/CN/volumn/current.shtml

（2）《有机化学通讯》（*Organic Letters*）　1999 年创刊，由美国化学会出版，双周刊。该刊迅速发表在有机化学方面前沿研究、创造性方法和创新想法的简要报告。包含的领域有：有机化学（包括有机金属与材料化学），物理与理论有机化学，天然产物的分离和合成，新的合成方法学，生物有机和药物化学。该期刊年发文量较大，2022 年的影响因子为 6.072。

网址：https://pubs.acs.org/journal/orlef7

（3）《有机化学杂志》（*Journal of Organic Chemistry*）　1936 年创刊，美国化学会出版。原为月刊，1971 年第 36 卷起改为双周刊。该刊主要刊载有机化学各个方面的研究论文，内容涉及理论有机化学、有机反应、天然产物反应和机理及相关的光谱学研究。每卷有著者索引和主题索引（1972 年起改为关键词索引）。1957 年第 22 卷起，又增加了期著者索引。该刊被 SCI 收录，2022 年影响因子为 4.198。

网址：http://pubs.acs.org/journals/joceah/index.html

（4）《高等合成催化》（*Advanced Synthesis & Catalysis*）　2001 年创刊，Wiley 出版社出版，半月刊。有机、有机金属和应用化学领域的主要期刊。该刊主要发表来自科研和工业实验室的高效、实用和环境友好的有机合成的激动人心的新结果。主要包括均相催化、多相催化、有机催化和酶催化等实现绿色合成的关键技术，及合成设计、反应技术、流动化学和连续加工、多相催化、绿色溶剂、催化剂固定化和回收利用等为实现绿色合成做出的重要贡献的内容。2022 年 SCI 影响因子为 5.981。

网址：https://onlinelibrary.wiley.com/journal/16154169

（5）《有机化学前沿（英文）》（*Organic Chemistry Frontiers*）　创刊于 2014 年，半月刊，由中国化学会、中国科学院有机化学研究所与英国皇家化学会合作出版。该刊报道有机化学领域内的前沿研究进展，包括有机合成反应、合成方法学、天然产物等核心有机化学领域，以及有机功能分子和有机材料合成等交叉学科领域的研究。该刊侧重于发表有机化学领域的重大进展，包括新的方法或对原有方法的显著改进。2022 年 SCI 影响因子为 5.456。

网址：https://www.rsc.org/journals-books-databases/about-journals/organic-chemistry-frontiers

（6）《有机与生物分子化学》（*Organic & Biomolecular Chemistry*）　2003 年创刊，英国皇家化学会出版，半月刊。该刊侧重于在全合成、合成方法学或物理和理论有机化学方面有新的或显著改进的方案或方法学的研究，以及在化学生物学、催化、超分子和大分子化学、理论化学、机制导向物理有机化学、药物化学或天然产物等有机化学或分子设计方面有显著进展的研究。该刊 2022 年 SCI 影响因子为 3.890。

网址：https://www.rsc.org/journals-books-databases/about-journals/organic-bio-molecular-chemistry

（7）《杂环化学杂志》（*Journal of Hetrocyclic Chemistry*）　1964 年创刊于美国，月刊。主要登载杂环化学方面的研究论文、综述、通讯与书评，旨在推动杂环化学领域的学术交流与传播。包括杂环合成、杂环反应、杂环分析、杂环生物活性等多个学科领域，2022 年影响因子为 2.035。

网址：https://onlinelibrary.wiley.com/journal/19435193

（8）《合成通讯》（*Synthetic Communications*）　1971 年创刊于美国，由 Taylor & Francis 出版，半月刊。该刊主要登载合成有机化学方面论文，内容包括合成步骤及有机合成中各种试剂的制备与使用的方法介绍，卷编有著者和主题索引，2022 年影响因子为 1.937。

网址：http://www.tandf.co.uk/journals/titles/00397911.asp

（9）《四面体》（*Tetrahedron*）　1957 年创刊，由英国 Elsevier 出版，周刊。该刊主要发表在有机化学及其应用的相关领域的理论与实验研究的重大成果，内容包括有机反应、有机合成、天然产物化学、有机反应机理研究、有机波谱等，2022 年影响因子为 2.388。

网址：https://www.sciencedirect.com/journal/tetrahedron

（10）《四面体快报》（*Tetrahedron Letters*）　1959 年创刊，由英国 Elsevier 出版，初为不定期刊物，1964 年改为周刊。该刊以摘要的形式提供了世界各国的有机化学研究的快速情报。文章主要用英文发表（也有少量的法文和德文）。此刊起初只编有卷目次表，1964 年起编有主题索引和著者索引。该刊被 SCI 收录，2022 年影响因子为 2.032。

网址：https://www.sciencedirect.com/journal/tetrahedron-letters

（11）《有机金属化学杂志》（*Journal of Organometallic Chemistry*）　1963 年创刊于瑞士，现为周刊，该刊刊载的文章内容包括有机金属化学的理论问题、结构、合成反应处理、化学特性及实际应用等。文章用英、德、法文种发表，附有英文摘要，卷有著者索引和主题索引，2022 年 SCI 影响因子为 2.345。

网址：https://www.sciencedirect.com/journal/journal-of-organometallic-chemistry

（12）《碳水化合物研究》（*Carbohydrate Research*）　1965 年创刊于荷兰，该刊主要刊载有关碳水化合物的研究论文、札记与简讯。文章多数用英文（少数用法文或德文）发表，附有英文摘要，2022 年 SCI 影响因子为 2.975。

网址：http://www.sciencedirect.com/science/journal/00086215.

（13）《合成》（*Synthesis*）　1969 年创刊，由德国 Georg Thieme Verlag 出版社出版，半月刊。内容分为评述、通讯和文摘三部分。评述性文章多数用英文（极少数用德文）发表，并附有英文摘要。文摘选录了近代文献中有机合成化学方面的新方法。1972 年以前，该刊编有作者索引和关键词索引，2022 年 SCI 影响因子为 2.969。

网址：https://www.thieme.de/de/synthesis/journal-information-55920.htm

4. 高分子化学方面的期刊

（1）《高分子学报》（*Acta Polymerica Sinica*）　1957 年创办的中文学术期刊，曾用名《高分子通讯》，月刊，中国化学会、中国科学院化学研究所主办。主要刊登高分子化学、高分子合成、高分子物理、高分子物理化学、高分子应用和高分子材料科学等领域中，基础研究和应用基础研究的论文、研究简报、快报和重要专论文章。

网址：http://www.gfzxb.org

（2）《聚合物科学》（*Journal of Polymer Science*）　1946 年创刊于美国。分为《聚合物科学 A 辑：聚合物化学》（*Part A*：*Polymer Chemistry*）和《聚合物科学 B 辑：聚合物物理》（*Part B*：*Polymer Physics*）。月刊，主要刊载有机、生物有机、物理有机、生物无机、生物化学相关的单体、低聚物、聚合物、催化、反应及结构与性能等方面的原始性研究论文，2022 年 SCI 影响因子为 2.869。

网址：https://onlinelibrary.wiley.com/journal/26424169

（3）《大分子科学杂志》（*Journal of Macromolecular Science*）　1967 年创刊于美国，Marcel Dekker 出版。当时该刊分为三个分册：A，《化学》（*Chemistry*）；B，《物理》（*Physics*）；C，《大分子评论》（*Reviews in Macromolecular Chemistry*），后改为《聚合物评论》（*Polymer Review*）。

1971 年又增加了 D 分册《聚合物工艺评论》（*Reviews in Polymer Technology*），此分册 1973 年改名为《聚合物-塑料工艺与工程》（*Polymer-plastics Techonology & Engineering*）。

（4）《大分子》（*Macromolecules*）　1968 年创刊，双周刊，美国化学会出版。刊载有关聚合物化学的原始论文、研究简讯和评述性文章。主要涉及合成、聚合机理与动力学、化学反应、溶液特性、固态特性、有机和无机聚合物以及生物聚合物的特性等。卷有著者索引和关键词索引（1973 年以前为主题索引）。该刊被 SCI 收录，2022 年影响因子为 6.057。

网址：http://pubs.acs.org/journals/mamobx/index.html

（5）《聚合物》（*Polymer*）　1960 年创刊，由英国（Elsevier）出版，双周刊。该刊主要登载聚合物的合成、结构、性能，聚合物工程，聚合物加工和聚合物应用等方面的论文和评论。卷有分类目次表和作者索引。该刊被 SCI 收录，2022 年影响因子为 4.432。

网址：http://www.elsevier.com/wps/find/journaldescription

（6）《聚合物》（*Polymers*）　2009 年创刊，由瑞士 MDPI 出版，期刊发表包括聚合物化学、聚合物分析与表征、高分子物理与理论、聚合物加工、聚合物应用、生物大分子、生物基和生物可降解聚合物、循环和绿色聚合物科学、聚合物胶体、聚合物膜和聚合物复合材料等研究领域在内的学术文章。该刊被 SCI 收录，2022 年影响因子为 4.967。

网址：https://www.mdpi.com/journal/polymers

（7）《应用聚合物科学杂志》（*Journal of Applied Polymer Science*）　1956 年创刊，由美国（John Wiley & Sons Inc.）出版，周刊。该刊作为聚合物研究的综合性情报源之一，主要刊载聚合物科学在各学科领域应用的研究进展和成果。2022 年 SCI 影响因子为 3.057。

网址：https://onlinelibrary.wiley.com/journal/10974628

（8）《聚合物科学进展》（*Progress in Polymer Science*）　1967 年创刊，由英国（Elsevier）出版，月刊，该刊被 SCI 收录，2022 年影响因子为 31.281。

网址：http://www.elsevier.com/wps/find/journaldescription.cws_home/418/description

（9）《欧洲聚合物杂志》（*European Polymer Journal*） 1965 年创刊，由英国（Elsevier）出版，月刊。刊载合成与天然高分子物质的理论和实验制备方法、加工工艺、性质与应用等方面的研究论文、评述与简报。该刊被 SCI 收录，2022 年影响因子为 5.546。

网址：http://www.elsevier.com/wps/find/journaldescription.cws_home/294/description

5. 分析化学方面的期刊

（1）《分析化学》（*Chinese Journal of Analytical chemistry*） 中国科学院和中国化学会主办的专业性学术刊物，1972 年创刊，月刊，被 SCI、EI 收录。主要报道我国分析化学的科研成果，反映国内外分析化学的进展和动态。内容包括：研究报告、工作简报、国内外分析化学新进展、新动向和新成就、学术论文和学术活动信息等。2022 年影响因子为 1.193。

网址：http://www.analchem.cn/

（2）《分析科学学报》（*Journal of Analytical Science*） 1985 年创刊，由武汉大学等主办，中文核心期刊，双月刊。该刊主要报道分析化学领域的科研成果及最新进展与动向，包括新理论、新方法、新仪器和新技术等。栏目有研究报告、研究简报、仪器研制与实验技术、综述与评论、技术交流和动态与信息之窗等。

网址：http://www.fxkxxb.whu.edu.cn/

（3）《化学试剂》（*Chemical Reagents*） 1970 年创刊，由中国化工部化学试剂科技情报中心站创办，中文核心期刊，月刊。主要报道国内外化学试剂方面的科研成果、研究动态、发展水平及生产经营动态等。主要栏目有研究报告与简报、专论与综述、试剂介绍、经验交流等。

网址：https://hxsj.cbpt.cnki.net/WKE2/WebPublication/index.aspx

（4）《分析化学家》（*Analyst*） 1876 年创刊，由英国皇家化学会出版，月刊。主要刊载分析科学理论与实践的原始研究论文，并定期发表重要技术及其应用的评论。内容涉及与分析科学相关的领域，包括分析化学、食品化学、环境化学、生物化学、生物技术、工业化学与医药化学等。该刊被 SCI 收录，2022 年影响因子为 5.227。

网址：http://www.rsc.org/Publishing/Journals/an/index.asp

（5）《分析化学》（*Analytical Chemistry*） 1947 年创刊，美国化学会出版，半月刊。该刊主要刊载分析化学理论与应用方面的研究论文、札记及简讯，并有新仪表、新设备、新化学品报道。侧重对现代环境、药物、生物技术和材料科学的实际问题的探讨。2022 年 SCI 收录影响因子为 8.008。

网址：http://pubs.acs.org/journals/ancham/index.html

（6）《分析化学评论》（*Critical Reviews in Analytical Chemistry*） 1971 年创刊，由美国（Taylor & Francis，CRC Press Inc.）出版，季刊。主要刊载分析化学领域的研究成果的评论和进展。2022 年 SCI 收录影响因子为 5.686。

网址：https://www.tandfonline.com/toc/batc20/current

（7）《色谱科学杂志》（*Journal of Chromatographic Science*） 美国，1969 年创刊，月刊。该刊主要刊载介绍色谱法及其应用方面的文章。年度编有著者索引和分类主题索引。1967 年以前，还编了当年有关气相色谱法文献的索引和目录。2022 年 SCI 收录影响因子为 1.555。

网址：https://academic.oup.com/chromsci

(8)《塔兰塔》(*Talanta*) 1958 年创刊，由 Elsevier 出版，月刊。小刊名为《国际分析化学理论与应用杂志》。该刊主要刊载介绍无机物和有机物各种分析方法及其研究进展方面的文章。卷有主题索引和著者索引。2022 年 SCI 收录影响因子为 6.556。

网址：https://www.journals.elsevier.com/talanta

(9)《分析化学学报》(*Analytica Chimica Acta*) 1947 年创刊，由 Elsevier 出版，周刊。该刊快速出版用现代分析化学方法处理所有方面的基础及应用研究，包括原始研究、评论以及综述。2022 年 SCI 收录影响因子为 6.911。

网址：https://www.sciencedirect.com/journal/analytica-chimica-acta

6. 应用化学方面的期刊

(1)《应用化学》(*Chinese Journal of Applied Chemistry*) 1983 年创刊，月刊，中国科学院长春应用化学研究所《应用化学》编辑部编辑出版，中文核心期刊。评述当前化学科学研究的热点和前沿课题，报道有应用前景的科研成果和阶段性成果。设有综合评论、研究论文、研究简报、研究快报、简讯、新产品介绍等栏目。

网址：http://yyhx.ciac.jl.cn/CN/1000-0518/home.shtml

(2)《理论化学与应用化学》(*Pure and Applied Chemistry*) 1960 年创刊，由美国 (IUPAC Secretariat) 出版，月刊。该刊主要刊载化学领域的研究论文和评论。2022 年 SCI 收录的影响因子为 2.320。

网址：http://www.iupac.org/publications/pac/index.html

7. 环境科学及环境化学方面的重要期刊

(1)《环境化学》(*Environmental Chemistry*) 1982 年 2 月创刊，双月刊，中文核心期刊。中国科学院环境化学研究所、中国环境科学学会环境化学专业委员会编辑出版。该刊主要刊载环境污染化学、环境分析化学及化学污染控制等方面的专论和研究报告。年度有总目录。

网址：http://www.stdlxb.cn/journal/hjhx

(2)《环境科学学报》(*Acta Sciential Circumstantiae*) 1981 年创刊，月刊，由中国科学院环境科学委员会《环境科学学报》编委会编辑，科学出版社出版，中文核心期刊。主要刊载环境科学方面的学术论文，并报道综合性的重大研究成果。文章附有中、英文摘要，年度有中、英文总目录。

网址：http://www.actsc.cn/hjkxxb

(3)《环境科学》(*Environmental Sciences*) 1976 年 8 月创刊，月刊，中国科学院环境科学委员会《环境科学》编委会编辑，科学出版社出版，被 EI、Scopus 等检索系统收录。该刊登载有关环境科学基础理论、环境工程、分析监测和环境医学等方面的科学论文、研究报告、专题综述、动态和简讯，年度有总目录。

网址：https://www.actasc.cn/hjkxxb/ch/index.aspx

（4）《环境污染与毒物学通报》（*Bulletin of Environmental Contamination and Toxicology*） 美国，1966 年创刊，Springer 出版社出版，月刊。该刊主要刊载有关环境污染及各种毒素对整个环境影响的研究文章。内容包括对空气污染、水污染和农药残留物污染的分析，以及环境污染的生理学与病理学概念等，卷有主题索引。SCI 收录期刊，2022 年影响因子为 2.807。

网址：https://www.springer.com/journal/128

（5）《环境科学与技术》（*Environmental Science and Technology*） 1967 年创刊，半月刊，美国化学会出版。该刊主要刊载运用化学科学与技术控制环境污染方面的研究文章，年度（卷）编有人名索引和主题索引。SCI 收录期刊，2022 年影响因子为 11.357。

网址：https://fjks.cbpt.cnki.net/

（6）《国际环境分析化学杂志》（*Journal of Internation Environmental in Analytical Chemistry*） 英国，1971 年创刊，月刊。主要刊载有关环境物质分析方面的研究论文，各卷的著者索引和主题索引，登载在与该卷相接的下一卷的第 2 期或第 3 期。2022 年 SCI 影响因子为 2.731。

网址：https://www.tandf.co.uk/journals/titles/03067319.html

（7）《化学圈》（*Chemosphere*） 英国，1972 年创刊，周刊。小刊名为《有关环境问题的化学、物理学、生物学与毒物学》。该刊为快报形式报道涉及环境化学、环境物理和环境生物学领域的研究文章和简讯。该刊上的文章采用英、德、法等多种文字发表，各卷编有著者索引和主题索引。2022 年 SCI 影响因子为 8.943。

网址：https://www.elsevier.com/journals/chemosphere

（8）《绿色化学》（*Green Chemistry*） 1999 年创刊，由英国（Turpin Distribution Services Ltd）出版，双月刊。主要刊载原始的研究性论文、综述、通讯、新闻及简讯。论题围绕用化学技术和方法去减少或消灭那些对人类健康或环境有害的原料、产物、副产物、溶剂和试剂的生产和应用，如改进生产方式、程序和转运系统，设计安全的化学品，使用可持续资源，使用绿色溶剂和材料以替代原料，生物技术和提高加工工艺效率，废物最小化技术，对环境影响因素的评估方法与工具等。该刊被 SCI 收录，2022 年影响因子为 11.034。

网址：http://www.rsc.org/Publishing/Journals/gc/index.asp.

8. 化学工业、化学工程方面的期刊

（1）《化工学报》（*CIESC Journal*） 中国，由中国科学技术协会主管、中国化工学会和化学工业出版社共同主办、化学工业出版社出版。1952 年第 4 期更名为《化工学报》，月刊，被 EI、Scopus 等检索系统收录。该刊主要刊载我国化工领域中具有创新性的基础研究与应用研究成果，促进国内外学术交流。内容涉及化学工艺、化学工程、化工设备、过程开发以及与化学学科有关的化工冶金、环境工程、生化工程等方面。

网址：https://hgxb.cip.com.cn/CN/0438-1157/home.shtml

（2）《化学工程》（*Chemical Engineering*） 中国，1972 年 3 月创刊，月刊，化工部化学工程设计技术中心站《化学工程》编辑部编辑，化工部第六设计院出版。该刊为化学工程设计方面的专业性技术期刊，是中文核心期刊。主要内容：有关化工单元操作、化学

反应工程、化工热力学、化工基础数据、化工计算机应用、化工过程开发、化工系统工程以及化工数学等设计方面的专题总结，技术革新报道和论述，并对国外化学工程方面的技术和进展作了适当的介绍，年度有总目录。

网址：https://imiy.chinajournal.net.cn/WKB2/WebPublication/index.aspx?mid=IMIY

（3）《现代化工》（*Modern Chemical Industry*）　中国，1980 年 9 月创刊，月刊，由中国石油和化学工业联合会主管，中国化工信息中心有限公司主办，是综合性化工技术类中文核心期刊。主要内容包括：化学工业科技进展和评述；化学工业科研、生产、建设的技术经济分析；化学工业技术政策与经营管理；新产品、新技术、新工艺、新设备、新材料等科技动态；各国或大公司工业发展概况简介；化学工业资料等，年度有总目录。

网址：https://www.xdhg.com.cn/CN/0253-4320/home.shtml

（4）《美国化学工程师协会会志》（*AIChE Journal*）　1955 年创刊，原为季刊，现为月刊。内容包括：化工方面重要的原始性论文，重要论题的评述性文章，研究简讯和书评。年度有著者索引、主题索引。该刊被 SCI 收录，2022 年影响因子为 4.167。

网址：https://www.aiche.org/publications/journals/aiche-journal

（5）《化学技术与生物技术杂志》（*Journal of Chemical Technology and Biotechnology*）　英国，1986 年创刊，Wiley 出版社出版，月刊。该刊的目标和范围涉及化学和生物技术领域的科学发现和进步的应用，主要关注使经济和环境可持续的工业过程。该刊被 SCI 收录，2022 年影响因子为 3.709。

网址：https://onlinelibrary.wiley.com/journal/10974660

（6）《化学工程》（*Chemical Engineering*）　美国，1902 年创刊，1946 年 8 月第 53 卷起改为现名，月刊。该刊主要刊载化工方面科研、设计、生产和管理技术等方面的文章，以及化工新闻、市场统计及一般化工知识等文章。

网址：https://www.chemengonline.com/

（7）《化学工程与技术》（*Chemical Engineering and Technology*）　1978 年创刊，由德国（Wiley-VCH Verlag GmbH & Co. KGaA）出版，月刊。该刊刊载工业化学、加工工程、化工设备及生物技术方面的研究论文、评论和研究简讯。SCI 收录，2022 年影响因子为 2.215。

网址：http://www.wiley-vch.de/publish/en/journals/alphabeticIndex/2044/

（8）《化学工程研究与设计》（*Chemical Engineering Research & Design*）　1983 年创刊，该刊由英国（Taylor & Francis）出版，月刊。SCI 收录，2022 年影响因子为 4.119。

网址：https://www.sciencedirect.com/journal/chemical-engineering-research-and-design

（9）《化学工程科学》（*Chemical Engineering Science*）　1951 年创刊，由英国（Elsevier）出版，半月刊。该刊主要刊载化学、物理和数学在化学工程领域中的应用，包括气体、液体和固体物质加工、过程设计与车间设计、化学加工新技术的开发，以及化学热力学、分离过程、过程控制、传质等方面的研究论文和评论。SCI 收录，2022 年影响因子为 4.889。

网址：https://www.sciencedirect.com/journal/chemical-engineering-science

9. 农药工业方面的期刊

（1）《世界农药》（World Pesticide） 上海市农药研究所主办的期刊，被中国期刊全文数据库收录，综合影响因子为 0.281。该刊原名为《农药工业译丛》；1981 年更名为《农药译丛》；1999 年第 4 期，更名为《世界农药》；2020 年，该刊刊期由双月刊变更为月刊。目前，该刊是报道国外农药生产、应用及科研等方面科技资料的国内公开发行的刊物，其内容包括农药生产的各种技术，年度有总目录。

网址：https://www.shijienongyao.cn/

（2）《农药》（Agrochemicals） 中国，1981 年创刊，由沈阳化工研究院主办，月刊，为中文核心期刊。该刊主要刊载国内外农药（包括杀虫剂、杀菌剂、除草剂、植物生长调节剂、杀鼠剂等）、中间体及助剂的生产、加工、分析与应用等方面的文章。内容涉及面广，包括新品种、新工艺、新技术；有关毒理、作用机制的探讨；农药废物的处理及副产品的综合利用；残留毒性及环境保护等。从 1975 年起，该刊增加了"国内资料文摘"栏，并编有年度总目录。

网址：https://nyzz.cbpt.cnki.net/WKD3/WebPublication/index.aspx?mid=nyzz

（3）《农业与食品化学杂志》（Journal of Agricultural and Food Chemistry） 美国，1953 年创刊，由美国化学会出版，是农林科学领域的顶级期刊，周刊。主要发表以下内容：农业与环境化学，生物活性成分、代谢物和功能，生物燃料和生物基材料，生物技术与生物转化，气味的化学和生物学，食品与饮料化学/生物化学，食品安全与毒理学，功能结构/活动关系，新的分析方法，组学技术在农业和食品中的应用。SCI 收录，2022 年影响因子为 5.895。

网址：https://pubs.acs.org/journal/jafcau

（4）《农药学学报》（Chinese Journal of Pesticide Science） 中国，中国农业大学主办。1999 年 6 月创刊，双月刊，中文核心期刊。该刊全面报道农药学各分支学科有创造性的最新研究成果与综合评述。主要栏目有：综述、研究论文、研究简报。

网址：http://www.nyxxb.cn/

（5）《害虫管理科学》（Pest Management Science） 英国，1970 年创刊，Wiley 出版社出版，是农林科学-昆虫学方向研究的顶级期刊，月刊。涵盖的主题包括：生物技术和分子生物学在害虫管理方面的应用，生物防治、生物杀虫剂及综合病虫害管理，杀虫剂、除草剂、杀菌剂和其他农药的合成、发现、筛选、结构/活性和生化作用模式研究，新害虫管理产品和策略的特性和使用，害虫防治产品的配方及应用方法，虫害管理产品的代谢、降解、田间性能、环境研究和安全性等。2022 年 SCI 收录影响因子为 4.462。

网址：https://onlinelibrary.wiley.com/journal/15264998

（6）《农药生物化学与生理学》（Peseicide Biochemistry and Physiology） 美国，1971 年创刊，Elsevier 出版，月刊，该刊发文范围涵盖昆虫学等领域，旨在及时、准确、全面地报道国内外昆虫工作者在该领域取得的最新研究成果、工作进展及学术动态、技术革新等。SCI 收录，2022 年影响因子为 4.966。

网址：https://www.sciencedirect.com/journal/pesticide-biochemistry-and-physiology

（7）《ACS 农业科学与技术》（*ACS Agricultural Science & Technology*） 美国，2021 年创刊，美国化学会出版，该刊为 *Journal of Agricultural and Food Chemistry* 在农业领域的子刊。发表所有领域的农业科学、技术和工程的研究。该杂志主题涵盖但不限于以下方面：植物科学，包括作物保护、生物技术、信息学和分析技术；土壤和环境科学，包括可持续农业和保护性农业工程；包括数字和精密农业，以及纳米技术法规；包括风险评估、风险管理，以及政策和贸易的管理。

网址：https://pubs.acs.org/journal/aastgj

（8）《现代农业化学》（*Advanced Agrochem*） 中国，创刊于 2022 年 7 月，是我国农业化学领域首本国际性全英文学术期刊，由华中师范大学和中国化学会农业化学专业委员会共同主办，与科学出版社合作出版，中国化学会农业化学专业委员会副主任杨光富教授与加拿大 McMaster University（麦克马斯特大学）李应福教授担任共同主编。覆盖农业化学众多子领域学科的开放获取型国际期刊。*Advanced Agrochem* 致力于刊发及时且深入的评论文章、高质量的原创研究论文以及跨学科性质的创新性研究论文。同时，期刊还会不定期地推出由农业化学领域的领导者作为客座编辑的主题性特刊。期刊征集如下领域的文章：农用化学品、农业分析化学和食品安全、农业生物化学、化学生物学、农业生物转化、农业生物技术、农药科学和植物保护、农业产出的高价值转化和利用。期刊还鼓励提交关于新兴科学和生物技术在农业中的应用，包括纳米技术、基因编辑、化学探针、蛋白质组学、荧光标记、质谱和体内成像。

网址：https://www.keaipublishing.com/en/journals/advanced-agrochem/

10. 化学教育方面的期刊

（1）《化学教育》（*Chinese Journal of Chemical Education*） 中国，1980 年 4 月创刊，半月刊，中国化学会主办，化学杂志社出版。该刊围绕化学的主要基础学科，以提高教师的业务水平与化学教学质量为目的，刊载的内容包括：课程设置与改革；教材内容的改革与研究；教学方法的改进与试验；实验技术的推广，化学史与化学家简介；国内外化学教育动态分析等，该刊年度编有总目录。

网址：http://www.hxjy.chemsoc.org.cn/CN/volumn/home.shtml

（2）《化学教育杂志》（*Journal of Chemical Education*） 美国，1924 年创刊，月刊。该刊为美国化学会化学教育组的机关刊物。它除刊载用于教育目的的化学、化学工业与化学史等方面的研究论文与评述外，还对化学实验室设备与安全，以及中高等学校的化学教育组织等问题展开讨论，并登有最新化学图书与教材的简介，该刊每卷均有作者索引和书评索引。SCI 收录，2022 年影响因子为 3.208。

网址：https://pubs.acs.org/journal/jceda8

（3）《化学教育》（*Education in Chemical*） 英国，1964 年创刊，英国（Royal Institute of Chemistry）编辑出版。它主要刊载英国大、中学校有关化学教学的评论性文章，并辟有仪器研制、书评、会议信息等专栏，年度编有著者索引和主题索引。

第二节 与期刊有关的化学资源数据库

一、常用化学资源数据库概述

网络数据库具有信息量大、品种齐全、内容丰富、数据标引深度高、检索功能完善、更新更快、使用方便等特点，是查找化学文献的重要信息源。

1. 数据库类别

数据库按内容和文献类型划分为参考数据库、全文数据库、事实数据库。

（1）参考数据库（Reference Databases）　参考数据库指包含各种数据、信息或知识的原始来源和属性的数据库，即书目、文摘、索引等。如：SCI，EI，CSA，CCC，ISTP，DII 数据库。

（2）全文数据库（Full-text Databases）　全文数据库指收录有原始文献全文的数据库，以期刊论文、会议论文、政府出版物、研究报告、法律条文和案例、商业信息等为主。如：Association for Computing Machinery，Academic Research Library，Academic Search Premier，PQDD，中国期刊全文数据库。

（3）事实数据库（Factual Databases）　事实数据库指包含大量数据、事实的数据库，如数值数据库、指南数据库、术语数据库等，相当于印刷型文献中的字典、辞典、手册、年鉴、百科全书、组织机构指南、人名录、公式与数表、图册（集）等。如：BeilStein，人类生物基因组数据库，万方数据库系统（标准、统计资料）。

2. 常用的化学资源数据库

数据库由不同的出版商发行，因此在收录范围、学科特色上互不相同各有所长。目前使用频率较高的化学资源数据库有以下几种：

参考数据库：SciFinder Scholar 数据库，Web of Science 数据库。

事实数据库：ISI Chemistry 数据库，Web of Science 数据库。

专业全文数据库：ACS Publications 美国化学会期刊全文数据库，RSC Publishing 英国皇家化学会期刊全文数据库。

综合性全文数据库：Elsevier ScienceDirect 爱思唯尔出版社期刊全文数据库，Wiley InterScience 电子期刊全文数据库，SpringerLink 施普林格出版社全文数据库，中国期刊全文数据库，维普中文科技期刊全文数据库。

3. 使用数据库的注意事项

① 首次使用数据库，要仔细阅读数据库使用说明。

② 大部分数据库都是通过校园网 IP 地址来限制用户访问的，尤其是全文访问权限。有的数据库只有部分年代，访问之前的年代需要输入用户名和密码，以期刊数据库为多，如 Springer，John Wiley。

③ 遵守校园网电子资源管理办法，注意知识产权的保护，禁止违规恶意下载行为，

维护出版商的合法权益。

二、SCI科学引文索引数据库

1. SCI科学引文索引数据库（Web of Science-Science Citation Index Expanded）简介

ISI Web of Science 是 Thomson Scientific 建设的三大引文数据库的 Web 版，由三个独立的数据库组成（既可以分库检索，也可以多库联合检索），分别是 Science Citation Index Expanded（SCI Expanded）、Social Sciences Citation Index（SSCI）和 Arts & Humanities Citation Index（A&HCI）。内容涵盖了自然科学、工程技术、社会科学、艺术与人文等诸多领域内最具影响力的多种学术期刊。其中 Science Citation Index Expanded 是 Web of Science 重要的一部分。Science Citation Index Expanded 共收录期刊 6000 余种，每周平均新增 19000 条记录，记录包括论文与引文（参考文献），其引文记录所涉及的范围十分广泛，包括书、期刊论文、会议论文、专利和其他各种类型的文献。Science Citation Index Expanded 是一个多学科的综合性数据库，其所涵盖的学科超过 150 个，主要涉及以下领域：农业、生物及环境科学，工程技术及应用科学，医学与生命科学，物理学及化学，行为科学等。Web of Science 数据库收录了各个学科领域中最具权威性和影响力的学术期刊。同时，Web of Science 数据库还收录了每一篇论文中所引用的参考文献，并按照被引作者、出处和出版年代编制成索引，建立了世界上影响力最大、最权威的引文索引数据库。通过独特的引文检索，可以了解研究内容和研究方向的演变，而不受限于关键词的变迁。Web of Science 数据库收录内容见表 4-1。

表 4-1　Web of Science 数据库收录内容

收录数据库名称	收录年限	数据库内容	更新频率
Science Citation Index Expanded(SCIE) 科学引文索引	1900 年至今	9600 多种科学技术期刊	每周
Social Sciences Citation Index(SSCI) 社会科学引文索引	1956 年至今	3500 多种社会科学期刊	每周
Arts & Humanities Citation Index(A&HCI) 艺术与人文引文索引	1975 年至今	1800 多种艺术与人文类期刊	每周
Conference Proceedings Citation Index(CPCI)会议论文引文索引	1990 年至今	209000 多种多学科领域国际会议录	每周
Current Chemical Reactions(CCR-EXPANDED)化学反应趋势	1840 年至今	15000 多种化学反应	每周
Index Chemicus(IC)化合物索引	1993 年至今	295000 多种化合物的结构和关键数据	每周
Book Citation Index(BkCI) 图书引文索引	2005 年至今	129800 多种图书	每周
Emerging Sources Citation Index(ESCI) 新兴文献引用索引	2015 年至今	7700 多种期刊	每周

2. SCI 科学引文索引数据库的功能与作用

（1）独特的文献检索功能　利用 SCI 独特的引文检索体系，不仅可以从文献引证的角度评估文献的学术价值，还可以迅速地组建研究课题的参考文献网络。通过被引文献检索（Cited Reference Search），可以轻松地回溯或追踪学术文献，既可以"越查越旧"，也可以"越查越新"，超越学科与时间的局限，迅速地发现在不同学科、不同年代所有与自己研究课题相关的重要文献。

（2）分析功能　利用检索结果可以深入分析课题研究趋势，发现技术热点，揭示论文间的相互联系，通过文章和会议论文的引用情况做各种各样的分析。如按照作者分析，可了解某个研究的核心研究人员是谁；按照国家和地区分析，可了解核心研究国是哪里；按出版年分析，可了解研究的发展趋势；按照学科分类分析，可了解研究涉及了哪些领域，等等。

（3）评价功能　SCI 科学引文索引数据库收录了期刊和论文的被引证资料，具备期刊和论文的影响力评估、科研绩效评价等功能，已成为科研评价的一种依据。其评价功能主要体现在下述五个方面：①对科研成果的评价；②对科技人才的评价；③对科研机构的评价；④对科学出版物的评价；⑤对科学学科本身的评价。

3. Web of Science 数据库的检索方法

Web of Science 提供 DOCUMENTS（文献）和 RESEARCHERS（作者）两类检索方式，在文献检索方式中又有"DOCUMENTS"（文献检索）、"CITED REFERENCE"（被引文献检索）、"STRUCTURE"（化学结构检索）和"Advanced Search"（高级检索）四种主要的检索方式（见图 4-1）。

图 4-1　Web of Science 数据库主检索界面功能示意图

4. 普通检索（General Search）

普通检索是通过主题、著者、来源期刊名、著者单位检索来源文献。

（1）主题检索（Topic Search）　输入检索词或词组，在文献篇名（Title）、文摘（Abstract）及关键词（Key Words）字段中进行检索，可使用算符（AND、OR、NOT、

SAME 或 SENT）连接词或词组，也可用截词符进行截词检索。

（2）作者检索（Author Search）　输入作者、编者姓名，姓在前，后跟一个空格和名的首字母，名的首字母最多取 5 个，允许使用截词符。如果著者名的首字母不能完全确定，可以在已知的首字母后用截词符号"＊"截断（如 Hoffmane＊），没有名首字母也可只输入姓，在"姓"后加截词符。

（3）来源出版物（Source Title Search）　输入期刊的全称或缩写，可使用算符（OR），也可用截词符号"＊"检索。Source List 列出了 Web of Science 收录的全部期刊，可以复制期刊名称到检索框进行检索。

（4）地址检索（Address Search）　输入作者所在国家、城市、机构、大学学院、公司的地理名称或邮政编码等检索。许多地址经常采用一些不能用于检索的缩写词。按照 Web of Science 规定，不允许单独用这些缩写词检索，例如：在地址字段中输入"UNIV"一个词检索是无效的，应该输入"UNIV PENN"或者"UNIV PA"。可通过在线帮助系统获取地址缩写表。

5. 引文检索（Cited Reference Search）

以被引作者、被引文献和被引文献发表年代作为检索点进行检索。这三个检索字段可以单独或同时使用，系统默认多个检索途径之间为逻辑"与"的关系。

（1）引文作者检索（Cited Author）　输入被引文献的第一作者进行检索，如果引文为 Web of Science 收录论文，则可以用被引文献的所有著者检索。

（2）引文出版物检索（Cited Work）　输入引文所在期刊刊名缩写、书名缩写或专利号，可使用算符（OR）。点击"list"，查看并复制粘贴准确的刊名缩写形式。

（3）引文年代检索（Cited Year）　输入四位数字被引文献发表的年代字段检索，或者输入用 OR 逻辑运算符连接的一系列出版年。专利文献使用专利公布日期。

6. 结构检索（Structure Search）

该检索功能也是 Web of Science 的功能之一，进入 Web of Science 页面，数据库选择"Web of Science 核心合集"，选择"化学结构"进行检索，在方框内画出化合物的化学结构，选择"子结构"检索模式，点击"检索"即可。

用于对化学反应和化合物进行检索（见图 4-2）。如：检索化学结构为化合物是否为新化合物。另外，改版后的 Web of Science 在进行化学结构检索时加入新的功能，即根据化合物结构的"mol 文件"进行检索，十分方便和智能。

（1）结构图或反应式检索　根据可选择的工具画好具体结构和反应式，自动将结构和反应式添加到检索框中，并且要选择检索方式：子结构或精确匹配。

（2）化合物检索　通过化合物名称、生物活性、分子量和特征描述进行检索。

（3）化学反应检索　通过对反应条件要求和选择如气体环境、反应检索词、大气压（atm）、温度（℃）、反应时间（h）、产率、反应关键词（组）、化学反应备注、其它等完成的检索。

如果待检索的化合物为全新化合物将会出现如图 4-3 的检索结果。

图 4-2　Web of Science 数据库结构待检索界面示意图

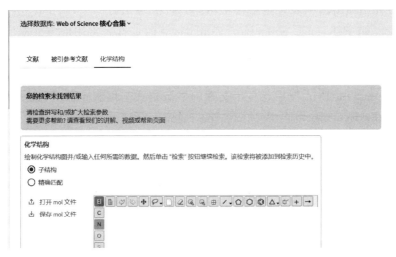

图 4-3　待检索化合物为全新化合物的检索结果

通过以上的一些实例，可以更进一步地看出，Web of Science 利用先进的超媒体技术，把多种来源的、不同信息级次的高质量学术文献信息有效、灵活地整合起来，揭示了文献之间的引用与被引关系、相关关系，引文与全文、文献与馆藏情况等多种相互的联系，使其成为一个不断发展的动态信息体系，订阅用户可以在其检索结果中无限制地浏览论文资料，迅速找到所需信息，提高了浏览信息的自由度。

7. 高级检索（advanced search）

检索系统对高级检索中检索表达式的书写有一定的要求，所以一般能熟练运用逻辑运算符和字段标识符的读者使用该检索方法比较合适。高级检索可将多个字段或历次检索序号组配检索，熟练掌握检索字段代码和检索技术的用户，可直接在检索输入框中构造检索式。在检索表达式中可以使用逻辑运算符、括号等。不熟悉的用户参照高级检索界面的右侧列出字段标识符和布尔逻辑算符构造检索式，同时还可对文献的语种和文献类型进行限定。

在该检索界面的主页下面有检索历史，可以对检索历史进行逻辑运算。

8. 检索结果的处理与下载

Web of Science 的检索结果输出主要有显示、打印、下载和 E-mail 发送等。

（1）显示 检索后结果在屏幕上以简洁格式显示。每条记录的内容包括：前 3 位著者，文献篇名及来源期刊名称、卷期、页码等信息。屏幕右侧显示命中结果的排序方式、检索结果的标记、检索分析等内容。屏幕最下方显示检索结果命中的记录数。

点击简洁格式中的文献篇名可以浏览该篇文献在 ISI 数据库中的全记录。在全记录屏幕上，可点击"Cited Reference""Times Cited"及"Related Reference"查看引文文献、被引用次数与文献以及相关文献。

在引文检索结果的显示中，检索后命中的结果在"Cited Reference Search Results Summary"界面以简洁格式显示。浏览命中记录的方法与前面普通检索方式基本相同。

（2）标记、打印、下载或 E-mail 发送 在每条记录开始处的方框内作标记后，点击"Submit"，最后系统提示有多少篇文献被标记，直接点击数目，就会显示标记的文献，同时还在上方列出输出选项表，包括输出格式，以及输出方式（Format for Print，Save to File、Export to Reference Software，E-mail）等的选择。常用的方式是"Format for Print"或"E-mail"。

标记文献之后，系统提示用户选择进一步输出需要的文献字段及排序方式。

点击"Format for Print"后，显示文献的下载格式。用浏览器的命令可以打印或者保存结果。点击"E-mail"，在"E-mail the records to:"框中输入收件人地址，点击"Send E-mail"发送。

三、ACS Publications 美国化学会期刊全文数据库

1. ACS 数据库简介

美国化学学会（American Chemical Society，ACS）成立于 1876 年，现已成为世界上最大的科技学会，其会员数超过 163000 人。ACS 全文电子期刊数据库 2008 年提供了该学会出版的 37 种期刊电子版、化学工程新闻快报电子版。ACS 电子期刊回溯到了期刊的创刊卷，最早的到 1879 年。其期刊被 ISI 的期刊引证报告（Journal Citation Report，JCR）评为"化学领域中被引用次数最多的期刊"。这些期刊涵盖了 24 个主要的学科领域，包括生物化学、药物化学、有机化学、普通化学、环境化学、材料学、燃料与能源、植物学、毒物学、食品科学、药理与制药学、物理化学、环境工程学、工程化学、微生物应用生物科技、应用化学、分子生物化学、分析化学、聚合物、无机与原子能化学、农学等。ACS 数据库特色是：

① 内容全面：超 36000 期 ACS 刊物，超 620000 篇文章，超 2500 万页化学信息，日期回溯到 1879 年。

② 精彩内容提前看：ACS 网络版用户可以在正式纸版期刊出版以前查到最新文章。

③ 附加免费服务：免费文摘、免费的文章预告、免费最新目录、免费个性化页面。

④ 增强的图形功能：生动迷人的动画造型，立体的彩色分子模型和可操控的化学结

构式。

⑤ 强大的引用链接服务：通过 Chemportsm 引用链接，即可得到相关的文摘和书目资料。链接到其它公认的数据库（包括 PubMed/Medline 和 CA Plus）。

2. ACS 数据库使用方法

（1）期刊浏览　在 ACS 数据库的主页上点击"Journals A-Z"就可浏览 ACS 期刊。如果您知道刊物的具体名称，可以在"Select an ACS Publication"下拉菜单中选择刊名，点击后可直接链接到该期刊。点击任意一种期刊，都可以浏览该期刊的归档期刊、现刊以及最新文章"Articles ASAPsm"。其中，Articles ASAPsm 是指先于印刷版发表的预印版文章，在作者授权后的 24～48 小时即出现在 ACS 网络期刊中。

① 现刊（Current Issue）：点击所需要查看的杂志的名称，就能看到该杂志最新一期的目录。点击所需要的文章条目下的"Abstract"，能看到该文章的摘要，点击"HTML"或"PDF"会分别以 html 或 pdf 两种形式查看全文。

② 归档期刊（Back Issues）：点击期刊主页上的"Back Issues"按钮，然后从页面上部的下拉菜单中选择想要浏览期刊的出版日期（Decade）、卷号（Volume）和期刊号（Issue Number）。完成选择后，点击"GO"按钮，所选择的期刊目录就会显示出来。可以利用页面上部的"Previous"和"Next"按钮来浏览前期和后期的期刊。

③ 最新文章（Articles ASAP）：点击期刊页面中的"Articles ASAPsm"，即可访问先于印刷版的最新文章。在最新期刊的页面上，用红色标注出了该期刊出版的日期。

（2）检索方法　ACS 的检索主要有下列几种方式：

① 快速检索（Article Quick Search）：快速检索可在首页或高级检索界面进行，在 ACS 出版物主页面上方的"Article Quick Search"栏中输入关键词，可以在 Title（题名）、Author（作者）、Abstract（摘要）、Title or Abstract（题名或摘要）、Anywhere in Article（全文）、Digital Object Identifier（数字对象标志）六个字段中进行论文的快速检索。

② 高级检索（Advanced Search）：即从 ACS 出版物的主页面左边的"Advanced Search"或者上方的"Advanced Article Search"标签可以进入高级检索页面。在大多数 ACS 期刊的主页面上点击靠近页面上部的"Search the Journals"按钮，或在部分期刊的主页上点击"Search Options"按钮也能够链接到文章的高级检索页面。

③ 特定文献检索（Citation Finder）：特定文献检索是指如果知道原文的引用信息（期刊名、卷号和开始页）或 DOI 号，可使用引用检索功能快速找到文献原文，引用检索功能在高级检索页面的上部。使用引用检索功能有两种方式：如果知道原文的期刊名、卷号和开始页。使用下拉菜单选择期刊名称，然后将原文的卷号和开始页输入到相对应的栏目内。点击"Search"按钮。另一种方式则是：如果知道原文的数字目标标识符（DOI），将 DOI 号码输入到对应栏目内，然后点击"Search"按钮。

④ 全文检索（Full-Text Search）：使用全文检索方式，输入检索词后可以在作者、标题等字段中进行组配查询，还可以限定检索日期、检索结果的排列方式等。使用全文检索功能主要有：基础检索（Basic Search），即使用左边的下拉菜单选定进行检索的项目，如作者、题名、文摘、题名＋文摘或者整篇文章，在输入栏中输入想要检索的关键词。使用右边的下拉菜单，通过 AND、OR 和 NOT 逻辑算符组配各个检索项目。输入完成后，

点击"Search"按钮进行检索。检索结果会依据与输入的检索匹配度高低顺序显示在检索页面上。另一种方法是在基础检索的基础上将检索限定在特定的期刊,点击相应的项目进行单选或者多选。

四、RSC Publishing 英国皇家化学会期刊全文数据库

1. RSC 数据库简介

英国皇家化学会(Royal Society of Chemistry,RSC)成立于1841年,是一个国际权威的学术机构,是化学信息的一个主要传播机构和出版商,目前拥有来自全世界的4万多个个人和团体会员。该学会一年组织几百个化学会议,出版的52种期刊、约2000种图书及4个文摘数据库,一向是化学领域的核心期刊和权威性的数据库,大部分被SCI收录,属被引频次较高的期刊。使用者还可以通过RSC网站获得化学领域相关资源,如最新的化学研究进展、学术研讨会信息、化学领域的教育传播等。数据库的学科包括生命科学、医学、环境科学、化学与化工等。

2. RSC 数据库使用方法

点击网站首页左上方的"Publishing"菜单进入 Journals 板块,在"Search our journals"栏输入期刊名或者直接在下方浏览查找到对应期刊名,然后点击即可到达 RSC 期刊产品首页。

(1)期刊浏览　在 RSC 期刊产品首页,通过"Journal finder"下面的下拉菜单选择欲阅读的期刊。点选该本期刊封面链接至检索画面,选择需要的期刊、年份或刊期,然后点选"GO"即可查看该期题录。继续点选搜寻结果的 DOI 号码,可以链接至该篇期刊文献的详细资料,提供全文链接、非订户单篇文献订购服务以及摘要信息,订户可选择使用 pdf 或 html 的档案格式来阅读或下载。

(2)期刊检索　点击 RSC 期刊产品首页左上方"Search RSC Journals"即可进入期刊检索,可以选择单本或多本期刊同时进行检索(要选择多本期刊请按住 Ctrl 不放,并利用鼠标点选期刊名称即可),之后依序填入查询条件,如年代、页数、卷期、篇名、作者、摘要或全文关键字,等等。

检索之后,系统会显示共查询到几篇相关期刊文献,并在画面中列出篇名、作者、期刊名、卷期、年代与 DOI 号码。如果想要得到更精确的检索结果,可以使用 RSC 的进阶查询功能,利用第一次的检索结果,勾选出较符合需求的检索结果,之后按下"Improve",系统便会自动进行比对,查找出更切合相关概念的检索结果。点选搜寻结果的 DOI 号码,可以链接至该篇期刊文献的详细资料,提供全文链接、非订户单篇文献订购服务以及摘要信息,订户可选择使用 pdf 或 html 的档案格式来阅读或下载。

五、Elsevier ScienceDirect 爱思唯尔出版社期刊全文数据库

1. Elsevier ScienceDirect(Elsevier-SD)数据库简介

Elsevier-SD 全文数据库由 Elsevier 公司出版,它集成了图书、期刊等资源,其文章

产量占全球研究的 18%，引用份额占全球的 28%。Elsevier 出版了 4600 多份期刊、43000 多本电子图书，在 2021 年发表了 60 多万篇同行评议文章，比十年前高出 89%。覆盖的学科范围包括：生命科学、材料科学、物理学、医学、工程技术及社会科学等。Elsevier-SD 数据库涵盖的学科类别见表 4-2。

表 4-2 Elsevier-SD 数据库涵盖的学科类别

学科类别	期刊数/种
农业与生物科学（agricultural and biological sciences）	400
化学与化学工程（chemistry and chemical engineering）	464
卫生科学（health sciences）	2194
计算机科学（computer science）	269
地球与行星学（earth and planetary science）	219
工程、能源与工业技术（engineering，energy and technology）	634
环境科学技术（environmental science and technology）	314
生命科学（life science）	706
材料科学（materials science）	321
数学（mathematics）	148
物理与天文学（physics and astronomy）	221
社会科学与人文科学（social sciences and humanities）	855

2. Elsevier ScienceDirect 数据库检索方法

Elsevier 公司给所有 SDOS 的用户免费开放 SDOL（ScienceDirect OnLine）数据库，SDOL 的网址为：http://www.sciencedirect.com。由此，我们也可通过点击这一网址进入到 Elsevier ScienceDirect 的主页（见图 4-4）。

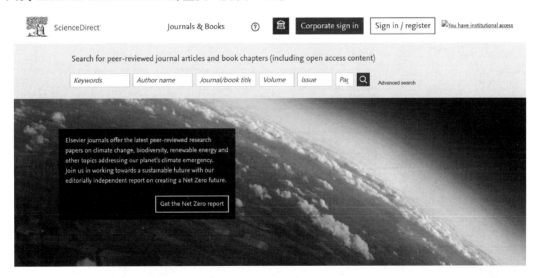

图 4-4 Elsevier ScienceDirect 的主页

（1）快速浏览（Quick Search） 如需查某一原始文献资料，在主页的栏目中输作者名、刊名、卷、期、页，点击放大镜，即可查到原始文章。查阅作者 Songül Süren Castillo 在 *Acta Histochemica* 的 110 卷，第 6 期，第 451 页的文章，按栏目要求输入（见图 4-5）。

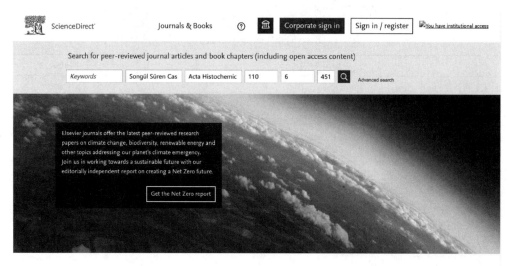

图 4-5 快速浏览

继续搜索，则可查找到相应的文章，通过点击"Download PDF"可直接下载其原文（见图 4-6）。

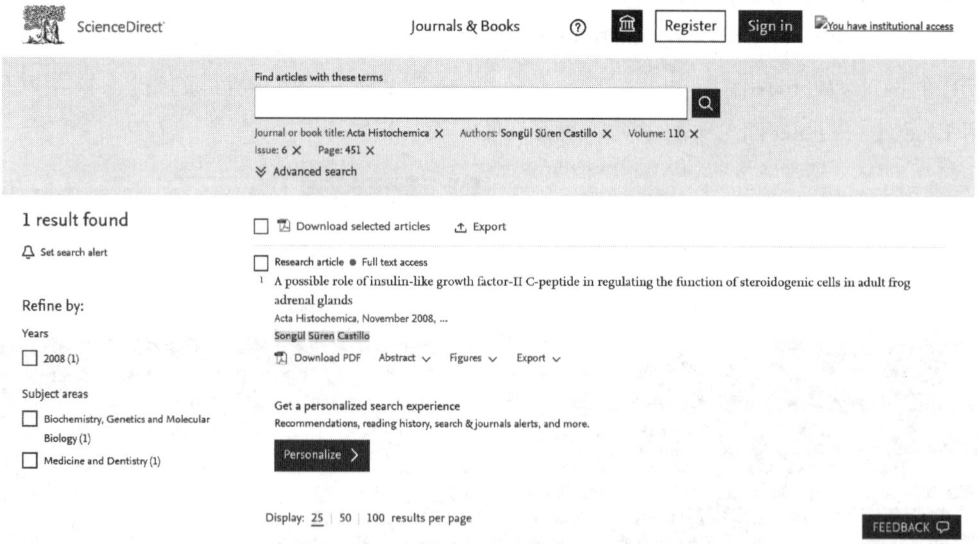

图 4-6 通过点击"Download PDF"下载其原文

（2）题目浏览（Browse by title） 可以按字母查找有关的杂志，如要查《分析化学快报》，点击 A，则在新出现的栏目下下拉找到"Analytica Chimica Acta"，点击"Analytica Chimica Acta"，左边栏目点击相应的年、卷、期，就能查到相应的文章。如：查找 Volume 658，Issue 1，Pages 1～106 的文章（见图 4-7）。

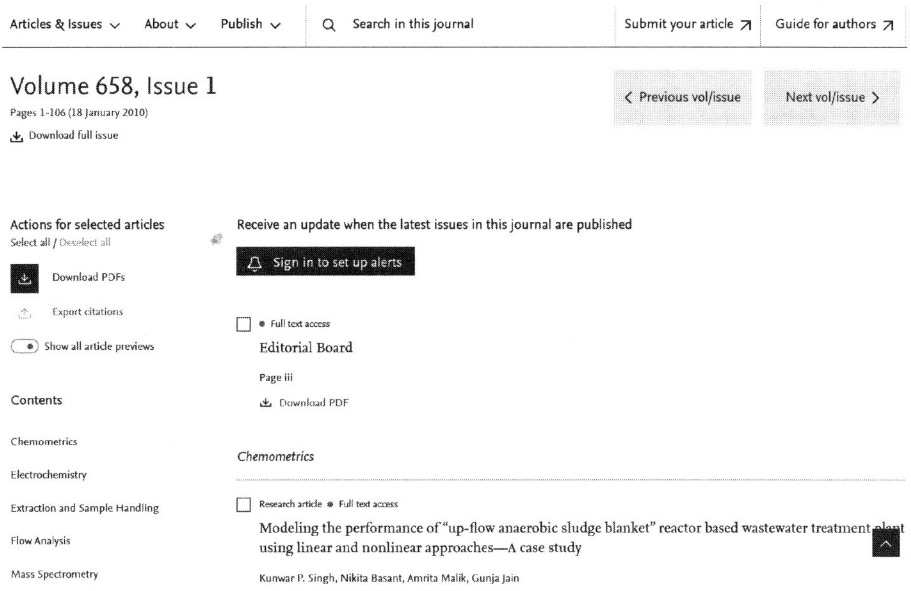

图 4-7 通过题目浏览

（3）通过主题浏览（Browse by subject）

Physical Sciences and Engineering：Chemical Engineering，Chemistry，Computer Science，Earth and Planetary Sciences，Energy，Engineering，Materials Science，Mathematics，Physics and Astronomy

Life Sciences：Agricultural and Biological Sciences，Biochemistry，Genetics and Molecular Biology，Environmental Science，Immunology and Microbiology，Neuroscience

Health Sciences：Medicine and Dentistry，Nursing and Health Professions，Pharmacology，Toxicology and Pharmaceutical Science，Veterinary Science and Veterinary Medicine

Social Sciences and Humanities：Arts and Humanities，Business，Management and Accounting，Decision Sciences，Economics，Econometrics and Finance，Psychology，Social Sciences

如查找与药物 Pharmacology，Toxicology and Pharmaceutical Science 相关的杂志与文章，可直接在 Health Sciences 点击"Pharmacology，Toxicology and Pharmaceutical Science"则出现相关的杂志，继续点击所需的杂志，则找到相应的文章。

六、Wiley InterScience 电子期刊全文数据库

约翰·威利父子出版公司（John Wiley & Sons Inc.）创立于 1807 年，是全球历史最悠久、最知名的学术出版商之一，享有世界第一大独立的学术图书出版商和第三大学术期刊出版商的美誉（详见 www.wiley.com）。

Wiley InterScience（http://www.interscience.wiley.com）是 John Wiley & Sons

Inc 的学术出版物的在线平台，提供包括：化学化工、生命科学、医学、高分子及材料学、工程学、数学及统计学、物理及天文学、地球及环境科学、计算机科学、工商管理、法律、教育学、心理学、社会学等学科领域的学术出版物。

该出版公司出版的学术期刊质量很高，尤其在化学化工、生命科学、高分子及材料学、工程学、医学等领域。目前已出版 2771 种期刊，有一半以上被 SCI、SSCI 和 EI 收录。

由于要登记注册收费检索，一般是从省市及重点高校、科研院所图书馆链接进入。Wiley InterScience 数据库的检索一般分为学科分类浏览与产品分类浏览。这里只介绍学科分类浏览。图 4-8 是 Wiley InterScience 的首界面。

如查找 Applied Organicmetallic Chemistry 方面杂志的文章，点击首界面中的"Chemistry"，则出现化学二级学科的类别。在二级学科中点击 Organic Chemistry，则出现有机化学类别的 Topics，然后点击 Organic Chemistry，则出现与有机化学相关的书籍、杂志和参考作品（见图 4-9）。

点击图 4-9 左侧"Journals"，继续按字母查找，点击"Applied Organometallic Chemistry"，则出现应用有机金属化学方面的文献（见图 4-10）。

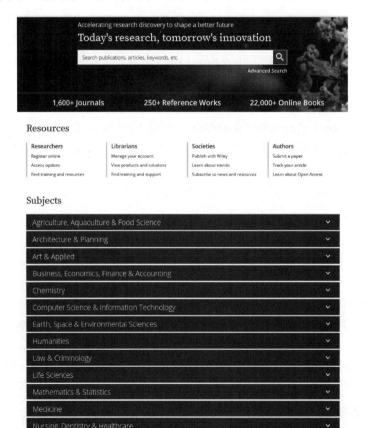

图 4-8　Wiley InterScience 的首界面

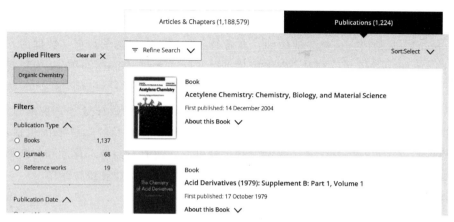

图 4-9 有机化学类别结果

图 4-10 应用有机金属化学方面的文献

也可在高级搜索中直接输入杂志名进行检索。

七、SpringerLink 施普林格出版社全文数据库

1. SpringerLink 数据库简介

SpringerLink 是居全球领先地位的、高质量的科学技术和医学类全文数据库，该数据库包括了各类期刊、丛书、图书、参考工具书以及回溯文档。SpringerLink 为科研人员及科学家提供了强有力的信息中心资源平台。

New Springer 出版社由原 Kluwer 出版社与原 Springer 出版社合并，现通过 SpringerLink 网络平台出版提供 3100 余种学术期刊的全文服务；涉及的学科范围包括：数学、医学、物理与天文、行为科学、生物医学和生命科学、商业与经济、化学和材料科学、计算机科学、地球和环境科学、工程科学、人文、社会科学及法律和统计学等。

Springerlink 在国内的网址为 https://link.springer.com。

2. SpringerLink 数据库检索方法

由于 Springerlink 全文数据库收费注册才能检索，一般可通过国内各大图书馆进入 Springerlink 全文数据库检索。登录以后，会出现图 4-11 所示浏览界面。

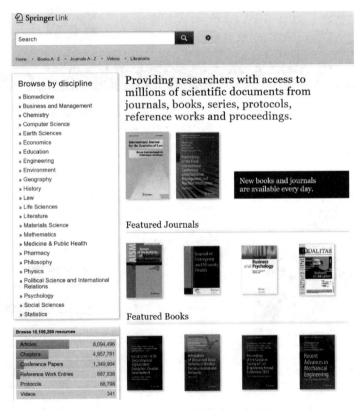

图 4-11　SpringerLink 数据库的主页界面

图 4-11 中的页面主要包括：检索栏、内容类型、特色图书馆、学科分类等。页面的检索栏中直接输入关键词，可涉及与关键词相关的文献。如在检索栏中输入"polymer"，

则出现与"polymer"相关的结果（见图 4-12）。点击"Article"，则出现了相关的文章。

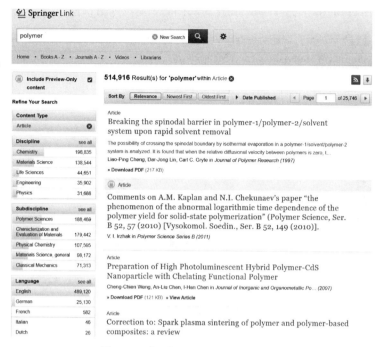

图 4-12　与"polymer"相关的文献

浏览图 4-12 中的文献继续搜索有关的杂志。如文献来自 *Journal of Material Science*：*Materials in Medicine* 这本杂志，则点此杂志名，则出现图 4-13 界面图。

图 4-13　根据杂志名检索的界面图

如要查找上述期刊中 2009 年第 12 期的文章，则点击"View all volumes and issues，Volume 20，December 2009，issue 12"，出现第 12 期的所有文章（见图 4-14）。

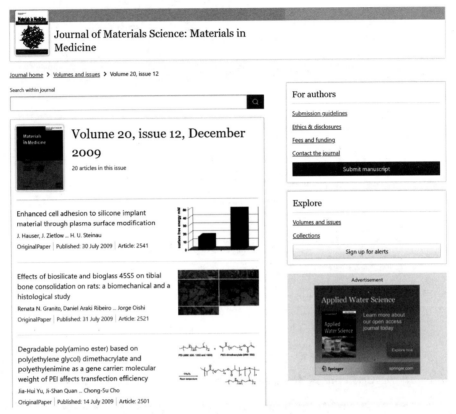

图 4-14　查找的期刊文章

需要下载原文则点击该文标题，然后点击右上方"Download PDF"图标即可。

如通过期刊查找，点期刊则出现从 A～Z 按字母次序编排的期刊名（见图 4-15）。

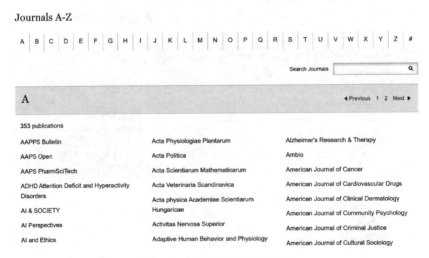

图 4-15　按字母次序查找期刊

也可在图 4-15 的界面的右框高级检索中输入杂志名。如查找 *Polymer Bulletin*（见图 4-16）。

Springer
Search Authors & Editors Log in
Polymer Bulletin
Editorial board Aims & scope
You have access to our articles
Polymer Bulletin publishes significant advances in polymer science, including chemistry, physical chemistry, physics and material science. It aims to provide a meeting ground for researchers who daily encounter problems related to polymers and who welcome opportunities to share their discoveries in a most expeditious manner. — show all
Editors
Jochen Gutmann, Daewon Sohn
Editor
Noriyoshi Matsumi
Associate Editors
Günter K. Auernhammer, Patrick Burch, Youssef Habibi, Gilberto Siqueira
Publishing model
Hybrid (Transformative Journal). How to publish with us, including Open Access
For authors
Submission guidelines
Ethics & disclosures
Open Access fees and funding
Contact the journal
Calls for papers
Submit manuscript
Explore

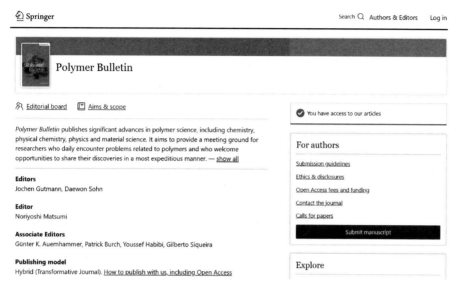

图 4-16　高级检索栏目下输入杂志名查找

如果要快速找到题目可以在此期刊上方搜索输入栏中继续输入题目的第一个单词，输入单词越多则查找越准确。如输入“effect”，则出现含有该单词的文献题目（见图 4-17）。也可在学科分类中，通过化学与材料学科查找有关化学与材料有关的期刊进行检索。

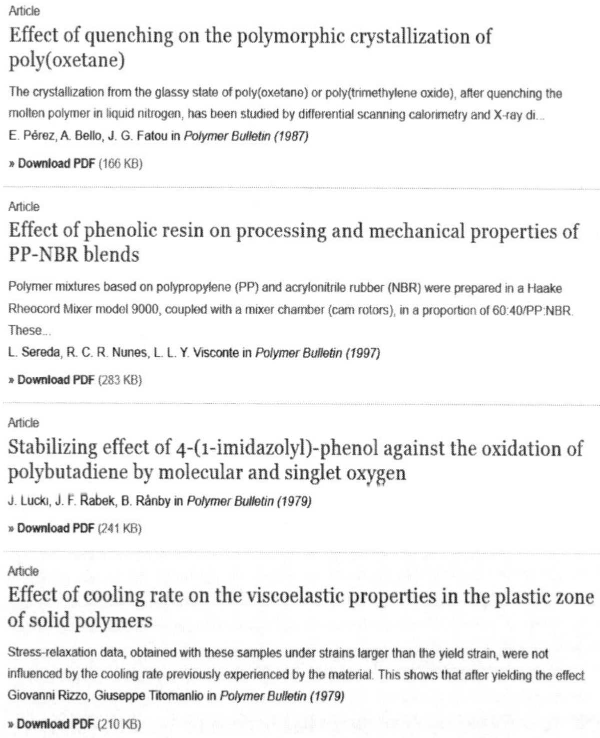

Article
Effect of quenching on the polymorphic crystallization of poly(oxetane)
The crystallization from the glassy state of poly(oxetane) or poly(trimethylene oxide), after quenching the molten polymer in liquid nitrogen, has been studied by differential scanning calorimetry and X-ray di...
E. Pérez, A. Bello, J. G. Fatou in Polymer Bulletin (1987)
» Download PDF (166 KB)
Article
Effect of phenolic resin on processing and mechanical properties of PP-NBR blends
Polymer mixtures based on polypropylene (PP) and acrylonitrile rubber (NBR) were prepared in a Haake Rheocord Mixer model 9000, coupled with a mixer chamber (cam rotors), in a proportion of 60:40/PP:NBR. These...
L. Sereda, R. C. R. Nunes, L. L. Y. Visconte in Polymer Bulletin (1997)
» Download PDF (283 KB)
Article
Stabilizing effect of 4-(1-imidazolyl)-phenol against the oxidation of polybutadiene by molecular and singlet oxygen
J. Lucki, J. F. Rabek, B. Rånby in Polymer Bulletin (1979)
» Download PDF (241 KB)
Article
Effect of cooling rate on the viscoelastic properties in the plastic zone of solid polymers
Stress-relaxation data, obtained with these samples under strains larger than the yield strain, were not influenced by the cooling rate previously experienced by the material. This shows that after yielding the effect
Giovanni Rizzo, Giuseppe Titomanlio in Polymer Bulletin (1979)
» Download PDF (210 KB)

图 4-17　在搜索输入栏中输入单词查找

八、中国知网学术期刊全文数据库

1. 中国知网学术期刊全文数据库简介

中国知网（China National Knowledge Infrastructure，CNKI），始建于 1999 年 6 月，是中国核工业集团资本控股有限公司控股的同方股份有限公司旗下的学术平台。CNKI 工程是以实现全社会知识资源传播共享与增值利用为目标的信息化建设项目，由清华大学、同方股份有限公司发起。1999 年，中国期刊网推出，2003 年，中国期刊网改名为中国知网，现已发展成为中国最大最全的、具有国际领先水平的网络出版平台。其提供 CNKI 源数据库，有外文类、工业类、农业类、医药卫生类、经济类和教育类多种数据库，其中综合性数据库包括中国期刊全文数据库、中国博士学位论文数据库、中国优秀硕士学位论文全文数据库、中国重要报纸全文数据库和中国重要会议论文全文数据库。中国知网学术期刊全文数据库是目前世界上最大的连续动态更新的中国期刊全文数据库，实现中、外文期刊整合检索。其中，中文学术期刊 8580 余种，含北大核心期刊 1970 余种，网络首发期刊 2320 余种，最早回溯至 1915 年，共计 5950 余万篇全文文献。以学术、技术、政策指导、高等科普及教育类为主，同时收录部分基础教育、大众科普、大众文化和文艺作品类刊物，内容覆盖自然科学、工程技术、农业、哲学、医学、人文社会科学等各个领域。中国知网的检索方式有多种，如：刊名检索、标题检索、作者检索、单位检索、关键词检索、摘要检索、分类检索、引文检索、基金检索。

2. 检索方法

打开中国知网主页（https://www.cnki.net/），点击"学术期刊"（见图 4-18）。

图 4-18　中国知网学术期刊库主页

如果要查找课题相关的文献可点击检索项的下拉符号找出篇名或关键词项，在检索词栏中输入所要查的题目或关键词，进行检索。也可以直接通过高级检索进行查找，即在高级检索栏中对主题、出版时间等条件进行限制，如确立一种含硅的化合物中的硅含量分析，即选择"篇名"，输入"硅含量分析"，时间从 2003～2010 年，查找范围为全部期刊（见图 4-19）。

图 4-19 通过篇名检索

点击图 4-19 中的"检索"，则可找出从 2003～2010 年的所有与硅含量分析相关的文献（见图 4-20）。

图 4-20 硅含量分析的相关文献条目

在图 4-20 中出现的文献中如需查其原始文献，则点击"操作"项中的下载图标⬇即可下载该文章，或者点击该题目进入详情页，也可下载。当检索某作者所发的文章时，则在检索项的滚动条中找出作者，并在检索词中输入作者名，在时间段中输入查找的时间范围。

图 4-21 是查找作者艾智慧在 1996～2010 年所发的中文文章。

查找某一杂志，可在检索项的滚动条中找出期刊名称，在检索词中输入需要检索的期刊，在时间段中输入时间范围，即可找到相应的杂志及相关的杂志（期刊名称选择"模糊"即可）（见图 4-22）。

图 4-21　检索作者艾智慧的文献信息

图 4-22　通过输入期刊名查找的文献信息

九、Nature 数据库

英国著名杂志 *Nature* 是世界上最早的国际性科技期刊，自从 1869 年创刊以来，始终如一地报道和评论全球科技领域里最重要的突破。Nature.com 平台涵盖的内容相当丰富，不仅提供 1997 年 6 月以来的 *Nature* 全文，而且包括其他众多姊妹刊物，共计 160 多种，冠名"自然"的期刊就有 66 种，自创刊之日起就具有巨大的影响力。主题涵盖科学、技术、生物技术、化学、基因与进化、免疫、药学、医学、临床医学、恶性肿瘤、牙科、分子细胞生物、神经科学、物理科学等。网站访问入口：https://www.nature.com/。

　　该库有期刊浏览、检索和篇目检索功能，篇目检索包括简单查询和复杂查询两种方式。进行期刊浏览与检索，先登录到检索系统的首页（见图 4-23），页面最上方有查看所有期刊、搜索、登录按钮，下方显示界面为最近最新的研究、新闻和评论等。

图 4-23　Nature 数据库的首界面

　　用户可以按刊名浏览：点击右上方"View all journals"，即可按刊名首字母排序逐卷逐期地直接阅读自己想看的期刊（见图 4-24）；也可以刊名检索：在检索条件输入框中输入刊名关键词，按刊名进行简单检索，然后再选择想看的期刊按卷期浏览。

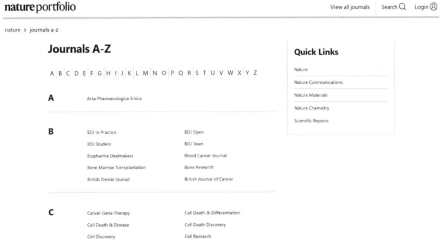

图 4-24　刊名首字母排序浏览界面

　　按上述的两种方式进行检索或浏览之后，在显示的期刊列表中可以进一步限制进行二次检索。如查找 *Nature Chemistry* 上关于铜催化的偶联反应的研究报道，进入 *Nature Chemistry* 主页面，下划页面找到 "Search Nature Chemistry" 输入框（见图 4-25）。

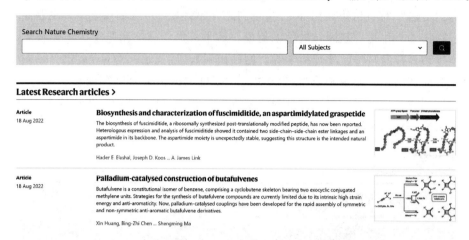

图 4-25　Search Nature Chemistry 浏览界面

点击图 4-25 右侧搜索按钮，进入之后点击 "Advanced search" 按钮，根据搜索内容对术语（terms）、作者（authors）、题目（title）等条目进行限制，如欲快速得到相关的内容，可在题目栏中输入关键词，如 "copper coupling reaction"，不必考虑词序和区分大小写（见图 4-26）。词与词之间默认的逻辑关系是 AND，它的含义是检索结果中必须含有所有检索词。

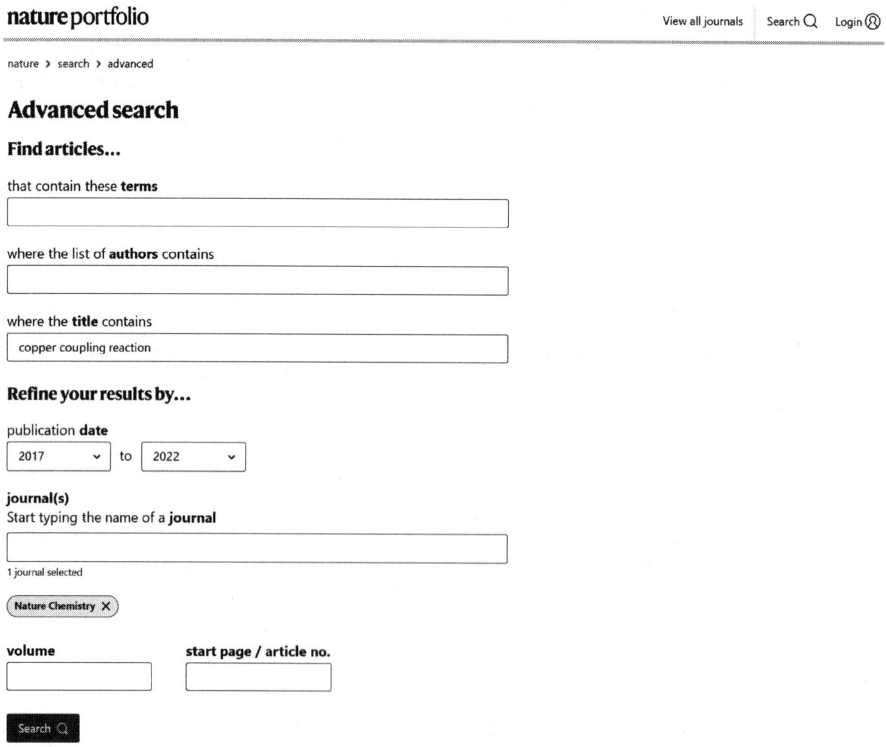

图 4-26　*Nature Chemistry* 高级搜索界面

限定之后点击"Search"按钮，即可检索出相关文献（见图 4-27）。可以在网页上浏览该篇文章，也可以下载点击"Download PDF"按钮，然后弹出 pdf 版网页，点击上面的下载按钮，选择保存路径，即可下载文章。

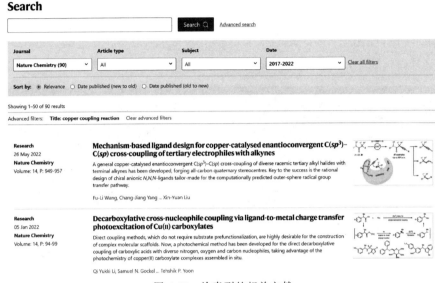

图 4-27 检索到的相关文献

十、Science Online 数据库

Science Online 是《科学》杂志的网络数据库，涉及生命科学及医学、各基础自然科学、工程学，以及部分人文社会科学。可以在线使用的内容有：

Science（科学周刊，1997—至今）：创建于 1880 年，是在国际学术界享有盛誉的综合性科学周刊。刊载文章涉及自然科学各个领域，同时是一个科学新闻类刊物，每周报道科学界重大新闻。

Science Classic（科学经典，1880—1996）：《科学》杂志过刊库。

Science Signaling（科学信号）：创刊于 1999 年，发表代表细胞信号转导方面最新研究进展的同行评审原始研究文章，包括信号转导网络、系统生物学、合成生物学、细胞通路计算与建模、药物研发等快速发展的领域内的关键研究论文。

Science Translational Medicine（科学转化医学）：创刊于 2009 年，旨在通过推动基础研究、转化研究和临床研究人员的合作，实现医学科研向临床应用的转化，以促进人类健康。

Science Advances（科学进展，2015—至今）：刊载文章涉及生命科学、自然科学、政治、宗教等各个领域。

Science Robotics（科学机器人，2016—至今）：交叉学科型杂志，既包含了机器人学的传统法则，也包含很多新兴的发展动态和趋势，例如先进材料和仿生设计，内容涵盖广泛，大型机器人和微型机器人都有涉及，将理论研究和实际操作相结合，眼界极大开阔。

Science Immunology（科学免疫学，2016—至今）：该刊出版发行的所有文献全部都

为以科学研究为基础的原创性文献，全部经由同行评审，内容会涉及免疫学研究相关领域的重要研究进展，新的医疗工具和新技术的应用等。

Science Now（今日科学）：《科学》周刊的新闻组为网上用户提供的有关科研成果或科学政策的最新消息和相关报道。

Science Express（科学快讯）：《科学》用于及时报道研究文章的网上预先出版服务。

数据库网址：https://www.science.org/。进入 *Science* 主页之后，点击"JOUR-NALS"选择目标期刊，如 *Science Advances*，进入期刊主页（见图 4-28）。

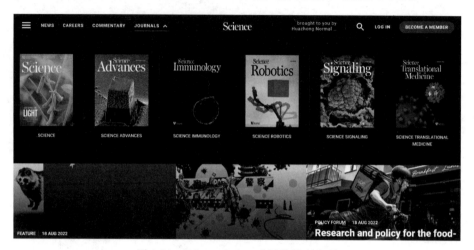

图 4-28　Science Online 出版的期刊主页

浏览方式包括：现刊浏览（Current Issue），可看到最新一期的目次，进一步点击可看文摘或全文；过刊浏览（Archive），可按卷期浏览上一期的目次、作者索引或主题索引，进一步点击可看文摘或全文。

如需检索 *Science Advances* 期刊上与脱落酸（abscisic acid）相关的文献，则点击 *Science* 主页右上方搜索按钮，进入检索界面，在"SEARCHING"选项里选中"Science Advances"，在"Enter Search Term"栏中输入"abscisic acid"（见图 4-29），点击"SEARCH"即可检索到相关文献。

图 4-29　*Science Advances* 期刊的关键词检索页面

如需进一步对搜索条件进行限制，可以点击"REFINE"按钮，对检索到的结果进行关于题目、作者、关键词、出版日期的设定。如在这里，我们设定出版时间为 2007 年 1 月到 2022 年 1 月（见图 4-30），点击"SEARCH"则出现符合条件的文献结果（见图 4-31）。

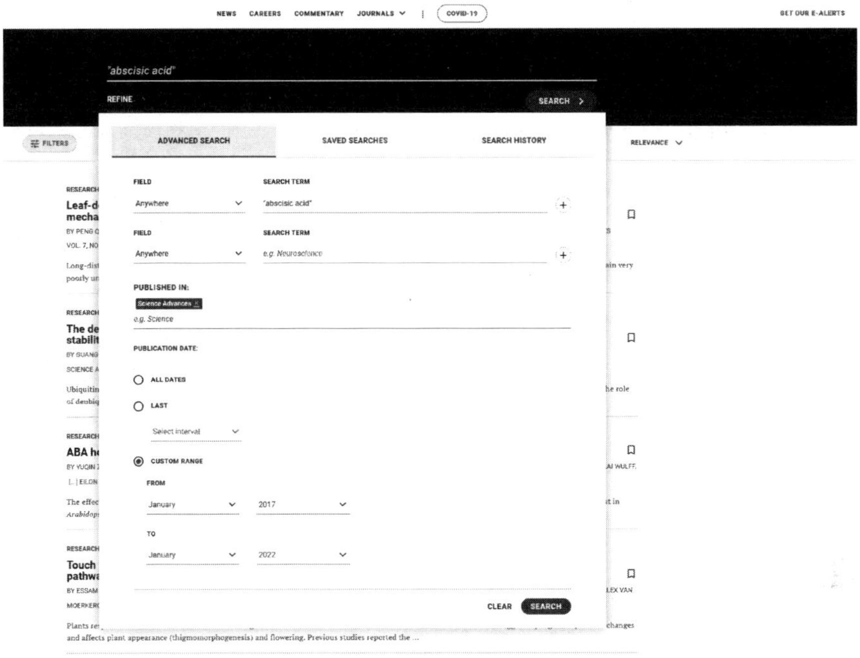

图 4-30　*Science Advances* 期刊文献的高级检索

此外，用户还可以在搜索栏中输入字、词、DOI、ISBN、篇名、文摘等信息进行直接检索。在用字检索与词检索时，《科学在线》默认的是字（word）检索，因此在关键词、篇名、文摘检索中，如果检索的是一个词（phrase）或短语，就必须使用引号。例如，键入"synthetic biology"，检索结果只包含这个词；如果键入的是 synthetic biology，没有引号，检索出的结果则分别包括 synthetic、biology 和 synthetic biology。任何字段（anywhere）检索：默认的检索字段为篇名、文摘和全文，包括作者单位等。

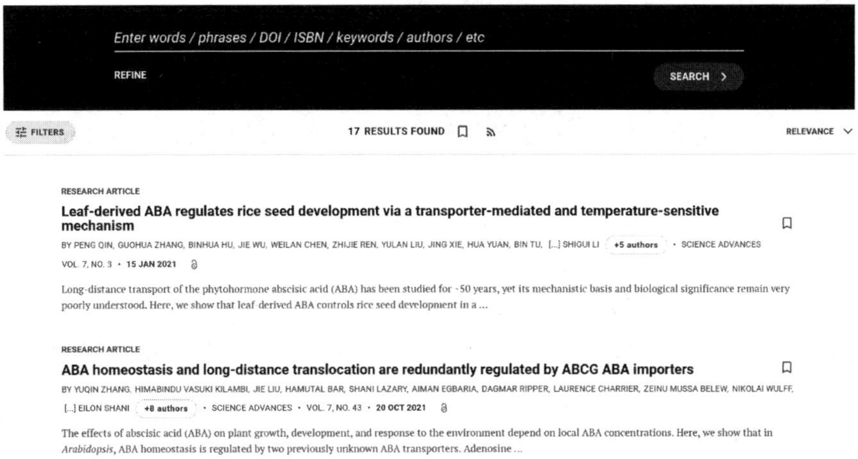

图 4-31　检索到的 *Science Advances* 期刊相关文献列表

检索得到的结果按相关性（即检索词出现的频次）排列，相关性越强的记录越排列在前。点击篇名直接链接到对应文章，可以在线浏览，如需下载只需点击摘要上方 PDF 标志即可（见图 4-32）。在网页文章界面可以看到该文被其它论文引用的情况及该期刊中与本文主题相关的其它论文。

图 4-32　选中文章的浏览及下载

思考题

1. 请从网上或资料室查找出下列期刊，写出各刊物的 www 网址。

① 中国科学　② 化学学报　③ 化学通报　④ 应用化学

⑤ 化学教育　⑥ Green Chemistry　⑦ Journal of Chemical Education

⑧ Chem. Rev.　⑨ Chemistry of Materials

⑩ Journal of Agricultural and Food Chemistry

2. 请从网上查阅中、外杂志各两种期刊的投稿简则（投稿须知）或作者注意事项（中文、外文期刊各选两种，提示：外文中的投稿简则主要是以 Introduction to Author 或 Notice to Author 形式）。

3. 举出五种有关化学方面被 SCI 收录的中文期刊和五种影响因子在 5.0 以上的与有机化学、分析化学、材料化学有关的外文期刊。

4. 写出一篇化学教学研究方面的文章，你认为可以向哪些刊物投稿？

5. 肌醇是一种医药，它可以通过从植物中提取加工而成，此方面研究文章应向哪些杂志投稿？

6. 从网上查阅美国 J. Chem. Educ. 杂志的 2003，Volume 80，Issue 1 的目录。

7. 查找化学通报网络版 2002 年 8 期有关目录。

8. 在国外期刊中 SCI 收录的影响因子最大的是哪两种刊物（请用英文写出）。

9. 通过中文期刊网主页，查找出一篇题目中含有席夫碱的文章，写出文章的题目、作者、期刊名、年、卷、期、页。

10. 通过 Elsevier 全文期刊网主页，查找出 Talant 2006 年70卷，第5期，907～908的文章，写出该文章的题目、作者、作者所在单位。

11. 叙述通过 Elsevier 全文期刊网查找不对称合成的有关文章的原文的步骤。

12. 通过 Springer 数据库，查找一篇2008年关于水性丙烯酸聚合物合成方面的文章，写出该文章的题目、作者。

13. 叙述通过 SCI 科学引文数据库查找某作者文章收录的过程。

第五章

← Web of Knowledge的数据库

汤森路透（Thomson Reuters）下属的商业信息子公司 1992 年并购了美国科学信息研究所（Institute for Scientific Information，ISI），于 1997 年推出了"ISI Web of Science"检索平台。随着汤森路透公司信息技术的提升以及不断合作和并购其它机构，数据库数量也在逐年增加。"ISI Web of Knowledge"是 2001 年汤森路透公司推出的新一代学术信息资源整合体系，它是根据 www 的超链接的特性，建立的一个以知识为基础的学术信息资源整合平台，是一个采用"一站式"信息服务的设计思路构建而成的多学科、多种信息类型的数字化研究环境，将各种高质量的期刊、会议、专利、学科网站、Web 学术全文文献以及化合物信息资源整合在同一系统内，提供多个领域中的学术信息，兼具知识的检索、提取、管理、分析和评价等多项功能。2016 年，原汤森路透知识产权与科技事业部成立独立公司——科睿唯安（Clarivate Analytics），其中最具有代表性的信息服务项目之一便是 ISI 的产品——三大引文索引（SCI、SSCI、A&HCI）数据库检索。

第一节　Web of Knowledge 的数据库集与服务

ISI Web of Knowledge 以 Web of Science 为核心，有效地整合了 ISI Proceedings（会议录）、BIOSIS Previews（生物科学数据库）、Inspec（科学数据库）、MEDLINE 和 Journal Citation Reports（期刊引证报告）等重要的学术信息资源，而且也建立了与其他出版公司的数据库、原始文献、图书馆 OPAC 以及日益增多的网页等信息资源的相互链接，实现了原来犹如"信息孤岛"的不同文献资源之间的整合与沟通，体现了它们之间相互印证、相关参考的关系。提供了自然科学、工程技术、生物医学、社会科学、艺术与人文等多个领域的高质量、可信赖的学术信息，大大扩展和加深了这些信息资源所能提供的学术研究信息。"ISI Web of Knowledge"信息平台包含的主要数据库介绍如下。

一、Web of Science 核心合集

Web of Science 核心合集拥有来自全球 18000 多种高影响力的学术期刊、180000 多种

会议论文，以及 80000 多种学术书籍的多学科研究数据。通过可回溯至百年以上的丰富的文献资源以及超过十亿的引文网络。Web of Science 核心合集包括：①期刊，SCI-E（Scientific Citation Index-Expanded，科学引文索引，1900—至今）、SSCI（Social Sciences Citation Index，社会科学引文索引，1900—至今）、A&HCI（Arts & Humanities Citation Index，艺术与人文引文索引，1975—至今）、ESCI（Emerging Sources Citation Index，新兴资源引文索引，2015—至今）；②会议，Conference Proceedings Citation Index-Science（CPCI-S，会议录引文索引-自然科学版，1990—至今）、Conference Proceedings Citation Index-Social Science & Humanities（CPCI-SSH，会议录引文索引-社会科学与人文版）；③化学：Index Chemicus（IC，1993—至今）和 Current Chemical Reactions（CCR-EXPANDED，1985—至今）。Web of Science 核心合集拥有 256 个学科的 18000 多种高影响力的学术期刊、180000 多种会议论文，以及 80000 多种学术书籍的多学科研究数据。最早回溯至 1900 年的历史珍贵文献资料。

Science Citation Index Expanded（SCIE，科学引文索引扩展数据库，1900—至今）：收录 9300 多种自然科学领域的世界权威期刊，涵盖 178 个学科领域，如工程技术、材料科学、生物化学、分子生物学、化学工程、地球化学、材料科学、药物学与药理学、原子及分子物理学、光谱学等。SCIE 提供完整的书目信息、作者主题词、被引用参考文献检索、作者及出版商地址、作者提供的摘要；提供文献所引用的所有参考文献信息以及由此而建立的引文索引；通过分析参考文献而建立了扩展主题词；提供基于文献共引而建立的相关文献记录。

Social Science Citation Index（SSCI，社会科学引文索引数据库，1900—至今）：收录 3400 多种社会科学权威学术期刊，覆盖了 58 个社会科学学科。SSCI 是一个聚焦社会科学领域的多学科综合数据库，总记录数超过 920 万条，总参考文献数超过 11800 万篇。主要覆盖学科包括人类学、商业、情报科学与图书馆学、法律、哲学、心理学、环境科学、政治科学、地理学、社会学，以及劳工关系、妇女问题、社会问题、城市问题等。

Arts & Humanities Citation Index（A&HCI，艺术与人文引文索引数据库，1975—至今）：收录 1800 多种期刊，覆盖了 28 个艺术与人文学科领域，内容涉及考古学、建筑、艺术、亚洲研究、古典、舞蹈、电影/广播/电视、民俗、历史、语言学、文学评论、文学、音乐、哲学、诗歌、宗教、戏剧等。

ESCI（Emerging Sources Citation Index，新兴资源引文索引，2015—至今）：收录了 5000 多种期刊，旨在捕捉高影响力文献之外的自然科学、社会科学和人文学科领域的趋势与发展。

Conference Proceedings Citation Index-Science（CPCI-S，会议录引文索引-自然科学版，1990—至今）：收录世界各种重要的自然科学及技术方面的会议，包括一般性会议、座谈会、研究会、讨论会、发表会等的会议文献，涵盖了所有科学与技术领域，如农业与环境科学、生物化学与分子生物学、生物技术、医学、工程、计算机科学、化学与物理等。

Conference Proceedings Citation Index-Social Science & Humanities（CPCI-SSH，会议录引文索引-社会科学与人文版）：收录世界各种重要的社会科学及人文科学的会议，涵盖了社会科学、艺术与人文领域的所有学科，如心理学、社会学、公共健康、管理学、经济学、艺术、历史、文学与哲学等。

Current Chemical Reactions（CCR，近期化学反应数据库，1985—至今）：收录摘自知名期刊和 39 家专利授予机构报道的一步或多步新合成方法，总计超过 106 万个反应数据。所有方法均带有总体反应流程，且每个反应步骤都配有详细和准确的图形表示，每月新增 3000 个新颖的或改进的反应。

Index Chemicus（IC，1993—至今）：收录了 1993 年以来的化学物质的事实性数据。收录了国际一流期刊和发明专利的所有最新发现或改进的有机合成方法，提供最翔实的化学反应综述和详尽的实验细节，提供化合物的化学结构和相关性质，包括制备与合成方法。用户不仅可以利用书目信息检索，更可以借助 Structure Search 检索方式，用反应物结构式或其亚结构、产物结构式或其亚结构以及反应式进行检索，甚至可以用反应条件和化合物参数进行检索。

二、BIOSIS Previews

BIOSIS Previews 由汤森路透公司的合作伙伴——美国生物科学信息服务社（BIO-SIS）提供，是世界上最大的收录生命科学和生物医药及其相关领域文献的文摘索引数据库，该库包括生物学文摘 Biological Abstracts（BA）所收录期刊以及 Biological Abstracts/RRM（Reports，Reviews and Meetings）所收录的会议、报告、评论、专利等多种文献。其中期刊论文来源于 140 个国家、50 多种语言的 5300 余种期刊和连续出版物、每年 1650 多种会议以及相关的大量图书、专利信息，其印刷版检索工具创刊于 1926 年，电子版覆盖时间为 1969 年至今。BIOSIS Previews 收录内容涵盖了生物学（植物学、生态学、动物学等）、解剖学、细菌学、行为科学、生物化学、生物工程、生物物理、生物技术、植物学、临床医学、实验医学、遗传学、免疫学、微生物学、营养学、职业健康、寄生虫学、病理学、公共卫生、药理学、生理学、毒理学、病毒学、农学、兽医学及交叉科学（生物化学、生物医学、生物技术等）和诸如仪器与方法等相关研究的广泛研究领域。内容偏重基础和理论方法的研究，可以使用户对生命科学和生物医学文献进行深入的调研。

三、Inspec

Inspec 是 Information Service in Physics、Electro-Technology、Computer and Control 的简称，其前身为英国《科学文摘》，由 THOMSON 公司的合作伙伴——英国机电工程师学会（the Institution of Electrical Engineers，IEE，1871 年成立）下属的物理和工程信息服务部提供，专业面覆盖物理学、电子与电气工程、计算机与控制工程、通信与信息技术、生产和制造工程等领域，Inspec 是理工科最重要、使用最频繁的数据库之一。报道收录来自全球 80 多个国家的 4000 多种期刊、2000 多种会议论文集以及部分的图书和科技报告，期刊文献占多数，以英美文献为主。目前有 700 多万篇科技论文，Inspec 每周进行更新，涉及的学科包括物理、电子电机工程、计算机与控制工程、信息技术、机械与制造工程、材料科学、核能工程、生物医学工程、纳米生物技术、环境与工程学、航空航天工程学、人工智能、动力与能源、雷达、通信、地球物理学、生物物理学、海洋学等。

四、KCI-Korean Journal Database

2014 年 11 月 25 日，汤森路透公司与韩国国家研究基金会（National Research Foundation of Korea，NRF）合作将韩国引文索引（Korean Citation Index，KCI）中的内容整合至 Web of Science，从而进一步扩大对区域科研文献的覆盖范围，为用户提供了更多地区的文献内容。在 Web of Science 上可访问 KCI Korean Journal Database 中涵盖的 2500 多种多学科期刊的 140 万篇文章，该数据库由韩国国家研究基金会管理。目前 Web of Science 的用户可以查找 KCI 韩国期刊数据库（KCI Korean Journal Database）1980—至今的文献，内容涉及工程、商业与经济、普通内科医学、艺术与人文、科学技术、运动科学、历史、公共管理等，可用英文或韩文进行检索。数据库每月更新。

五、MEDLINE

MEDLINE 是生物医药领域重要的数据库，被美国、欧洲及中国等药监部门列为必检数据库。由美国国立医学图书馆（National Library of Medicine，NLM）创建，共收录 1946 年至今的 5600 多种生物医药期刊的索引与摘要，包含 Index Medicus，the International Nursing Index 及 Index to Dental Literature，提供了有关医学、护理、牙科、兽医、医疗保健制度、临床前科学及其他方面的权威医学信息。采用了包含树、树层次结构、副标题及展开功能的 MeSH（Medical Subject Headings，医学主题词表）索引方法。目前约有 1180 万笔记录，且每年以 700000 笔记录增加中，75％为英文文献，25％为非英文文献。

六、SciELO Citation Index

科技电子在线图书馆（Scientific Electronic Library Online，SciELO）在圣保罗研究基金会（FAPESP）的支持下于 1998 年建立，SciELO 是最早为科学文献提供开放访问的机构之一。目前 SciELO Citation Index（2002—至今）可以访问拉丁美洲、葡萄牙、西班牙及南非等国在自然科学、社会科学、艺术和人文领域的前沿公开访问期刊中发表的权威学术文献。以西班牙语、葡萄牙语或英语检索。SciELO Citation Index 已集成到 Web of Science 数据库中，或者可以直接搜索科技电子在线图书馆（https://scielo.org/es）。

第二节　Web of Knowledge 的检索

在 Web of Science 检索平台上，用户可以选择单个的数据库进行检索，也可以同时在所有的授权数据库中检索（简称为全库检索，All Search）。选择单库检索时，系统根据各数据库收录文献的特征提供相应的检索字段；选择全库检索时，系统仅提供主题、标题、作者、出版物名称、出版年和地址 6 个字段，并可以进行逻辑组配。若需要选择的检索字段较多，还可"添加另一字段"，也可以任意限制时间范围，系统显示多个数据库检索结果，如图 5-1 所示。

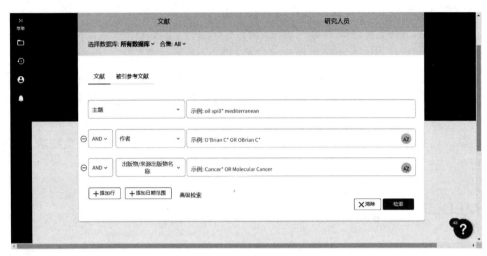

图 5-1　Web of Science 全库检索

Web of Knowledge 网址：https://isiknowledge.com/，进入后出现如图 5-1 所示的主界面，图中的页面主要内容：选择数据库、检索范围设置、语言设置等。如在检索栏中输入"pesticide"，点击检索，则出现与 pesticide 相关的文献（图 5-2）。点击相应链接即可转入该文献的摘要页面，根据需要可以选择进入全文下载或阅读界面。目前，ISI 已经与全球许多著名的学术期刊出版机构达成了链接协议，已经实现了 Web of Science 与几千种期刊电子全文的链接。但是目前 Web of Science 只对授权用户开放，普通用户对其检索需获得访问权限。

图 5-2　pesticide 检索结果

第三节 Web of Science 检索方法实例

通过以下的一些实例来进一步说明 Web of Science 的使用。查找某个主题相关的高影响力文章；获取特定专业某方向的研究现状；了解某位科学家有多少篇论文被 SCI 收录，被别人引用情况及主要方向；查询自己的论文（或某一重要论文）引用情况；获取某一领域的 Top10 期刊信息；检索某一化学结构的化合物是否为新化合物。

一、查找某个主题相关的高影响力文章

首先，登录并进入 Web of Science 主页（图 5-3）。

图 5-3 Web of Science 主页

页面 Logo 下方有两个选项卡：文献和研究人员（图 5-4）。在"文献"选项卡下可以选择检索的数据库类型以及合集，选择"所有数据库"得到的结果更全面一些，而选择"Web of Science 核心合集"可以进一步选择其他引文索引进行检索，目前 Web of Science 核心合集中可检索 SCIE、SSCI、A&HCI、ESCI、CCR 和 IC 收录的文献。

图 5-4 Web of Science 核心合集

在"选择数据库"中，我们可以对相应的数据库有更全面的了解，并可以对文献时间进行限定（图5-5）。

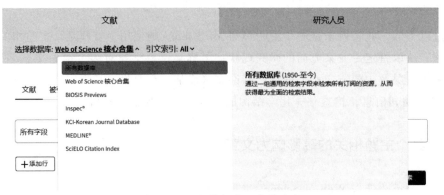

图 5-5　"选择数据库"菜单内容

例如：选择在所有数据库中进行检索，同时检索主题关键字为 drug，检索界面见图 5-6，得到搜索结果见图 5-7。

图 5-6　在"所有数据库"中以关键词"drug"检索界面

图 5-7　在"所有数据库"中以关键词"drug"检索结果

　　我们还可以对检索结果进行进一步的筛选，例如：按照被引频次排序找到具有较高影响力的文章（图5-8，图5-9）。

图 5-8　对检索结果进行进一步的筛选

图 5-9　按照被引频次排序的筛选结果

二、获取特定专业某方向的研究现状

　　Web of Science 可以对某技术领域的作者、基本分类、来源出版物、出版年和学科类别进行分析。在 Web of Science 的检索结果页面的左侧"精炼检索结果"下方可快速过滤"综述论文"或者"开放获取"，也可以根据出版年、文献类型、数据库、研究方向等精炼检索结果；还可以在搜索结果页面的右上角"排序方式"（图5-10）中根据相关性、日期、被引频次等对检索结果进行排序；在"分析检索结果"界面可进一步分析检索结果（图5-11～图5-15）。

图 5-10　检索结果界面

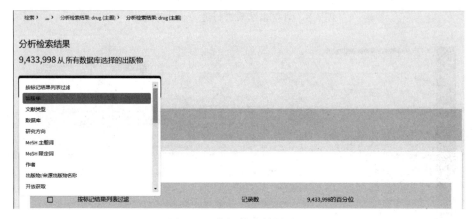

图 5-11　分析检索结果界面

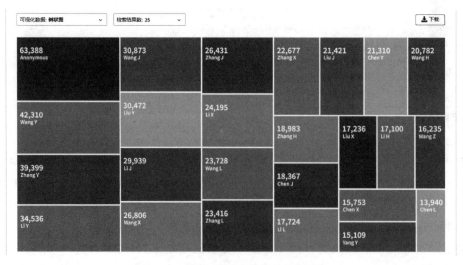

图 5-12　对作者信息进行分析界面

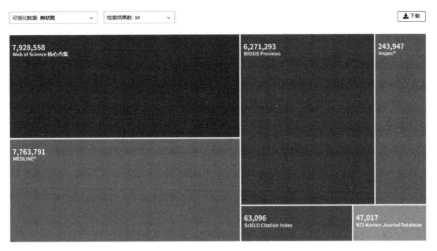

图 5-13　对收录数据库进行分析界面

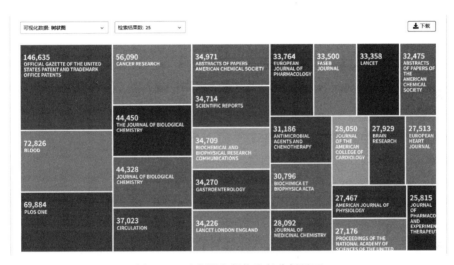

图 5-14　对来源出版物进行分析界面

图 5-15　对国家/地区进行分析界面

三、了解某位科学家有多少篇论文被 SCI 收录，被别人引用情况及主要方向

以华中师范大学化学学院杨光富教授为例，选择"Web of Science"选项卡，进入检索页面后选择作者字段，输入"Yang GF"检索得到 1127 篇文献（图 5-16）。

图 5-16　以"Yang GF"为作者名检索结果

由于姓名简写重复或是投稿署名的一些原因，这些检索的结果中有很多不是我们真正想要的，这个时候就可以用"精炼"这一强大的功能对作者进行甄别。选中"Yang GF"，点击"精炼"，进入如图 5-17 所示的界面。

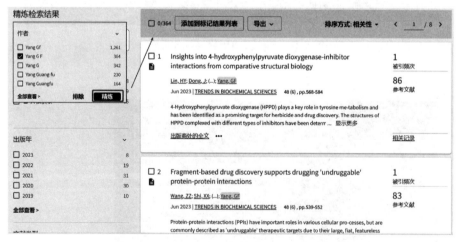

图 5-17　对"Yang GF"检索进行精炼的结果

输入作者姓氏、名字首字母，点击按姓名检索，得到图 5-16 所示的结果，我们可以根据"所属机构"这一项去选择作者集，从而得到期望的检索结果（图 5-18）。这就要求我们在进行检索之前要对将要检索的研究人员的背景有一定的了解，要清楚其曾经工作或

学习过的研究机构有哪些，这些机构是不是有曾用名，等等。

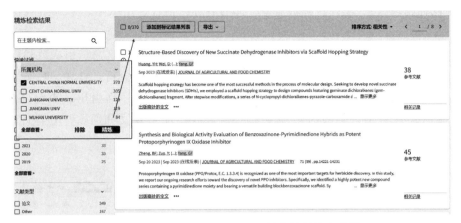

图 5-18　对 "Yang GF" 所属机构精炼的检索结果

从检索结果界面上看到，可按学科类别、文献类型、作者、来源出版物、会议标题、机构等对检索结果进行二次检索，并可以对检索结果进行保存、打印或应用 EndNote 等管理软件进行文献的管理。同时，可对检索结果进行排序、分析，并可查看 Web 检索结果。页面中间是检索结果的具体记录，提供全文链接，可直接获取全文。点击检索结果中任意一篇文献的标题，可得到该文献的摘要信息如图 5-19 所示。

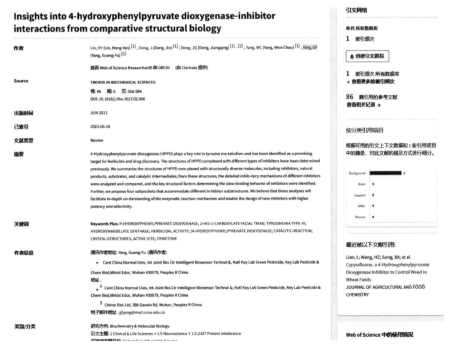

图 5-19　文献的具体信息

从摘要界面上可看到被引频次、参考文献、相关记录等几个重要的信息，还可浏览文献的引证关系图。查看被引频次，可"越查越新"，了解后面的研究；查看参考文献，可"越查越旧"，了解前面的研究；查看相关记录，可"越查越深"，了解相关的研究。引证关系图更可直接地了解文献之间的引证关系。点击"分析检索结果"，可对检索结果按照作者、会议标题、国家/地区、文献类型、机构名称、语种、出版年、来源出版物、学科类别进行分析。

此外，还可以创建杨教授发表论文的引文分析报告，获得论文总被引次数和篇均被引次数，分析特定年限文献的引文影响力，在图谱展示中可综合分析，直观反映文献产出趋势及其引文影响力趋势，如图 5-20 所示。其中 h-index 代表"高引用次数"（high citations），简称为 H 指数，某人的 H 指数是指他至多有 H 篇论文分别被引用至少 H 次。

图 5-20　引文分析报告

四、查询自己的论文（或某一重要论文）引用情况

对于已经检索过的领域或者文献可以选择"保存检索历史"，以后可以打开已经保存的历史进行回顾；进行"创建跟踪"，系统可以通过邮件形式通知本领域最新研究动向；打开"保存历史"，即将保存的检索历史打开。要注意"所有数据库"和"Web of Science"的检索历史中的选项略有不同。

在 Web of Science 中创建跟踪，其中历史名称是必须填写的，可以是自己搜索的关键字或者领域名称，如："Drug rational design"或者匹配规则"Drug ＊ design ＊ "等。选择通知的频次可以保持信息的及时性，通知以电子邮件的形式发送给用户（图 5-21）。

图 5-21　Web of Science 中"创建跟踪"界面

图 5-22　引文跟踪中的文章信息（一）

我们以名为"Crystal Structure of 4-Hydroxyphenylpyruvate Dioxygenase in Complex with Substrate Reveals a New Starting Point for Herbicide Discovery"的文章为例，由于之前已经对其进行了跟踪，这里直接在我的引文跟踪中点击文章标题即可得到文章信息（图 5-22 和图 5-23）。

图 5-23   引文跟踪中的文章信息（二）

五、获取某一领域的 Top10 期刊信息

在"其他资源"的选项卡中有 Journal Citation Reports（JCR）这一链接，点击进入 JCR 平台，按时间选择不同版本，可以对期刊进行学科分类等，如：我们可以选择"主题类别"（图 5-24）。

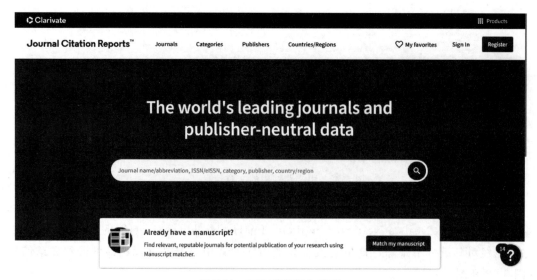

图 5-24   JCR 引证报告界面

在"主题类别"选项中，进一步选择化学学科与有机化学（图 5-25），点击"SCIE"版本，系统返回检索结果 57 种杂志，默认按照影响因子从高到低进行排列，可找出影响因子排名前十的期刊（图 5-26），值得一提的是，升级后的系统加入了总被引、分区情况和"开放获取"等信息，方便科研工作者查阅分析。

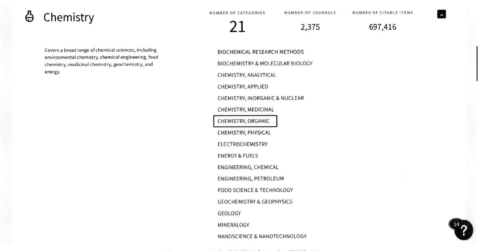

图 5-25　"主题类别"选项界面

Journal name	ISSN	eISSN	Category	Total Citations	2022 JIF	JIF Quartile	2022 JCI	% of OA Gold
NATURAL PRODUCT REPORTS	0265-0568	1460-4752	CHEMISTRY, ORGANIC - SCIE	13,843	11.9	Q1	1.69	20.15 %
Carbohydrate Polymers	0144-8617	1879-1344	CHEMISTRY, ORGANIC - SCIE	128,007	11.2	Q1	2.29	9.76 %
BIOMACROMOLECULES	1525-7797	1526-4602	CHEMISTRY, ORGANIC - SCIE	42,679	6.2	Q1	1.38	9.99 %
Organic Chemistry Frontiers	2052-4129	2052-4129	CHEMISTRY, ORGANIC - SCIE	15,041	5.4	Q1	1.32	2.84 %
ADVANCED SYNTHESIS & CATALYSIS	1615-4150	1615-4169	CHEMISTRY, ORGANIC - SCIE	25,535	5.4	Q1	1.04	9.49 %
ORGANIC LETTERS	1523-7060	1523-7052	CHEMISTRY, ORGANIC - SCIE	100,167	5.2	Q1	1.58	3.27 %
BIOORGANIC CHEMISTRY	0045-2068	1090-2120	CHEMISTRY, ORGANIC - SCIE	20,015	5.1	Q1	1.18	4.28 %
BIOCONJUGATE CHEMISTRY	1043-1802	1520-4812	CHEMISTRY, ORGANIC - SCIE	17,021	4.7	Q1	0.95	9.46 %
BIOINORGANIC CHEMISTRY AND APPLICATIONS	1565-3633	1687-479X	CHEMISTRY, ORGANIC - SCIE	1,966	3.8	Q1	0.99	99.44 %
JOURNAL OF ORGANIC CHEMISTRY	0022-3263	1520-6904	CHEMISTRY, ORGANIC - SCIE	90,684	3.6	Q1	1.10	4.62 %

图 5-26　检索结果中影响因子排名前十的期刊

另外，还可以对图 5-26 中列出的期刊进行进一步的了解。如：以第一个期刊为例，点击期刊链接，即可得到该期刊信息（图 5-27），包括出版社、ISSN 和通用缩写等。

六、检索某一化学结构的化合物是否为新化合物

该检索功能也是 Web of Science 的功能之一，进入 Web of Science 页面，数据库选择"Web of Science 核心合集"，选择"化学结构"进行检索，在方框内画出化合物的化学结

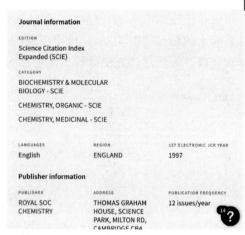

图 5-27　"期刊信息"界面

构，选择"子结构"检索模式，点击"检索"即可。如：检索化学结构为 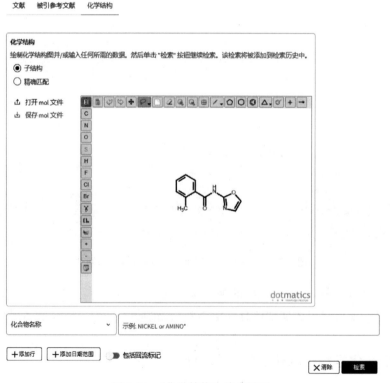 的

化合物是否为新化合物，见图 5-28。另外，改版后的 Web of Science 在进行化学结构检索时加入新的功能，即根据化合物结构的"mol 文件"进行检索，十分方便和智能。

图 5-28　"化学结构"检索界面

如果待检索的化合物为全新化合物将会出现如图 5-29 所示的检索结果。

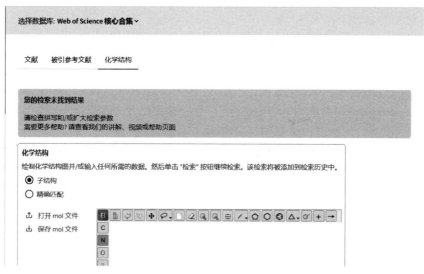

图 5-29 待检索化合物为全新化合物的检索结果

通过以上的一些实例，可以更进一步地看出，Web of Science 利用先进的超媒体技术，把多种来源的、不同信息级次的高质量学术文献信息有效、灵活地整合起来，揭示了文献之间的引用与被引关系、相关关系，引文与全文、文献与馆藏情况等多种相互的联系，使其成为一个不断发展的动态信息体系，订阅用户可以在其检索结果中无限制地浏览论文资料，迅速找到所需信息，提高了浏览信息的自由度。

思考题

1. Web of Science 检索平台上主要有哪些数据库？可以进行全库检索吗？

2. SCI 数据库中阅读单篇文献可以了解到哪些信息？

3. 请查找华中师范大学被 SCI 收录的文献有多少篇？发表论文较多的有哪些科研人员和研究机构？与该校合作研究的主要有哪些外国机构？H 指数较高的科研人员是哪几位？

4. 请查找 2010 年以来武汉大学的会议论文，并查看谁参加会议最多？

5. 试比较 BIOSIS Previews、Inspec 数据库与 Web of Science 核心合集的分析功能。

6. BIOSIS Previews 数据库收录哪些领域文献？请查找 2010 年以来虚拟筛选在药物设计中应用的文献。

7. 请查找华中师范大学肖文精教授近 20 年所发文章主要为哪个研究方向的杂志，其中引用次数最高的一篇文章题目是什么。

8. 请查找关键词为"纳米农药"的 2010～2022 年发表的文章，并找出其中应用次数最高的一篇。

第六章

← SciFinder Scholar数据库

第一节　SciFinder Scholar 简介

SciFinder 是美国化学学会（ACS）旗下的化学文摘社（Chemical Abstracts Service，CAS）所出版的 *Chemical Abstract*（化学文摘）的在线版数据库学术版。除可查询每日更新的 CA 数据回溯至 1907 年外，更提供读者自行以图形结构式检索。它是全世界最大、最全面的化学和科学信息数据库。《化学文摘》是化学和研究领域中不可或缺的参考和研究工具，也是资料量最大，最具权威的出版物。网络版《化学文摘》SciFinder Scholar，更整合了 MEDLINE 医学数据库、欧洲和美国等近 60 家专利授权机构的全文专利资料，以及《化学文摘》1907 年至今的所有内容。它涵盖的学科包括应用化学、化学工程、普通化学、物理学、生物学、生命科学、医学、高分子化学、材料学、地质学、食品科学和农学等诸多领域。可以通过网络直接查看《化学文摘》1907 年以来的所有期刊文献和专利摘要；以及 8000 多万的化学物质记录和 CAS 注册号。

一、SciFinder Scholar 的主要栏目

SciFinder Scholar 是关于化学及相关学科（包括生物医学、工程、材料、农业等）研究的重要信息来源。用户通过 SciFinder Scholar 可以访问美国化学文摘社（CAS）的多个数据库和 MEDLINE 数据库。

（1）物质信息（Substance Information）　应用 Substance Information 可以查找化合物结构图示、CAS 化学物质登记号（CAS Registry SM）和特定化学物质名称。CAS Registry SM 中包含 2500 多万个化合物，包括合金、有机物、络合物、矿物、聚合物、盐类，此外还有相关的化学性质和计算数据。因此，可以通过输入化学物质名称、CAS 化学物质登记号或结构式进行检索。

（2）管控化学品（Regulatory Chemicals）　Regulatory Chemicals 是查询管控化学品信息的工具。用户可以利用这个数据库了解管控化学品的物质特征、性质、来源与纯度，安全规范。可根据结构式、CAS 化学物质登记号、化学名称（包括商品名、俗名等同义

词）和分子式进行检索。该数据库每周更新，每周约新增 50 种物质。

（3）化学反应（Chemical Reactions） 帮助用户了解某些化合物的反应途径，包含多个反应步骤不同的途径。可以用结构式、CAS 化学物质登记号、化学名称（包括商品名、俗名等同义词）和分子式进行检索。该数据每周更新，每周新增 600～1300 个新反应。

（4）专利与期刊（Patent and Journal References） Patent and Journal References 主要包含世界上 50 多个专利发行机构的专利、期刊论文、图书、评论、学位论文、会议录、技术报告、会议摘要、电子期刊等文献。可以通过主题词、著者姓名、机构名称、文献标识号进行检索。该数据库每日约增 3000 条记录。

（5）化学品供应信息（Chemical Supplier Information） Chemical Supplier Information 提供有关化学品供应商的联系信息、价格情况、运送方式、物质的安全和操作注意事项等信息。对于所销的化学品还包括化学品目录名称、定购号、化学名称和商品名、化学物质登记号、结构式、质量、物理性质、等级等。检索者可用结构式、CAS 化学物质登记号、化学名称（包括商品名、俗名等同义词）和分子式进行检索。

（6）医药数据库（MEDLINE） 是美国国家医学图书馆出品的包含 70 多个国家 3900 多种期刊的生物医学书目型数据库，主要收录 1951 年以来与生物医学相关的期刊文献。

二、通过检索 SciFinder Scholar 可获取的信息

（1）文献信息（Document Information） 它包括题目（Title）、作者（Author）或发明者（Inventor）、公司名（Company Name）、法人（Corporate Source）、专利代理人（Patent Assignee）、文献来源（Literature Source）、出版日期（Date of Publication）、出版者（Publisher）、卷期页（Volume Issue Page）、专利标识包括专利申请号（Patent Application）、优先号（Priority）、同族专利信息（Patent Family Information）、文章或专利的文摘（Abstract of the Article or Patent）、索引（Index）、补编（Supplementary Terms）、引证（Citation）、物质（Substance）、序列反应与讨论（Sequences and Reaction Discussed with in the Document）。

（2）物质信息（Substance Information） 它包括化学品名（Chemical Name）、CAS 登记号（CAS Registry Number）、分子式（Molecule Formula）、结构图（Structure Diagram）、来自化学供应商的商业信息（Commercial Source Information from Chemical Supplier Catalogs）、可控信息（Regulatory Information）、编者注释（Editor Notes）、物质有关的文献（Documents in which the Substance Referenced）、物质参与的反应（Reactions in which the Substance Participates）、与 STN 相关信息的数据表（A List of other Database Available from STN，for Related Information）。

（3）反应信息（Reaction Information） 包括反应图（Reaction Diagrams）、反应产物（Reactants Products）、试剂（Reagents）、催化剂（Catalysts）、溶剂（Solvents）、引证文献的超级链接（Citation Hyperlinked to the Reference）、附加反应（Additional Reaction）、物质的详细资料（Substance Details）、商业来源（Commercial Sources）、所有与反应有关的信息（Regulatory Information for all Reaction Participants Notes）。

三、SciFinder Scholar 的检索信息

（1）信息检索（Explore）　SciFinder Scholar 的信息检索（Explore）可归纳为文献检索（Literature）、物质检索（Substances）、反应检索（Reactions）三种方式。文献检索用于研究主题、作者、组织机构的检索。物质检索通过输入化学结构式或分子式进行检索，并进一步了解化学物质的商业来源、管制化学物质列表及反应信息。反应检索为输入已知物质，进行其作为产物、反应物、试剂、催化剂、溶剂等作用的一系列反应的检索。

（2）定位检索（Locate）　Locate 常用于检索特定的文献或物质（Find a Specific Reference or Substance）。

① Locate Literature　Locate Literature 主要检索期刊信息（Bibliographic information）。如：杂志名与题目（Journal Name or Title）、文献标识（Document identifier）、专利号与 CA 文摘号（Patent Number or CA Abstract Number）。

② Locate Substance　Locate Substance 主要检索物质标识（Substance Identifier）。如：化学品名称、CAS 登记号（Chemical Name，CAS Registry）。

（3）最新期刊目次浏览（Browse）　Browse 提供最新 1990 余种最近期刊列表，单击 Browse Journal Table of Contents，可直接浏览 1800 多种核心期刊的摘要及其引文等编目内容，部分期刊还可以获取全文。

第二节　SciFinder Scholar 的检索方法实例

要想使用 SciFinder Scholar Web 版（网址：https：//scifinder. cas. org）进行文献检索，首先要登录 SciFinder Scholar，其登录页面如图 6-1 所示，在产品栏中选择最新版的"CAS SciFinder^n"后点击"next"进入如图 6-2 所示页面，输入账号密码之后，再根据图 6-3 提示信息点击"Accept""Next"，即登录到图 6-4 所示 CAS SciFinder^n 版检索界面。根据检索对象的不同，该检索界面下的检索可分成四类：文献（References）、物质

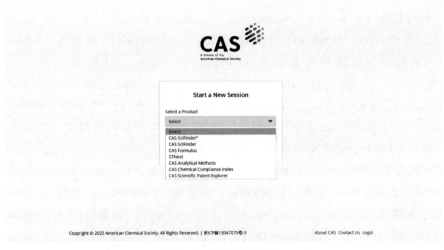

图 6-1　产品选择界面

（Substances）、反应（Reactions）、商品（Suppliers）检索。另外 SciFinder^n 还可以对检索结果进行再次分析（Filter），方便用户精确选择检索范围进行二次检索。

图 6-2 CAS SciFinder^n 登录界面

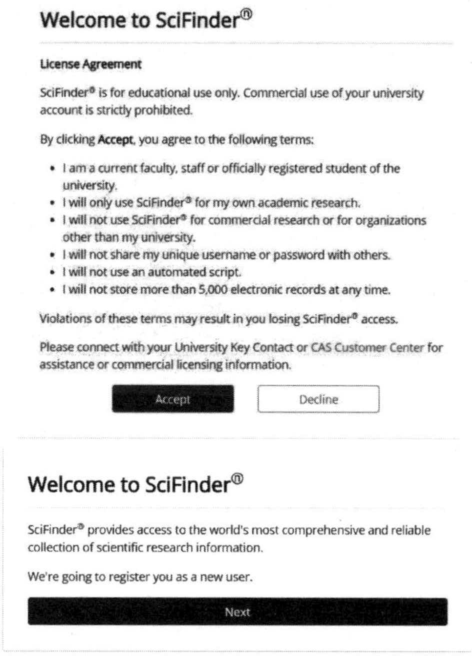

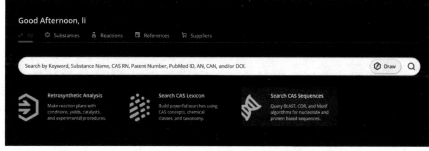

图 6-3 CAS SciFinder^n 登录提示页面

图 6-4 CAS SciFinder^n 版检索界面

一、文献检索

若要文献检索，先要在图 6-4 中单击"References"，即进入文献检索的界面。文献检索具体可以通过包括主题检索、标题（Title）、作者姓名（Author Name）、组织名称（Organization）、文献标识符（Document Identifier）、摘要/关键词（Abstract/Keywords）、期刊（Journal）、专利（Patent）检索等方法进行。

1. 主题检索

单击"Reference"，即进入相应的检索界面。其检索步骤为：①在检索框中输入检索词，如"nano-pesticide"，如图 6-5 所示；②单击"Search"即可。检索结果会显示若干文献，用户可以根据自己的需要选择最接近的一个或者多个选项，如图 6-6 和图 6-7 所示。然后根据需要限制检索条件，如出版年、文献类型、语种、作者姓名、机构名称等，再根据自己的兴趣选择所需的文献。

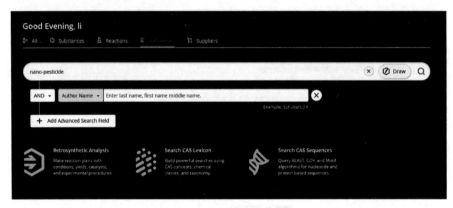

图 6-5　主题检索界面

图 6-6　主题检索结果界面（一）

2. 作者姓名（Author Name）

通过作者来检索文献，首先选择"Reference"栏，将搜索条件改为"Author Name"。输入想要检索作者的姓名，可以检索到该作者发表的文献，例如想要检索肖文精教授发表的文章，则"Author name"栏输入 Xiao，Wen-Jing，点击"Search"，如图 6-8 所示。其中"姓"必须输入全称，"名"可以输入全称也可以输入缩写。在给出的"候选姓名"里选择，可以以提高查全率，如图 6-9 所示，共检索到 874 篇文献。系统不区分大

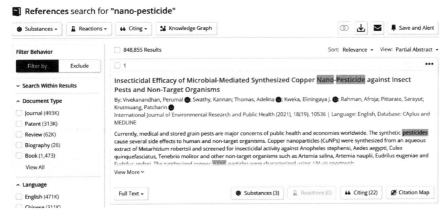

图 6-7　主题检索结果界面（二）

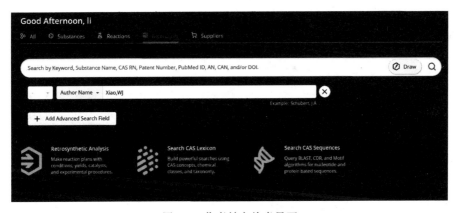

图 6-8　作者姓名检索界面

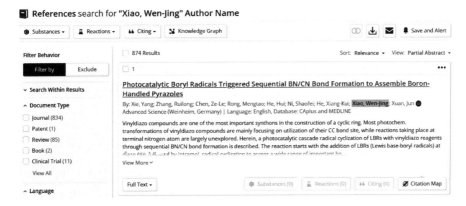

图 6-9　作者姓名检索结果界面（一）

小写，对于不确定的名，可以输入首字母。

在此，在"候选姓名"里选择 Xiao Wen-Jing，就可以查到肖文精教授发表的论文，这里显示该作者共发表论文 373 篇，如图 6-10 所示。

根据自己的兴趣选择所需要的文献进行查看。如：选中第一篇文献，进一步查询其相关的信息，点击第一篇文献的标题，即可以查阅相关信息（图 6-11 所示）。用户可以根据

图 6-10　作者姓名检索结果界面（二）

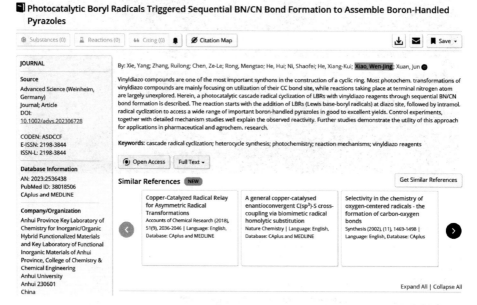

图 6-11　作者姓名检索结果界面（三）

自己的需要对该文献的相关反应、物质、全文进一步查询。

3. 机构名称（Organization）

通过机构名称（Organization）检索，获得与该公司、高校、政府机构、非营利组织等机构的研究相关的文献信息。单击"Organization"即可进入其检索界面，在此，我们以检索华中师范大学发表的文献为例，只需在检索框中输入检索词"Central China Normal University"，在给出的候选项里选择"Central China Normal University，Wuhan，China."，以提高查全率，如图 6-12 所示，点击"Search"即可。检索结果如图 6-13 所示，用户可以根据需要查找相应的文献。

4. 文献标识符（Document Identifier）

通过 CA 文摘号、DOI 号等文献标志符检索文献。

图 6-12　机构名称检索界面

图 6-13　机构名称检索结果界面

5. 期刊（Journal）

通过期刊检索这种途径可以用来检索具体的某一篇期刊文献，只要在相应的位置输入期刊的名称、卷、期、起始页码即可。如果上述项目不全，还可以输入篇名中的关键词或者输入作者姓名来帮助找到具体的文献。另外可以限制出版年以缩小检索结果范围。

6. 专利（Patent）

检索专利文献时可以利用此途径，检索字段包括专利号（Patent Number）、专利权人（Assignee Name）、专利发明人（Inventor Name）三项。

二、物质检索

如果想要了解某一化学物质的详细信息，可以进行物质检索。物质检索的途径有化学结构（Chemical Structure）检索、马库西（Markush）检索、分子式（Molecular）检索、性质（Property）检索、物质标识符（Substances Identifier）检索等。

1. 化学结构（Chemical Structure）检索

化学结构检索是指通过化学结构检索化学物质的相关信息，其检索界面如图 6-14 所示。这里，以 为例介绍化学结构检索的检索步骤。首先选择"Substances"

栏，单击图 6-14 中的"Draw"，利用系统提供的结构编辑软件绘制出 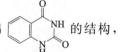 的结构，

绘制化学物质结构的界面如图 6-15，利用图中相关的工具绘制物质结构后，点击
"Search"检索，检索结果右侧会对检索范围提供三种选择：精确检索（As Drawn）、亚
结构检索（Substructure）、相似结构检索（Similarity）。

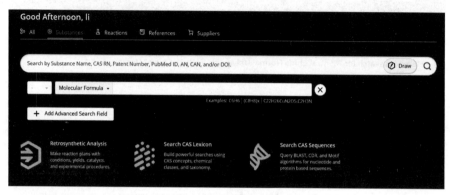

图 6-14　化学结构检索化学物质界面

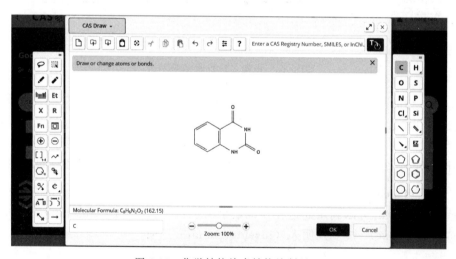

图 6-15　化学结构检索结构绘制界面

精确检索是仅检索出和所绘制的结构完全匹配的物质；亚结构检索是指检索出包含该
结构作为亚结构的物质；相似结构检索是指检索出和所绘制结构相似的物质，相似结构的
物质一般具有相同的性质。这里采用亚结构检索，点击确定，得到如图 6-16 所示的化学
结构检索物质的检索界面。

然后，可以通过"Filter"功能对检索条件做进一步的限制。检索结果如图 6-17 所

示，检索结果中给出了各种含有 的可能结构。

每一种结构提供的化学物质信息有结构式、分子式、化学名称、CAS 登记号、谱图、

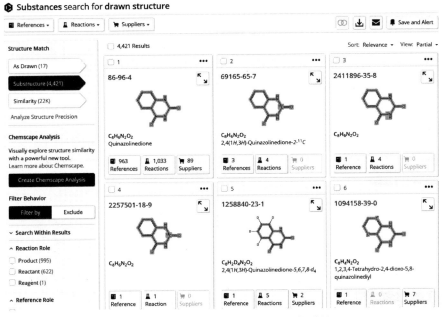

图 6-16 SciFinder^n 化学结构检索化学物质界面

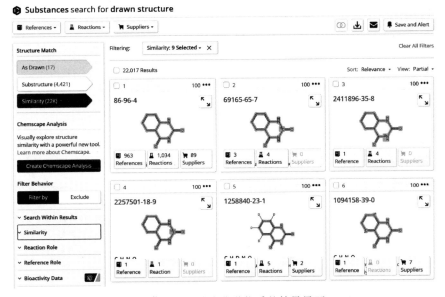

图 6-17 化学结构检索化学物质的结果界面（一）

实验性质等。以物质 1 为例对有关该物质的具体信息查找进行说明。下面详细描述了与 的相关文献、相关化学反应、商业信息来源、管制信息、图谱信息等的具体查找步骤。

如需检索和该物质相关的参考文献，可以进行两种操作。选中该物质以后，单击该物质下方的第一个图标 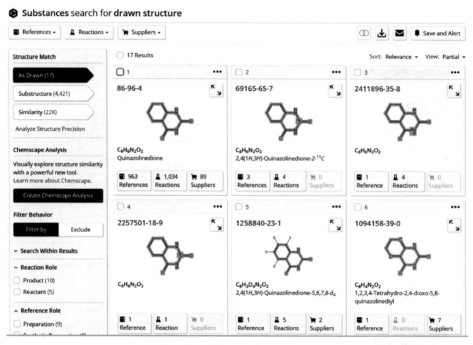，或者点击上方的"References"，如图 6-18 所示。单击 或者上方的"References"之后，然后选择该物质的具体信息查找文献，这里选择"All Results"，如图 6-19 所示，然后再在左侧勾选"Reactant"，就可以得到该物质作为反应物的相关文献信息，如图 6-20 所示。

图 6-18 化学结构检索化学物质的结果界面（二）

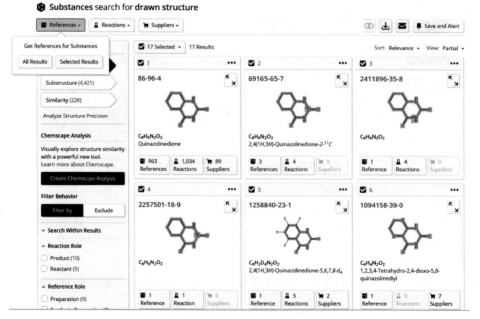

图 6-19 化学结构检索文献的选择界面

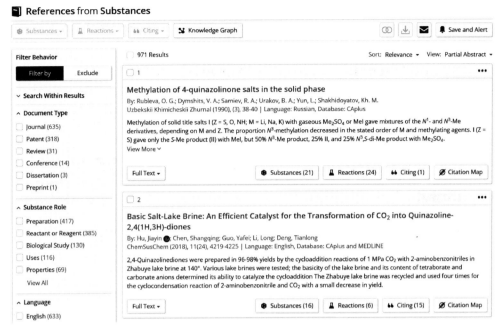

图 6-20　化学结构检索化学物质的结果界面（三）

如需检索和该物质相关的化学反应，也可以在选中物质之后，单击该物质下边的第二个图标，或者点击上方的"Reactions"。点击之后，出现如图 6-21 的关于该物质在反应中的作用的选择界面。

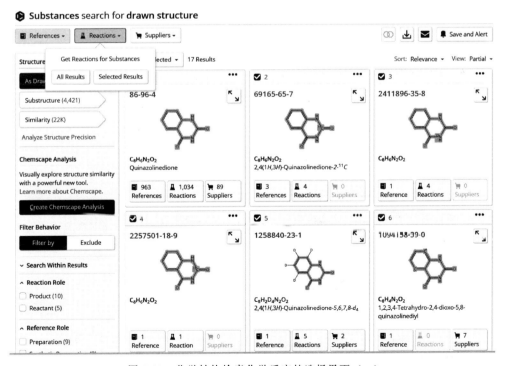

图 6-21　化学结构检索化学反应的选择界面（一）

这里选择"Product"，则可以得到 ![O=C structure] 作为产物的相关的化学反应，如图 6-22

所示。这里点击反应 1 前面的"Experimental Protocols"，就可以得到该反应的有关信息，如图 6-23 所示。根据查到的该反应式，可以进一步查询该反应参考的详细文献"Reference Detail"、该反应的全文"Full Text"以及相似的反应"Similar Reaction"等。

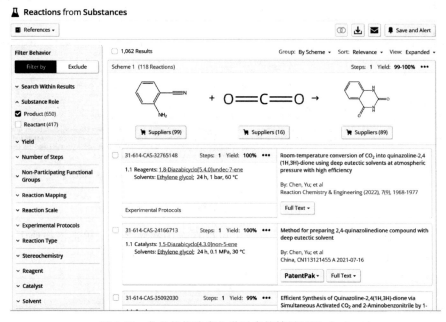

图 6-22　化学结构检索化学反应的结果界面（一）

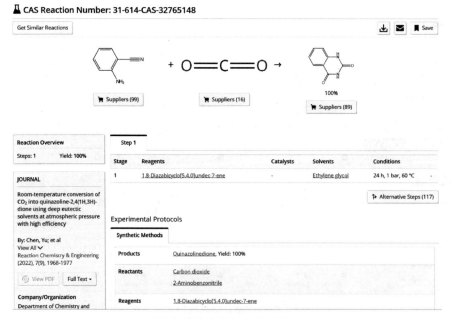

图 6-23　化学结构检索化学反应的结果界面（二）

根据该反应，查阅其相似的反应，点击"Similar Reaction"，然后会弹出获取相似反应的选择界面，如图 6-24 所示。根据相似度水平，有 3 个选项可选，这里选择"Narrow"，即以该结构为中心，再相应地加一些原子和化学键。点击"Get Reactions"，得到的检索结果如图 6-25 所示。用户可以根据自己的需要，找到感兴趣的反应，并获得相应的文献。

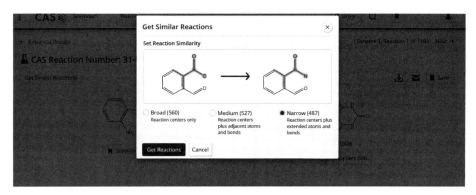

图 6-24　化学结构检索化学反应的选择界面（二）

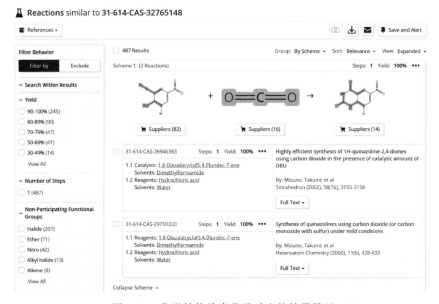

图 6-25　化学结构检索化学反应的结果界面（三）

如需检索和该物质相关的图谱信息，可以单击该物质下面的"Experimental Spectra"。点击之后，会出现许多与该物质有关的谱图，如图 6-26 所示。用户可以根据自己想要了解的详细信息，选择相应的谱图。这里选择核磁碳谱，点击"^{1}H NMR"中"Value"的"See spectrum"，查得其详细的 ^{1}H NMR 信息，如图 6-27 所示。

如需检索和该物质相关的商业来源信息，可以单击该物质下边的"Suppliers"，得到的检索结果如图 6-28 所示，用于了解该物质的商业获得渠道及其价格等相关信息。

如需检索和该物质相关的管制信息，可以单击该物质下边的"Get Regulatory Information"，得到的检索结果如图 6-29 所示。

Experimental Spectra

^{1}H NMR	^{13}C NMR	Hetero NMR	IR	Mass	Raman

	Solvent	Source
View Proton NMR Spectrum	DMSO-d_6	(1) WSS
View Proton NMR Spectrum	DMSO-d_6	(2) LC
View Proton NMR Spectrum	Dimethyl sulfoxide	(3) ENAMINE
View Proton NMR Spectrum	DMSO-d_6	(4) CAS
View Proton NMR Spectrum	DMSO-d_6	(5) CAS
View Proton NMR Spectrum	DMSO-d_6	(6) CAS
View Proton NMR Spectrum	DMSO-d_6; tetramethylsilane	(7) CAS
View Proton NMR Spectrum	Dimethyl sulfoxide; tetramethylsilane	(8) CAS
View Proton NMR Spectrum	Methanol-d_4	(9) CAS
View Proton NMR Spectrum	DMSO-d_6	(10) CAS
View Proton NMR Spectrum	DMSO-d_6	(11) CAS
View Proton NMR Spectrum	DMSO-d_6	(12) CAS
View Proton NMR Spectrum	DMSO-d_6	(13) CAS
View Proton NMR Spectrum	DMSO-d_6; tetramethylsilane	(14) CAS
View Proton NMR Spectrum	DMSO-d_6	(15) CAS
View Proton NMR Spectrum	DMSO-d_6	(16) CAS
View Proton NMR Spectrum	Acetone-d_6	(17) CAS
View Proton NMR Spectrum	DMSO-d_6	(18) CAS
View Proton NMR Spectrum	Dimethyl sulfoxide; tetramethylsilane	(19) CAS
View Proton NMR Spectrum	DMSO-d_6	(20) CAS
View Proton NMR Spectrum	DMSO-d_6	(21) CAS
View Proton NMR Spectrum	DMSO-d_6	(22) CAS
View Proton NMR Spectrum	DMSO-d_6	(23) CAS
View Proton NMR Spectrum	Chloroform-d	(24) CAS

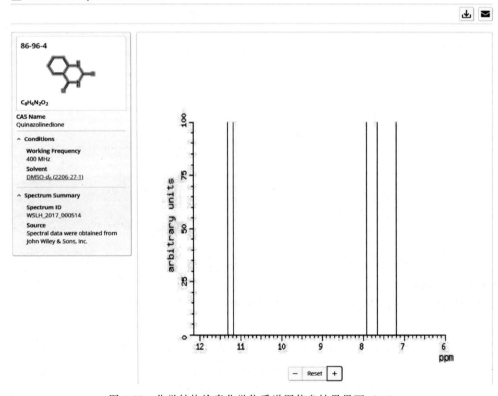

图 6-26 化学结构检索化学物质谱图信息结果界面（一）

图 6-27 化学结构检索化学物质谱图信息结果界面（二）

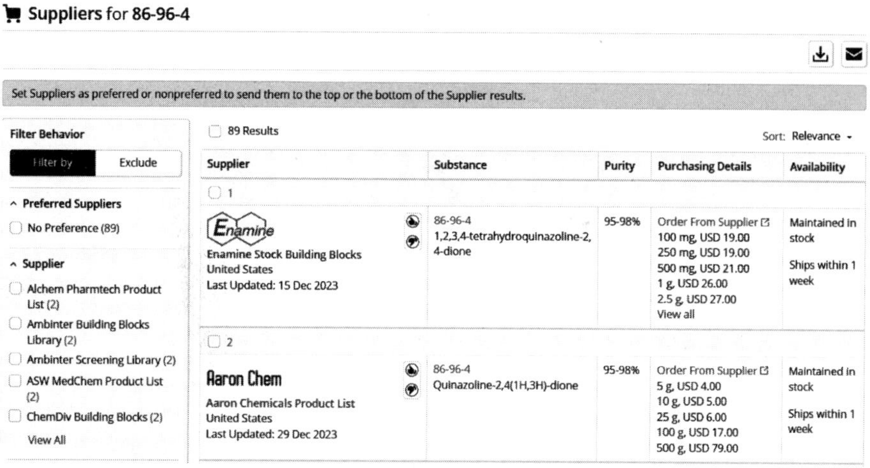

图 6-28 化学结构检索化学物质商业来源信息结果界面

图 6-29 化学结构检索化学物质管制信息结果界面

除了上述方法可以查到该物质的相关文献、相关化学反应、商业来源信息、管制信息、图谱信息等信息外，还可以直接点击该物质上方的"Substance Detail"，查询到的结果如图 6-30 所示。用户也可以从物质的详细信息这一界面，查询该物质的其他相关信息。

2. 马库西（Markush）检索

马库西检索可以看作化学结构检索的一种，不过它所绘制的物质结构是由一个母体基团和可变取代基组成，这种结构称为马库西结构。利用这种结构检索，得到的检索结果是含有这一族化学物质的相关文献。例如，想要查询如图 6-31 所示的结构，只需在系统提供的结构编辑软件绘制出该结构，就可以找到以此结构为母体在相应的位置含有对应取代基的系列结构的相关文献。点击"Search"后，检索结果如图 6-32 所示。用户可以根据自己的需要进一步找到感兴趣的文献进行查阅。

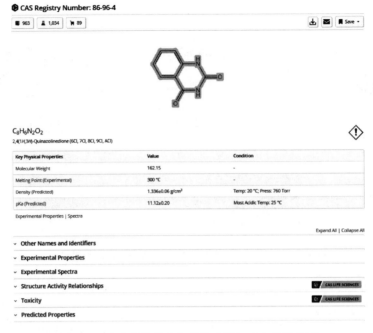

图 6-30　化学结构检索化学物质详细信息结果界面

图 6-31　化学结构马库西检索界面

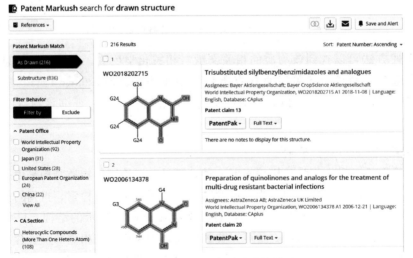

图 6-32　化学结构马库西检索结果界面

3. 分子式（Molecular）检索

分子式检索是指利用物质的分子式检索物质的相关信息。在分子式检索框中输入分子式，如"C6H12O6"，单击"Search"即可，如图 6-33 所示。输入时，分子式的顺序可以任意编排，CAS SciFinder[n] 会分析输入的分子式，并重新编排原子，使之成为能被计算机识别的 Hill System Order，搜索 CAS Registry 数据库，并显示匹配结果。点击"Search"之后，获得的检索结果如图 6-34 所示，在图 6-34 中，有关于此分子式的各种同分异构体的化合物，检索结果显示的各化学物质信息有结构式、分子式、化学名称、CAS登记号、谱图、实验性质、相关的文献及反应等。具体的各种信息的检索方法，如前所述。

图 6-33 分子式检索界面

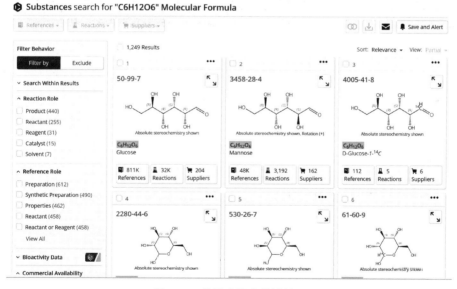

图 6-34 分子式检索结果界面

4. 性质（Property）检索

性质检索是指根据物质的相关性质来对物质进行检索。物质的性质检索包括实验测定的性质检索和预测的性质检索物质两种。单击"Chemical Properties"即可进入其检索界面，选择相关的性质，直接在检索框中输入，单击"Search"即可。这里选择实验测定的熔点 180℃作为性质检索条件，如图 6-35。然后点击"Search"，检索的结果如图 6-36 所

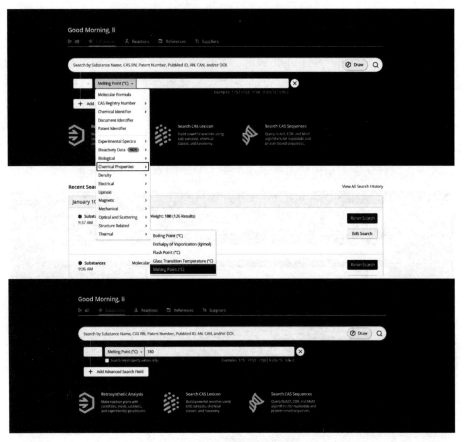

图 6-35　物质性质检索界面

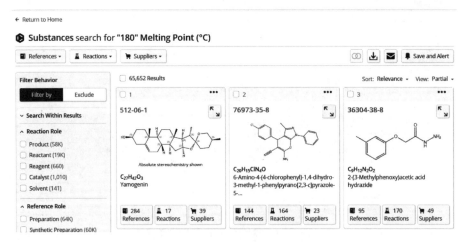

图 6-36　物质性质检索结果界面

示，图中所示的物质都是熔点为 $180℃$ 的，用户可以根据需要选择自己想要的检索物质进一步查询。

5. 物质标识符（Substance Identifier）检索

物质标识符检索是指利用物质的化学名称或者 CAS 登记号来对物质进行检索。单击

"Substance RN"即可进入其检索界面，直接在检索框中输入化学名称或者 CAS 登记号，单击"Search"即可。在此，以 CAS 登记号 86-96-4 作为物质标识符进行检索，如图 6-37 所示。注意输入时每行只能输入一个物质标识符。单击"Search"后，检索结果如图 6-38 所示。检索结果中的化学物质信息也包括结构式、分子式、化学名称、CAS 登记号、谱图、实验性质、相关的文献及反应等，想要深入查找相关信息，如前所述。

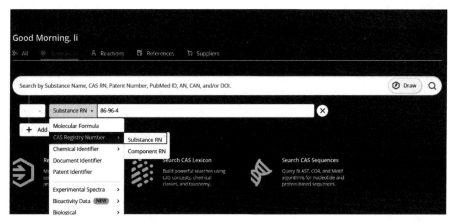

图 6-37　物质标识符检索界面

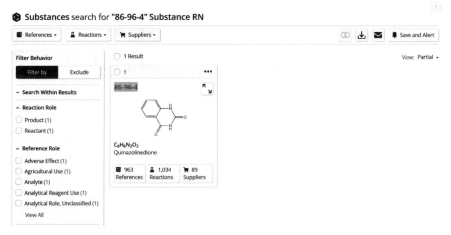

图 6-38　物质标志符检索结果界面

三、反应检索

利用结构编辑软件绘制出想要检索的物质结构，点击左侧的箭头 ⚓ 选择该物质在反应中扮演的角色（反应物、产物还是催化剂）对反应方程式进行检索，编辑界面如图 6-39 所示。这里将该物质设置为产物，点击"OK"之后，进入检索反应的界面，如图 6-40 所示。在检索之前，也可以对检索的反应进行条件限制，例如，反应所用的溶剂、非参与性反应基团、反应步数、分类、来源、出版年等。这里不做其他条件限制，点击"Search"，检索结果如图 6-41 所示。检索结果为一系列的化学反应，用户可以选择感兴趣的反应式、链接到文摘或者检索各种相关信息。

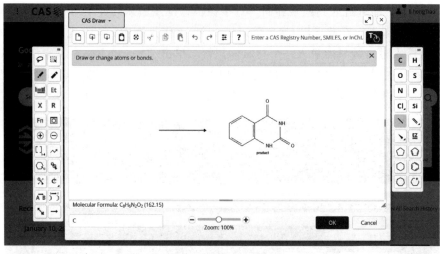

图 6-39   化学反应检索结构绘制界面

图 6-40   物质化学反应检索界面

四、检索结果及其分析功能

图 6-42 是以机构名称"College of Chemistry，Central China Normal University"进行文献检索的结果。文献检索结果的排序方式可以选择。每一条文献记录均包含文献题名、作者、出处、语种、数据库来源，如果用户同时具有该篇文献所在的全文数据库的权限，还可以直接链接到全文（Full Text）。另外可以单击"物质结构"图标，查看文献中所包含的化学物质的详细信息，还可以单击"Citation Map"图标，查看该篇文献的相关文献。

ACS SciFinder[n] 对检索到的结果具有很强的分析功能，可按作者名（Author Name）、文献类型（Document Type）、期刊名（Journal Name）、语种（Language）、出版年（Publication Year）等项目对检索结果进行统计分析。分析工具会根据分析结果做出图形，用户可以对检索结果一目了然。通过分析，用户可以更清晰地了解与该主题相关的研究状况，比如通过作者、机构分析，可以了解哪些研究人员、哪些机构在从事相关的研究；通过出版年分析，可以了解研究课题的发展历史；通过期刊名分析，可以了解研究可以发表在哪些期刊上，可以选择投稿或订阅期刊等等。图 6-42 中，检索结果也可以通过作者名进行分析，单击某位作者的图形，即可看到该作者相应的文献信息。

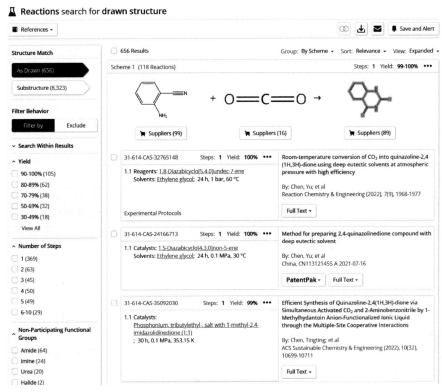

图 6-41　化学反应检索结果界面

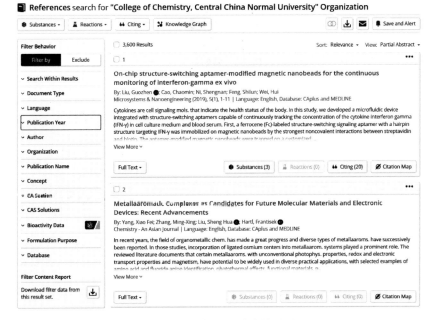

图 6-42　机构名称检索结果界面

此外，ACS SciFinder^n 还具有精炼（Filter）功能，可以实现二次检索。限制项目包括研究主题（Research Topic）、机构名（Organization）、作者（Author Name）、出版年（Publication Year）、文献类型（Document Type）、分类（Categorize）功能等。用户可以根据自己的目的，选择合适的限制项目，在上一次的检索结果中进行二次检索。

思考题

1. SciFinder Scholar 中的物质信息主要包括哪些信息？它可以通过哪几种途径查找？叙述其查找过程。

2. 叙述如何通过 SciFinder Scholar 查找某作者发表的文章。

3. 已知双酚 A 的分子式为 $C_{15}H_{16}O_2$，其中文名称：2,2-二（4-羟基苯基）丙烷；二酚基丙烷。请通过 SciFinder Scholar 查找其化合物登记号、结构式、英文名及相关反应。

4. 已知某化合物为 3-乙基-3-苯基丁腈，通过 SciFinder Scholar 的结构反应图查找该物质的制备方法及相关文献。

5. 通过 SciFinder Scholar 查找荧光涂料制备的文献。

6. 通过 SciFinder Scholar 查找作者艾智慧所发表的文章。

7. 通过物质定位检索查找 3-氨基丙基三乙氧基硅烷作为涂料中的偶联剂的两篇专利文献。

8. 如何通过 SciFinder Scholar 来确定一个化合物是已知化合物还是未知化合物？

9. 通过 SciFinder Scholar 查找由苯胺出发制备乙酰苯胺的方法。

10. 通过 SciFinder Scholar 查找 CAS 登记号为 103-82-2 的化合物的制备方法。

第七章

Sci-Hub数据库 →

第一节　Sci-Hub 简介

　　Sci-Hub 是哈萨克斯坦女孩 Alexandra Elbakyan 于 2011 年创办的免费文献数据库，创始人 Alexandra Elbakyan 在读研究生期间发现期刊论文付费非常昂贵，很多研究人员也因此止步不前，她就想通过绕过收费的形式获取杂志社的文章，上传到自己的服务器上让大家免费下载。于是在 2011 年创办了 Sci-Hub。Sci-Hub 数据库收集了超过 8800 万份研究文件，全部免费下载。大约 80％的文件是发表在期刊上的研究论文，6％是会议论文集（conference proceedings）中的论文，5％是书籍的章节，剩下的是其他种类的文件。Sci-Hub 上能查询到的文件中，77％发表于 1980～2020 年，36％发表于 2010～2020 年，所有主要科技出版社的覆盖率都在 95％以上。Sci-Hub 数据库的总规模约为 100TB，数据库中的大多数研究文章（约 2500 万篇）来自医学和健康期刊，其次是化学、生物学、人文社会科学以及其他领域。

　　Sci-Hub 检索界面如图 7-1 和图 7-2 所示。

图 7-1　Sci-Hub 检索界面（一）

图 7-2　Sci-Hub 检索界面（二）

Sci-Hub 的官方镜像：Sci-Hub 目前可通过网页版访问，另外还有浏览器插件和桌面版 Sci-Hub Pro 也可进行访问。目前可访问的 Sci-Hub 网址只有三个，也即 Sci-Hub 官方镜像。

三个官方镜像：

https：//sci-hub. se　域名后缀 ". se" 是瑞典的国际域名；

https：//sci-hub. ru　域名后缀 ". ru" 是俄罗斯的国际域名；

https：//sci-hub. st　域名后缀 ". st" 是圣多美和普林西比民主共和国的国际域名。

第二节　Sci-Hub 的检索方法实例

要想使用 Sci-Hub 进行文献检索，首先得知道该文献的 URL、DOI、PMID 以及字符串的一种，其中最方便的是利用文章 DOI 和 PMID 号进行全文下载。可先通过 PubMed 或 Web of Science 检索，比较方便地找到文献 DOI 或 PMID 号，将文献 DOI 或 PMID 号输入到 Sci-Hub 网站检索。

一、URL 检索

利用 URL（Uniform Resource Locator，统一资源定位符）可以方便地在 Sci-Hub 上检索下载论文全文，例如检索文献 "Fragment-Based Drug Discovery of Phosphodiesterase Inhibitors"，首先复制该论文在期刊上的 URL，将该 URL 粘贴于 Sci-Hub 搜索栏，点击 "open" 进行检索可得到该文章的全文，如图 7-3～图 7-5 所示。

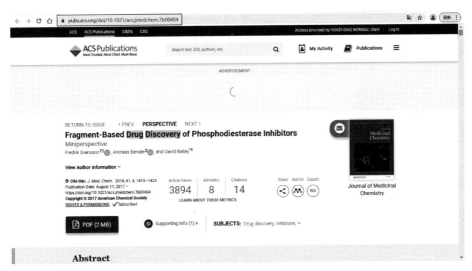

图 7-3　在 ACS 数据库中复制 URL

图 7-4　在 Sci-Hub 搜索栏粘贴 URL

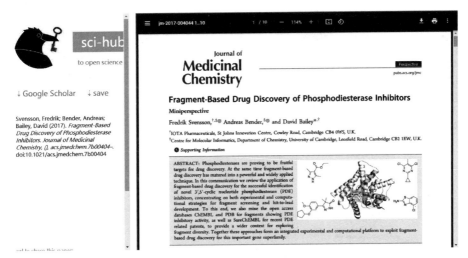

图 7-5　Sci-Hub 的 URL 检索结果界面

点击"save"可得到 pdf 版的论文全文。

二、PMID 检索

PMID 是 PubMed 数据库中为每篇文章使用的唯一标识号，利用文章的 PMID 可以在 Sci-Hub 中检索全文，例如利用 Sci-Hub 下载 Kuntz 的文章"Structure-based strategies for drug design and discovery"，首先在 PubMed 中找到该文章的 PMID 号（图 7-6）。

图 7-6 PubMed 检索界面

然后在 Sci-Hub 中输入其 PMID 号（图 7-7），点击"查询"检索可得到如图 7-8 的全文。

图 7-7 Sci-Hub 搜索栏输入 PMID 号

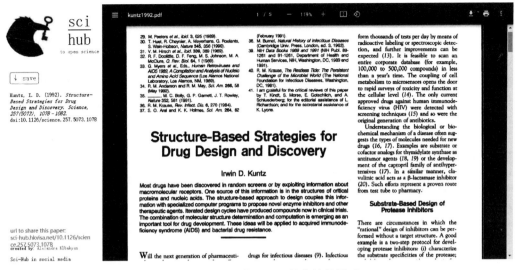

图 7-8 Sci-Hub 的 PMID 检索结果界面

点击"save"可得到 pdf 版的论文全文。

三、DOI 检索

DOI 全称为 Digital Object Unique Identifier，是指数字对象唯一标识符，可以理解为数字资源唯一的"身份证号码"，可以用 DOI 来标识文献、视频、报告或书籍等数字资源。利用文章的 DOI 可以在 Sci-Hub 中检索全文，例如利用 Sci-Hub 下载文章"Natural Products As Sources for New Pesticides"，首先从 ACS 数据库中复制该文章的 DOI 号（图 7-9）。

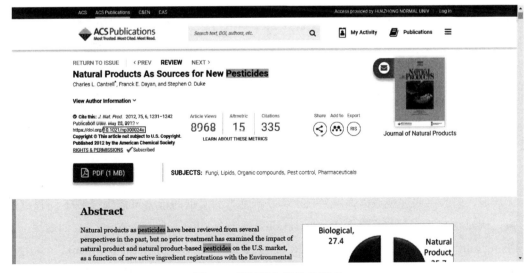

图 7-9 复制该文章的 DOI 号

　　然后在 Sci-Hub 中输入其 DOI 号（图 7-10），点击"open"检索可得到如图 7-11 的全文。

图 7-10　Sci-Hub 搜索栏输入 DOI 号

图 7-11　Sci-Hub 的 DOI 检索结果界面

　　点击"save"可得到 pdf 版的论文全文。

　　然而，因为一些客观原因，Sci-Hub 对最新发表的文献的检索可能会受到不同程度的影响，例如在 Sci-Hub 中检索文章"Infection or a third dose of mRNA vaccine elicits neutralizing antibody responses against SARS-CoV-2 in kidney transplant recipients"其 DOI 号为"10.1126/scitranslmed.abl6141"。Sci-Hub 无法及时获取该文章的全文，导致在 Sci-Hub 中的检索结果如图 7-12 所示。

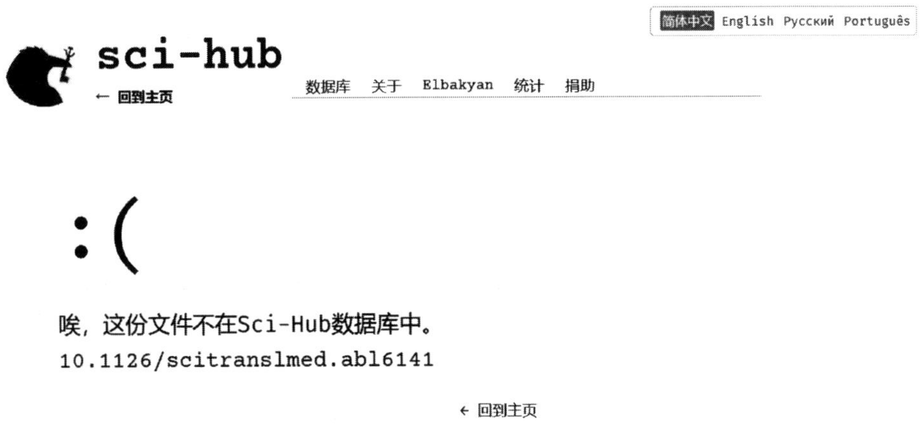

简体中文 English Русский Português

数据库　关于　Elbakyan　统计　捐助

:(

唉，这份文件不在Sci-Hub数据库中。

`10.1126/scitranslmed.abl6141`

← 回到主页

图 7-12　Sci-Hub 检索结果界面

思考题

1. Sci-Hub 现在可用哪些域名网站？
2. 用 Sci-Hub 检索平台可以通过哪些方式检索并下载全文内容？
3. 相对于其他数据库，Sci-Hub 数据库在使用范围和检索特点上有何区别？
4. 在 Sci-Hub 检索平台上可以用哪些文字进行检索？

第八章

← Reaxys数据库

第一节　Reaxys 数据库简介

Reaxys 数据库是 Elsevier 旗下的全球最大物质理化性质和事实反应数据库，包含了超过 5 亿条经过实验验证的物质信息，收录超过 1.05 亿种化合物、4300 万种单步和多步反应、5300 万条文摘记录。涵盖全球 105 家专利机构和 16000 多种期刊文献文摘，对核心内容进行提炼，得到 16 个学科中与化合物性质检测、鉴定和合成方法相关的所有信息。Reaxys 的前身是历史悠久的德国贝尔斯坦、盖墨林数据库，其文献涵盖历史可追溯到1771 年。如图 8-1 所示为 Reaxys 发展历程的示意图。

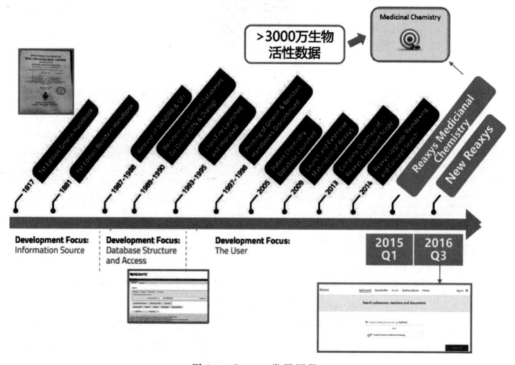

图 8-1　Reaxys 发展历程

Reaxys 数据库整合了 CrossFire Beilstein（贝尔斯坦）、CrossFire Gmelin（盖墨林）和 Patent Chemistry（化学专利）三大权威数据库。

一、CrossFire Beilstein

CrossFire Beilstein 是世界最全的有机化学数值和事实数据库，数据来源于著名的《贝尔斯坦有机化学手册》《贝尔斯坦有机化学大全》，时间跨度从 1771 年至今；主要包括化学物质部分（有机化合物的结构式信息、物理性质、生物活性数据等）、反应信息部分（超过 1000 万条有机反应路线详细信息）、文献部分（接近 200 万篇引文、题录、文摘）。

二、Patent Chemistry

Patent Chemistry 的数据来源于 1869～1980 年的有机化学专利以及 1976 年以来有机化学、药物（医药、化妆品制备）、生物杀灭剂（农用化学品、消毒剂等）、染料等的英文专利（美国 US、欧洲 EP、国际 WO）。数据库包含的化学反应超过 150 万个，有 160 万个有机、无机、金属有机化合物和聚合物及相关的数据。

三、CrossFire Gmelin

CorssFire Gmelin 是迄今最为全面的无机化学和金属有机化学数值和事实数据库，数据来源于《盖默林无机与有机金属手册》及 1975 年以后的材料学科期刊。时间跨度从 1772 年至今；收集的化合物达 140 万个，主要包括：合金、固溶体、玻璃、陶瓷、高分子、矿物、配位化合物等。

Reaxys 数据库将化学反应和化合物数据检索功能、合成路线设计功能、分析工具等综合为一体，为有机化学、药物化学、有机金属化学、无机化学、材料学等学科的研究提供了一个专业高效的平台。Reaxys 数据库基于网络访问，无需安装客户端软件，并且针对化学家的使用习惯设计检索界面，简单易用，可以用化合物名称、分子式、CAS 登记号、结构式、化学反应等进行检索，并且具有数据可视化、分析及合成设计等功能。

第二节　Reaxys 数据库功能介绍

打开网址 https://www.reaxys.com，即进入 Reaxys 的检索界面（图 8-2）。导航栏包括以下几部分：快速检索（Quick search）、查询生成器（Query builder）、结果（Results）、逆合成（Retrosynthesis）、检索历史（History）以及最右侧的注册（Register）、登录（Signin）/退出。

一、Reaxys 的检索（Quick search）

Reaxys 的快速检索（Quick search）可分为关键词检索（图 8-2）和结构检索（图 8-3），关键词检索栏可以输入比如物质名称、反应名称、物质理化性质、物质的谱图、分子式、反应类型、关键词、反应结构、物质结构等，Reaxys 智能分析语义进行检索。Reaxys 的文献检索结果不仅提供题录、摘要信息，针对某一篇文献还提供该篇文献中出现的物质信息和反应信息等。

图 8-2　Quick search 关键词检索界面

图 8-3　Quick search 结构检索界面

二、Reaxys 的检索（Query builder）

Reaxys 中的 Query builder 相当于高级检索功能，可以按照一定的规则构建检索式，在"Fields"中可以选择不同类型的字段进行自由组合检索，Reaxys 一共提供 180 多个字段和字段组，科研人员可以自由地对这些字段和字段组进行组合，同时 Reaxys 也根据一些常见的需求，在 Forms 中预设模块检索内置了多种检索策略模板（图 8-4）。

图 8-4　Query builder 检索界面

三、Reaxys 的合成设计（Retrosynthesis）

对于化合物的合成路线查询，Reaxys 的 "Retrosynthesis" 可以进行，可通过结构编辑栏进行编辑，也可在 "Insert structure from name" 通过化合物的名字或 CAS 号等信息导入结构，对于路线中的步骤、合成路线分支数、反应原料是否能够购买和产率等可在 "Parameters" 中进行筛选（图 8-5），点击 "Synthesis" 即可进入合成设计界面，若该路线图不符合用户的合成要求，可通过 "Add reaction step（one step only）" "Delete prior step（s）" 等进行条件的改变，以此得到符合研究者所需要的反应合成路线。

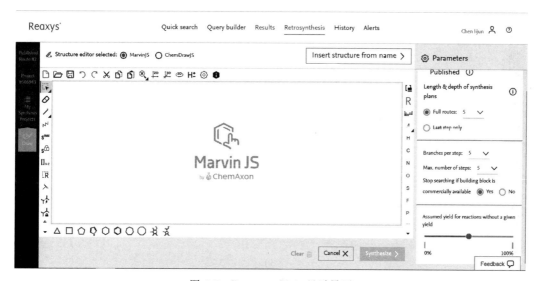

图 8-5　Retrosynthesis 显示界面

第三节　Reaxys 的检索方法实例

实例 1　化合物硝磺草酮（Mesotrione）的结构检索

在标准的检索界面选择"Quick search"项，我们可以直接在"Search Reaxys"中输入"Mesotrione"进行搜寻，也可以点击结构编辑框，进入结构编辑框内的"Insert structure from name"在弹出的输入框里输入"Mesotrione"，即可得到硝磺草酮的具体结构，再点击"Transfer to query"转移到快速查询界面，通过点击"Find"，得到关于结构的数据结果，即得到硝磺草酮结构以及衍生结构，在得到的搜索结果中，我们可以得到硝磺草酮的定义（Identification）、成药性（Druglikeness）、生物活性［Bioactivity（All）］、物理数据（Physical Data-13）、光谱数据（Spectra-18）以及其他数据（Other Data-323），点击相关数据即可得到所需的数据（如图 8-6）。

(a)

(b)

图 8-6　检索得到硝磺草酮结构和理化性质

如果希望得到硝磺草酮的红外光谱，即可点击"Spectra-18"中的"IR Spectroscopy-3"，得到含有红外数据的文献和专利，点击"Full text"得到相关文献专利的文本即可得到所需数据（如图 8-7）。

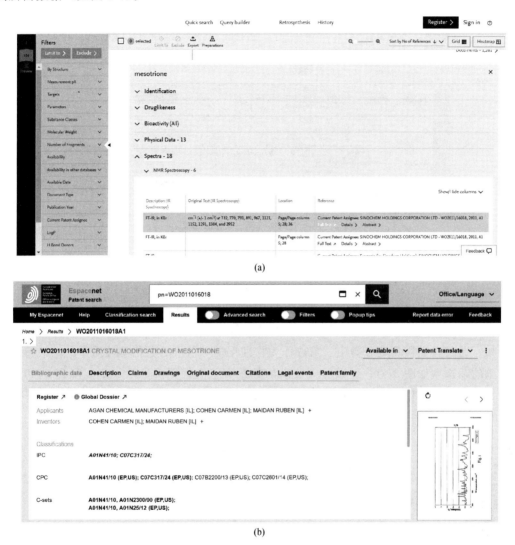

(a)

(b)

图 8-7　检索得到相关的硝磺草酮文献和红外光谱

实例 2　锂硫电池的关键词检索

为了获取文献中报道的有关锂硫电池的相关文献，可以直接在 Quick search 中进行关键词（Lithium-Sulfur Battery）的搜索，点击 Find 即可得到相关结果（如图 8-8），但此时的结果较多，无法进行有效查看，Reaxys 中提供对文献的筛选栏：①Index term（List），基于索引词的分析；②Index term（Reaxys Tree），按物化性质、化学变化、物理化学分析法、量子化学计算法等领域分类；③Publication Year，基于出版年限的分析；④Document Type，基于文献类型的分析；⑤Authors，基于作者的分析；⑥Patent Assignee，基于专利权人的分析；⑦Journal Title，基于期刊名称的分析；⑧Substance Classes，基于反应中心结构的分析；⑨Reaction Classes，基于反应类型的分析。通过这些条件的筛选，可大范围缩小文献的数量，有助于研究者对于文献的阅览。

图 8-8　锂硫电池文献查询结果

　　如：通过在学科领域分类中，筛选作为物理化学科目中的电化学性质中的电极行为进行文献的筛选（如图 8-9），可以看到文献的数量有了大幅下降，从 14706 降到 2440（如图 8-10），限制条件越多，就可以得到理想的检索结果。

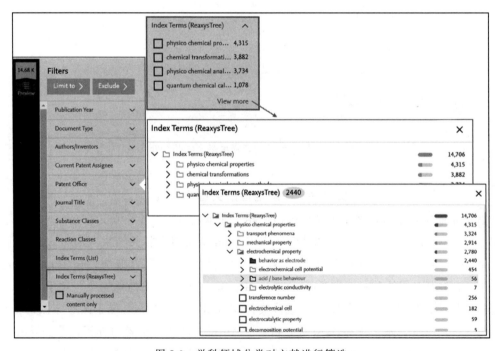

图 8-9　学科领域分类对文献进行筛选

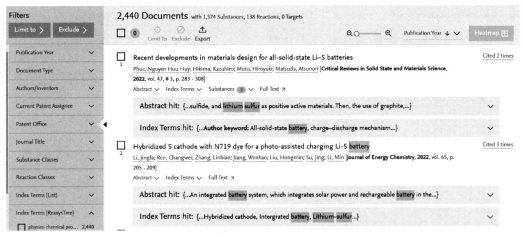

图 8-10　学科领域分类对文献进行筛选的结果

实例 3　结构编辑器中不定位键的使用说明

Reaxys 中的结构面板，能实现科研人员绝大部分的结构绘制要求，帮助科研人员用最直接的方式获得相应的物质和反应，结构编辑面板概览如图 8-11。

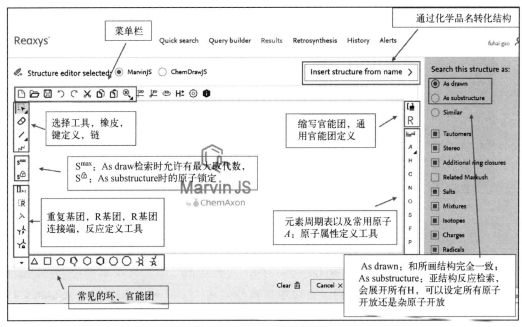

图 8-11　结构编辑面板概览

对于不定位键的使用，检索要求吡啶环 2 位、3 位、4 位上存在一个硝基还原成氨基，吡啶环 6 位上存在一个 Cl。在结构编辑器中进行编辑，用套索选择工具选择吡啶上的 3 个 C 原子，用链工具中的不定位取代键将吡啶和 NO_2、NH_2 相接，用反应原子标记工具，指定反应前后 NO_2 到 NH_2 的变化（如图 8-12）。其中反应原子定位可以使精确检索时能检出来的结果都是直接相关的，排除扩大检索范围出现相同原子，而无法识别原子的对应关系的结果。检索结果见图 8-13。

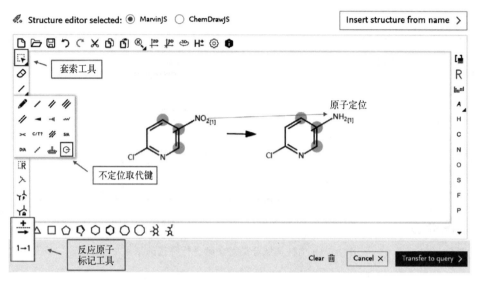

图 8-12　不定位键和反应原子定位工具的使用说明

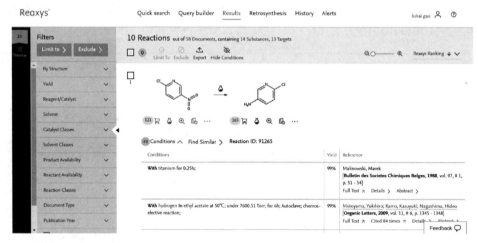

图 8-13　吡啶环不定位键引用的检索结果

实例 4　快速筛选对"冠状病毒"有活性的化合物

为了获取文献中报道的对"RNA 依赖的 RNA 聚合酶"有活性报道的化合物，且希望这些化合物的 IC_{50} 在 μm 级别。在快速检索栏内输入 Coronavirus active compounds，搜寻相关结果时，因为对输入的关键词不做任何控制，所以给出来的结果会存在一定程度上的误差，而 Query builder 可以按照一定的规则构建检索式，Reaxys 一共提供 180 多个字段和字段组，科研人员可以自由地对这些字段和字段组进行组合，同时 Reaxys 也根据一些常见的需求，内置了多种检索策略模板。Query builder 的使用步骤，第一步是选择字段，第二步是输入条件，第三步是确定不同字段之间的逻辑关系。

比如快速筛选对"冠状病毒"有活性的化合物，利用 Query builder 在"Search fields"寻找靶点选项"Target Name"，输入 RNA 依赖的 RNA 聚合酶的缩写 RdRp，选择"is"，将靶标限制在冠状病毒的靶标范围内；为了得到具有活性的化合物，即体现在化合物的参数（Measurement parameter）IC_{50} 值上，同样选择 "is"，而对其定义大小是 "Measurement pX"，此处我们选择大于等于 6，即在微摩尔级别；由于参数和 pX 是一起的，所以将 pX 拖拽到 Parameter 内形成组合；最后点击 "Substance" 即可得到所需要的化合物（如图 8-14）。

图 8-14　利用 Query builder 筛选对 "冠状病毒" 有活性的化合物的筛选条件

Reaxys 直接给出符合条件的化合物，大量节省了科研人员阅读文献并查找数据的时间，可以通过各自的 "Bioactivity（Hit Data）" 查看具体数据，同时也可以在 "Bioactivity（All）" 中观看化合物所有的活性数据，比如代谢毒性等（如图 8-15）。

为了方便观看结果，利用 Reaxys 中的 "Heatmap"，直接进行查看靶点、结构、活性数据之间的关系。点击界面右上角的 "Heatmap"，进行制图，横坐标为靶标，纵坐标为结构，表中的值为最大 pX 值；点击 "Apply"，即可得到化合物的活性数据表格，但表格中化合物活性数据显示大小随意，可以选择靶标中 "Sort by activity"，得到活性从大到小排列的表格；改变表格的形式如化合物的显示按照结构或名称，可点击 "settings"，在 "Show substances" 中选择 "Structure drawing"，点击 "Apply" 即可得到具有结构的化合物的活性数据表格（如图 8-16）。

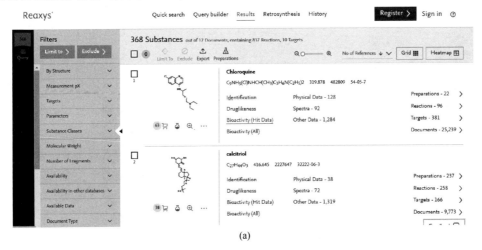

(a)

图 8-15

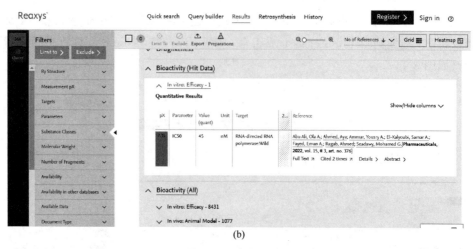

图 8-15 利用 Query builder 筛选对"冠状病毒"有活性的化合物的筛选结果

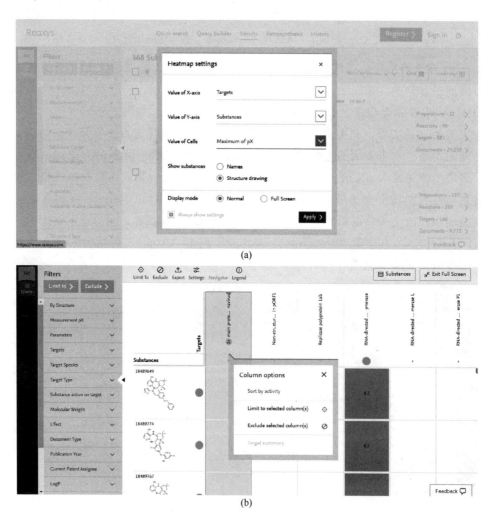

图 8-16 化合物活性数据表格

实例 5　Suzuki 偶联反应制备取代联苯的条件筛选和相关机理文献检索

为了得到具有较高的产率和较短反应时间的 Suzuki 偶联反应的条件，我们可以通过 Query builder 进行条件筛选（如图 8-17），通过结构面板画出 Suzuki 偶联反应的方式，在右侧筛选条件栏找到"Reactions"，选择其中的"Yield（numerical）"和"Time（Reaction Details）"，对其进行定义，比如反应收率我们定义其大于等于 80，时间小于等于 12h，为了同时满足收率和时间的组合，选择其组合的关系为"Proximity"，进行"Reactions"的查询，得到 3 个相关结果，通过查看提供的文献数据即可得到相关反应条件。

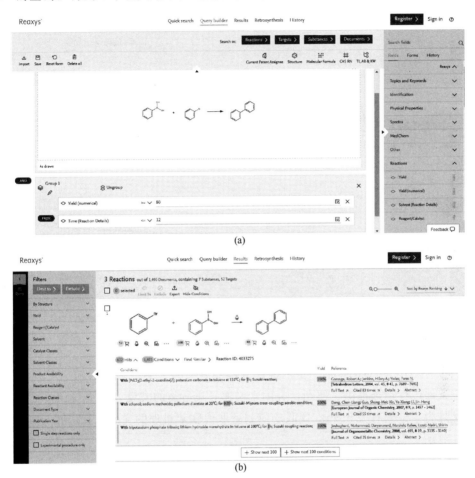

图 8-17　Suzuki 偶联反应制备取代联苯的条件筛选与结果

也可以只通过 Query builder 对 Suzuki 偶联反应进行查询，不添加控制条件，在结果中通过左侧的"Filters"也可进一步对所查询的反应进行筛选（如图 8-18），比如，我们选择作为低沸点的二氧六环作为溶剂，先在"Solvent Classes"中选择"Low boiling（＜ 100℃）"，点击"limit to"，条件限制后，在"Solvent"项中选择"1,4-dioxane"，继续点击"limit to"即可得到最终结果。如果直接在"Solvent"寻找"1,4-dioxane"，由于没有"Solvent Classes"限制需在所有可行的溶剂中寻找，将浪费一定时间。相同的，对于催化剂的选择也可通过"Catalyst Classes"和"Reagent/Catalyst"的条件进行限制；对于具有具体实验流程的条件筛选，我们可以点击"Experimental procedure only"进行限制。

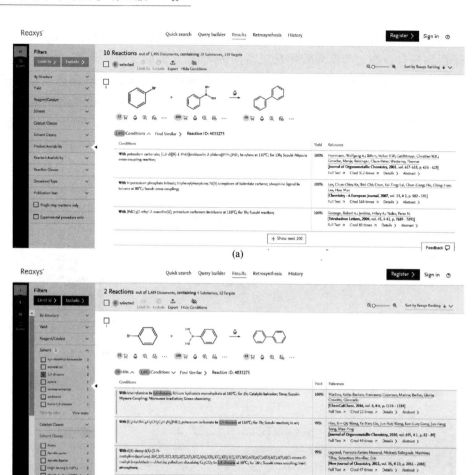

图 8-18　Suzuki 偶合反应制备取代联苯的条件筛选与结果

　　在 Reaxys 中，其对催化剂、溶剂等都进行了细致的分类，独有的筛选工具也为研究者对反应条件进行筛选提供了便利，有助于快速寻找所需的文献（如图 8-19）。

　　如果是为了得到有关 Suzuki 偶联反应制备取代联苯机理的文献，我们在 Query build-

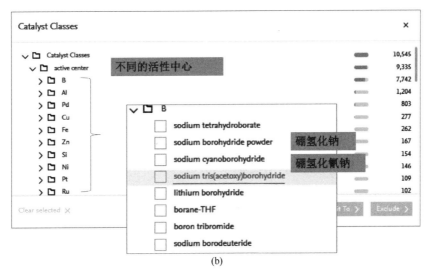

(b)

图 8-19　Reaxys 中独有的催化剂类别筛选工具

er 中的结构栏完成相关反应，同时增加机理相关的控制栏，即 "Subject Studied" 中的 "mechanism"，进行 "Reactions" 的查询，得到相关机理的文献，点击文献即可观看机理（如图 8-20）。

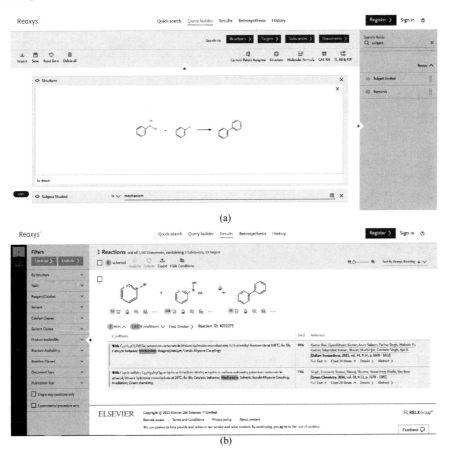

图 8-20　Suzuki 偶联反应制备取代联苯的机理文献检索

实例 6　吉非替尼（Gefitinib）合成路线设计

在这里我们以一种常见的商品化的治疗癌症的药物吉非替尼（Gefitinib）为例介绍
Reaxys 中的合成路线设计的具体使用方法（如图 8-21）。此处我们采取的是"Retrosyn-
thesis"栏目进行搜索，点击结构编辑项内的"Insert structure from name"，在弹出的输
入框里输入"Gefitinib"，用"Published"对参数进行选择，可以根据实际情况进行调整，
比如结果合成路线条数"Full routes"，我们此处选择 3 条，对于合成路线的分支数量
"Branches per step"设定为 3 条，对于合成路线的最大步数"Max. number of steps"设
定为 5 步，反应过程中的底物是否购买选"No"，每步反应产率我们设定在 80%，筛选条
件的参数设定完成后，点击"Synthesize"，进行逆合成条件查询。

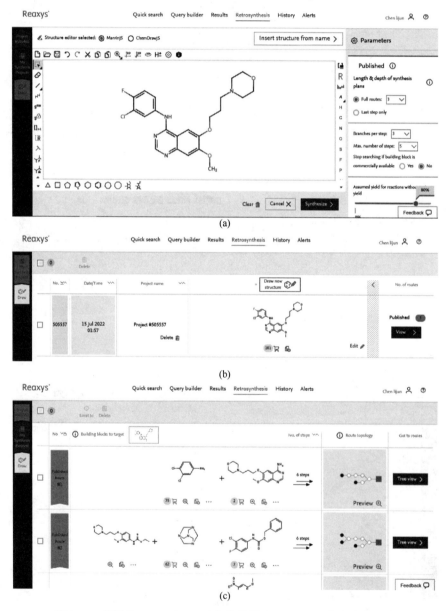

图 8-21　利用 Retrosynthesis 对吉非替尼（Gefitinib）合成路线设计

　　检索结果我们点击"Fit view"进行结果的查询，在合成路线的树状图中，可以在反应步骤上点中选择"Show Conditions/Reaxys Examples"查看具体的反应条件，我们也可以选择"Add reaction step（one step only）"增加产物的合成方法，而初始原料的加号也可以增加合成路线，自定义的合成路线颜色会变为黄色，可以按自己的想法进行反应的设计（如图8-22）。

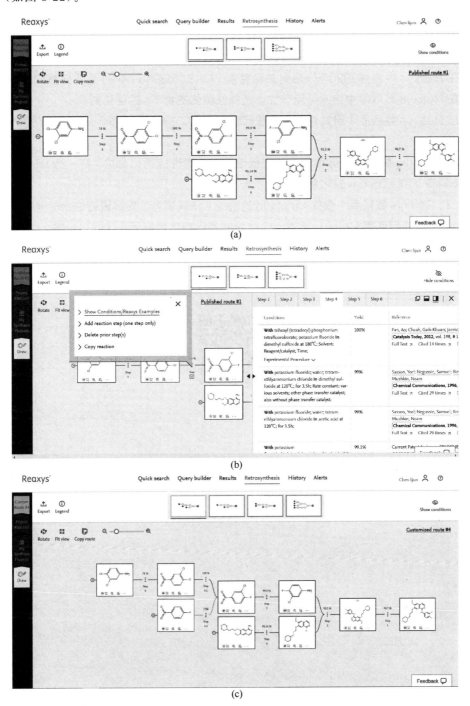

图 8-22　吉非替尼（Gefitinib）合成路线结果与自定义修改

思考题

1. Reaxys 是由哪些数据库合并组成的，有何特点？

2. 相对于 SciFinder 数据库，Reaxys 数据库在使用范围和检索特点上有何区别？

3. 在实际的查询过程中 Reaxys 与 SciFinder 通常结合起来使用，结合二者的特点请分别使用 Reaxys 与 SciFinder 查找邻氨基苯甲酸的制备方法。

4. Substitution Count: S4，S* 的含义分别是什么？

5. 如何在 Reaxys 的结构编辑器中自定义 R 基团？

6. 在 Reaxys 中查找2020年以后有关青蒿素（CAS: 63968-64-9）生物降解的相关文献。

7. 在 Reaxys 数据库中检索可用于立体选择性催化的含 Fe 的催化剂。

8. 在 Reaxys 数据库中查找含有4-氨基喹唑啉-6,7-二醇，且对靶标 EGFR-T790M 有活性的化合物。

9. 在 Reaxys 数据库中获取含 C 的在低温具有导电性能的化合物，在−250℃下，含有 C 的，且电导率 >10000S/cm 的化合物。

10. 在 Reaxys 数据库中查找 Lmatinib 的合成方法有哪些，对其进行逆合成分析。

11. 请描述如何使用 Reaxys 查找一个化合物是已知化合物还是未知化合物。

12. 如何在 Reaxys 中对反应进行定义，在吡啶环上存在一个硝基、一个卤素，且这两个官能团处于邻位，反应后硝基还原成氨基。

第九章

专 利 →»

第一节　概述

专利是一种保护技术发明私有的法律，这种保护技术发明私有的法律被称为专利法。凡个人或团体有所发明创造都可以向国家申请发明创造的专利。

1474 年威尼斯颁布了第一部专利法；1624 年英国建立了专利制度；1790 年美国颁布了专利法；1791 年法国颁布了专利法；1877 年德国颁布了专利法。第二次世界大战后很多国家重新修订了专利法，日本 1970 年，印度 1970 年，英国 1977 年，法国 1968 年，德国 1967 年，荷兰 1963 年。

日本专利均采用先公开、后审查批准，因此我们首先看到的日本专利均为公开专利（公开特许），德国专利也是先公开。而美国专利是在审查后批准发布的，因此最先看到的是批准专利的说明书。美国专利局也想实现先公开的专利审查制度进行过先公开的试验，但未获通过。因此，美国是现在世界上为数很少的继续实行传统的专利审查制度的国家。20 世纪 80 年代初期，约有 150 个国家和地区建立了专利制度。

一、专利的性质和保护内容

1. 专利的性质

专利的性质包括：

① 专有性：即专利权人对其发明享有独占的制造、经销、转让和使用权；

② 地区性：指专利权受保护的范围仅限于一个国家或区域，而不能在全世界范围都受到保护；

③ 时间性：指专利权的保护期限有一定的时间限制，在该项专利到期后，其专利成果就为人类所共享。

2. 专利的保护内容

专利的保护内容主要包括：

① 发明创造：主要对产品、方法或工艺；

② 实用新型：对产品的形状、构造；

③ 外观设计：主要是对包装。

二、授予专利的条件与专利的申请办法

1. 授予专利的条件

授予专利的条件主要指：

① 新颖性：是指在申请日期以前没有同样的发明或实用新型在国内外出版的刊物上发表过，也未被别人公开使用过或以其客观存在方式为公众所了解；

② 创造性：是指与已有的技术相比，该技术有突出的实质性特点和显著的进步；

③ 实用性：即发明能进行产业化，并能产生积极效果。

2. 专利的申请办法

专利的申请办法主要包括：

① 专利性判断与查新：申请人对自己的发明创造确定其具有足够的申请专利价值后，还要确定是否属于专利法所指的创造。并应对文献进行查新检索，前人是否有过类似的发明，自己的技术发明在这一领域是否具有其先进性与新颖性。

② 市场与经济效益的判断：由于申请专利需缴纳一定的申请费、维持费。因此应考虑技术是否有商业价值，市场和社会需求如何。对于市场前景不佳的发明创造或不可能产生好的经济效益的一般不要申请。

③ 申请国的选择：专利在一国申请，只能在这个申请国有效，而对另一个国家的个人活动没有任何直接的法律约束。一项发明创造要想得到其它国家的保护，就必须向该国提出申请，是否向那一国申请，其重要因素在于该技术或产品在那一国家是否有潜在的市场和强的竞争力。

④ 专利申请文件的撰写：申请人必须先从网上下载申请专利的请求书，填写请求书后，再将所要交的申请文件（包括说明书摘要、摘要附图、专利要求书、说明书、说明书附图）一并交当地专利机构。

三、专利说明书

1. 扉页

扉页主要包括：题目、专利号、发明者、申请日期、批准日期、国际专利分类号、美国专利分类号、核查范围及有关文献等。

2. 正文

正文主要包括发明领域和发明内容；背景资料，即所属技术领域里已经公开的知识，以有助于所属技术领域的有关人员查找、理解以及便于审查员审查，特别要引述反映现有技术的专利文献，申请人对背景技术要以公正的评述；发明的目的和特点、发明的特殊功能和应用效果，实施最佳方案的实例，必要时须附图。

3. 专利权项

（1）独立权利要求　　独立权利要求通常包括两部分，前序部分和特征部分。前序部分写明发明或实用新型要求保护的主题名称和发明或实用新型主题与现有技术所共有的必要技术特征。后一部分为特征部分，记载发明或实用新型区别于现有技术的技术特征。这些特征与前序部分的特征合在一起，构成发明或实用新型的整个技术方案，并限定了范围。

（2）从属权利要求　　从属权利要求也包括两部分，即引用部分和限定部分，引用部分写明引用的权利要求的编号及其主题名称，通常先写编号，再重述所引用的权利要求保护主题。限定部分紧接在引用部分之后，对引用的权利要求记载的技术特征作进一步限定。

四、专利的审批制度

目前各国专利法大体规定有 3 种不同的审批制度：

（1）登记制　　专利局对专利申请案只进行形式审查，形式审查主要包括申请文件是否齐全，是否符合规定的格式（如请求书、发明或实用新型说明书及其附图、权利要求书、说明书摘要、外观设计专利申请的图片和照片）；申请人是否有申请专利的资格，是否交纳了申请费；专利申请是否不属于明显的授权专利的领域；申请专利的发明创造是否需要保密。如果手续、文件齐备即给予登记，授予专利权，而不进行实质审查。

（2）实质审查制　　即不仅进行形式审查，还要进行发明的新颖性、先进性和实用性的技术性审查。实质性审查还包括是否属于专利的保护范围，公开是否充分，申请文件的修改是否超出原说明书和要求记载的范围。实质审查能够保证专利的质量，但需要的过程较长。

（3）延期审查制　　对形式审查合格的申请案，自提出申请之日起满一定期限（如 18 个月）即予以公布；在公布后一定年限内经申请人要求专利局进行实质审查，逾期如果未要求实质审查，则视为撤回申请。采用延期审查制可减轻审查工作的负担。

专利权有一定的有效期，有效期满则专利权失效。

第二节　美国专利

1790 年美国颁布第一部专利法，1836 年成立美国专利局，1952 年颁布现行专利法。美国是世界上拥有专利最多的国家，目前已有 600 多万件。美国专利法从专利审查到专利文献的分类具有其独特性。

美国专利商标局（http://www.uspto.gov/）免费提供 1976 年以来至最近一周发布的美国专利数据库，该库由全文库专利、全文扫描图像组成。可通过关键词、专利号、发明人、发明单位、发明国家、发明时间等检索（不过要下载相应的 TIFF 插接件）。有三种检索方式：布尔检索，高级检索，专利号检索。IBM 公司的美国专利全文检索（http://www.patent.ibm.com/）提供了美国专利摘要库的免费检索，而美国网上专利服务（http://www.micropat.com/）则提供了更广泛的服务。此外，还有美国文献中心

（http：//www.doccenter.com/doccenter）和美国国家标准及技术研究所也都可提供有关美国专利的检索查询。

一、美国专利的特点及分类

1. 美国专利的特点

① 先发明原则　即遇到同样发明内容的专利申请时，谁先发明谁就获得专利权，只要证明该项发明在他人之先，尽管申请在后也能获得专利权。

先发明原则的优点在于能保护真正的发明人，可使发明人较安心地长期进行研究。缺点是易使发明人保守秘密，个人垄断。

② 完全审查制　凡是向专利局提交的申请，全部进行形式审查和实质性审查，审查结束，如果认为可以准许受理，应在六个月之内缴纳专利费，三个月后作为专利可以登记，然后在专利公报上予以公报，并出版式专利说明书。实行这种制度可以保证获批的专利质量高。

2. 美国专利的分类

① 发明专利（Invention Patent）　发明专利是美国专利的主体，它无发明与实用新型之分，占总数的95％。

② 再公告专利（Reissud Patent）　即是申请人发现已公告的专利存在缺点或错误，如由于说明书或附图有问题，或由于专利权人在专利证书中提出的专利权项多于或少于其应得的权利，致使专利证书全部或部分不能实施或无效时，而此种错误并非有意欺骗，可以申请修改或提出新的专利说明书再行公告，这种专利称为再公告专利（编号前冠有"Re"字样）。

③ 植物专利（Plant Patent）　指任何人发明或发现以及利用无性繁殖培育出独特而新的植物品种。

④ 外观设计（Design Patent）　由体现在或应用于制造品的视觉装饰特征组成。

⑤ 防卫性公告（Defensive Publication）　这是对于一些次要的发明或由于其它原因，发明人认为不值得或认为没有必要申请正式专利，但为了防止其他人对同样的发明进行申请，于是通过专利局把自己的发明公布在专利公报上，使别人申请专利时就失去新颖性（防卫性公告的编号前冠有"T"）。

⑥ 再审查证书（Reexamination Certificate）　美国专利法在1980年修定时增加了专利再审查程序，类似于异议程序，其目的是向公众提供对已批准的专利提出意见的机会，以提高审批质量。任何人可以书面的形式请求对该专利进行再审查（再审查的专利原专利编号前以 B1 表示）。

二、美国专利说明书及著录说明

1. 专利说明书

美国专利说明书是美国专利文献的主体，由专利局每周公布一次，每件专利都按顺序编号，专利说明书的长短不一，但格式一定，大致可分为：

① 标头　包括题目、专利号、发明者、申请日期、批准日期、国际专利分类号、美国专利分类号、核查范围及有关文献等。

② 正文　包括发明领域和发明内容、背景资料、发明的目的和特点、发明的特殊功能和应用效果，必要时须附图。

③ 申请权限　说明申请范围。

专利说明书实例

[1] United State Patent

[2] Patent Number：4389325

[3] Date of Patent：Jun. 21，1983

[4] CHLOROISOCYANURATE　COMPOSITION

[5] Inventors：Clifford　D　Eng. University　City，James　W　Gambell，henry　K Yuen. both of St，Louis，all of Mo.

[6] Assignee：Monsanto Company，S t. Louis Mo.

[7] Appl. No：342039

[8] Filed　　Jan　25，1982

[9] Int. Cl ·············C11D7/54

[10] U. S. Cl·······252/186. 35；252/95

[11] Field of search······252/186

[12] References　Cited

U. S. Patent　Documents

3041293　6/1962　　Polacek　　524/144

3046236　7/1962　　Jahn　　524/130

3287309　11/1966　　Basdek　　524/144

[13] Primary Examiner-John Kight. Ⅲ

[14] Attorney，Agent，or Firm-jon　H. Beusen；James　C. Logomasini；Arnold H. Cole

[15] Abstract

The concentration of chlorine-containing compounds in a gaseous mixture in contact with a solid chloroisocyanurate can be safely lowered by use of a porous crystaline alumino-silicate having an essentially······

[16] 16claims

[17] No Drawings

[18] CHLOROISOCYANURATE　　COMPOSITION

2. 著录说明

[1] 美国专利局名称；[2] 专利号；[3] 批准日期；[4] 题目；[5] 发明人及地址；[6] 受让人或专利权所有者；[7] 申请号；[8] 申请日期；[9] 国际专利分类号；[10] 美国专利分类号；[11] 核查范围；[12] 文献引证；[13] 主要审查人；[14] 代理人或商

号；[15] 内容摘要；[16] 专利权限项数；[17] 附图；[18] 正文。

三、美国专利商标局网站

1. 美国专利商标局网站的主要数据库

美国专利商标局网站（网址：https：//www.uspto.gov/patents）是美国专利方面的政府性官方网站，该网站向公众提供全方位的专利信息服务。美国专利商标局网站提供的专利数据库包括以下六个：

① 授权专利数据库　该数据库提供了 1790 年以来美国授权的所有专利文献，包括发明、外观设计、植物、再审查、再公告及防卫性公告、依法注册的发明等。

② 公开专利申请数据库　该数据库自 2001 年 3 月 15 日开始提供服务，数据库中的内容包括美国专利申请的题录、文摘、公开的美国专利申请说明书的全文。

③ 专利公报检索数据库　公报（Official Gazette of United States）包括：防卫性公告（Defensive Publication），批准的专利技术（Patent Granted），再公告专利技术（Reissue Patent Granted），植物专利（Plant Patent Granted），外观设计（Design Patent Granted）。这五种专利说明书的各项大致相同，主要包括题目、专利号、发明者、申请日期、批准日期、受让人及地址、国际专利分类号、美国专利分类号、优先国别、申请专利权限项、核查范围、内容摘要及有关文献等。

④ 专利分类检索　分类检索可检索最新版本的美国专利分类表中的相关主题的分类号，并直接浏览该类号下所属专利文献全文。美国专利分类中共有 370 个大类（1981 年版），编号从 2～585（中间有空号），每大类下分若干小类。每一大类下有细分类，细分类以大类为单元，大类之间以类号从小到大排列。

如：21 Inhibiting Corrosion，23 Inorganic Chemistry，86 Photo. Chem，106 Coating and Plast，162 Paper and Textile，201 Dist. Equip. ，204 Electro-chem. and Radio-chem. ，260 Organic Chem. 。

⑤ 法律状态检索　专利法律状态检索是指对一项专利或专利申请当前所处的状态进行的检索，其目的是了解专利申请是否授权、专利是否提前失效、专利权人是否变更，专利保护期是否延长、延长的具体时间、确定专利的最终失效日期以及与专利法律状态相关的信息，这些信息还包括专利是否有继续申请、部分继续申请、分案申请等相关联的情报。

⑥ 撤回专利检索　收录至最新公布日撤回的所有专利的目录。

现就授权专利及公开专利申请的数据库中较常用且简单的三种检索方法予以说明。

2. 授权专利检索语句及格式规定

① 布尔算符（Boolean Operator）　为表达检索词之间的逻辑关系，美国专利商标局网站规定采用三种布尔算符，即与、或、非三种算符，它们分别用英文 and、or、not 表示。如：A and B 表示选择同时含 A、B 的记录，放在一个组内；在选择命令中，A or B 表示把含 A，含 B 和同时含 A、B 的记录都选择在一个组内；A not B 表示从含 A 的记录中除去同时含 A、B 的记录，把留下的记录放在一个组内。

② 截断符（Right Truncation）＄ 右截断检索选定某输入框时，＄ 前至少有 3 个字符，选取 All Fields 时，＄ 前至少有 4 个字符。词组检索中"waterborne polyurethane"引号中不能用 ＄。

③ Patent Number 字段中输入检索项时，除实用专利直接输入号码外，其他类型专利号码前需加类型代码。外观设计的代码为"D"；植物专利为"PP"；再版专利为"RE"；防卫性公告为"T"；依法注册发明为"H"。

如：实用专利可直接输入授权公开专利号码 7592,387；植物专利号码 PP9,802；外观设计专利号码 D221,698。

④ 在输入日期型字段中，日期格式可有三种写法，以查找 2008 年 3 月 1 日公布的授权专利为例：

年（4 位数字），月（2 位数字），日（2 位数字），应输入为 20080301；

月-日-年，应输入 March-1-2008，3-1-2008；

月/日/年，应输入 3/1/2008。

如要求检索 2008 年 3 月公开的某课题的授权专利，输入日期则要用 ＄，3/ ＄ /2008。

检索一定日期范围内的专利文献，而不是检索特定日期或特定月份的专利文献，这种特性只适用日期字段，其范围检索需在两个日期之间使用"-"运算符。

如：检索 2008 年 3 月 1 日以后与 2009 年 9 月 1 日之前的专利，则输入 20080301-20090901 即可。

⑤ 个人姓名输入格式为姓-名-中间名字，如专利权人的姓名为 Dunham C. M.，那么，在专利权人的文本框中输入 Dunham-C＄-M＄，也可写成 Dunham-C＄。

⑥ 一组单词用引号括起来，将视为一个检索单词。例：检索 phosphonic acid 一组词而不是检索 phosphonic or acid，需在 Term 文框中输入 phosphonic acid。

⑦ 授权专利数据库的检索字段及其代码详见表 9-1。

表 9-1　授权专利数据库的检索字段及其代码

字段代码	字段名	字段代码	字段名
TTL	Title(专利名称)	IN	Inventor Name(发明人姓名)
ABST	Abstract(文摘)	IC	Inventor City(发明人所在城市)
ISD	Issue Date(公布日期)	IS	Inventor State(发明人所在州)
PN	Patent Number(专利号)	GOVT	Government Interest(政府利益声明)
APN	Application Serial Number(申请号)	PARN	Parent Case Information(父案例信息)
AN	Assignee Name(专利权人姓名)	PCT	PCT Information(专利合作条约信息)
AC	Assignee City(专利权人国籍)	RLAP	Related U. S App. data(相关 US 申请数据)
ICL	International Classification(国际分类)	FREF	Foreign Reference(外国参考文献)
EXP	Primary Examiner(主要审查员)	OREF	Other References(其他参考文献)
EXA	Assistant Examiner(助理审查员)	LREP	Attorney or Agent(律师或代理人)
SPEC	Description/Specification(说明书)	ACLM	Claim(s)(权利要求)
APT	Application Type(申请类型)		

3. 授权专利检索方法

授权专利检索文献通常包括：实用专利——即发明专利说明书（Patent Grant）、设计专利（Design）、植物专利（Plant）、再公告专利（Reissue）、再审查证书（Reexamination Certificate）、防卫性公告（Defensive）和依法注册的发明（Statutory Invention Registration）。

进入美国专利商标局网站（见图 9-1），然后点击"search"进入美国专利数据库检索主界面（图 9-2）。

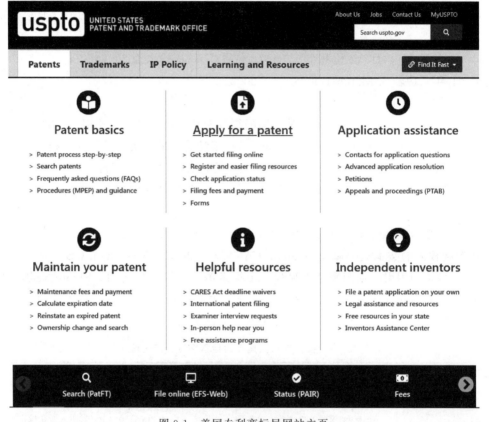

图 9-1　美国专利商标局网站主页

图 9-2 为授权专利数据库（PatET）与专利申请数据库（AppFT），授权的专利文献检索中，1790 年到 1975 年的数据只有全文图像页（Full-image），检索数据只有专利号和 US 分类号；1976 年 1 月 1 日后除了全文图像页外，还涵盖可检索的授权的专利题录、文摘、专利说明书中的背景资料、发明特点、权利要求等。专利申请数据库的内容包括可检索的 US 专利申请的题录、文摘、专利申请说明书的全部内容。

（1）快速检索（Quick Search）　选择图 9-1 中的"Search（PatFT）"或选择图 9-2 中的"Quick Search"，可进入图 9-3 所示的结果。

在图 9-3 的界面上，共提供了两个检索式，每一个检索式中包括 1 个关键词对话框（Term 1 & Term 2）；一个逻辑关系选择菜单（AND、OR、NOT）；一个年代范围选择供进行匹配；1 个检索字段的下拉菜单；检索字段的下拉菜单中包括 32 个选择，即附表

United States Patent and Trademark Office
An Agency of the Department of Commerce
Patent Full-Text Databases
PatFT: Patents
Full-Text from 1976
Quick Search
Advanced Search
Number Search
View Full-Page Images
PatFT Help Files
PatFT Status, History
PatFT Database Contents
Report Problems
<< BOTH SYSTEMS >>
The databases are operating normally.
Notices & Policies
How to View Images
Assignment Database
Public PAIR
Searching by Class
Sequence Listings
Attorneys and Agents
AppFT: Applications
Published since March 2001
Quick Search
Advanced Search
Number Search
View Full-Page Images
AppFT Help Files
AppFT Status, History
Report Problems

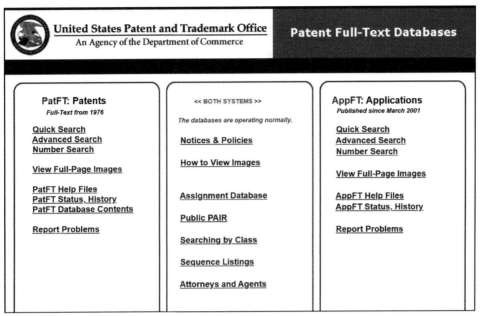

图 9-2 专利数据库检索主界面

USPTO PATENT FULL-TEXT AND IMAGE DATABASE
Home
Quick
Advanced
Pat Num
Help
View Cart
Data current through July 19, 2022.
Query [Help]
Term 1:
in Field 1:
All Fields
AND
Term 2:
in Field 2:
All Fields
Select years [Help]
1976 to present [full-text]
Search
重置

图 9-3 快速检索主界面

中给出的 31 个检索字段＋所有字段（All Fields）。如要查找水性聚氨酯（waterborne polyurethane）制备的有关专利，在 Term 1 对话框内输入“waterborne polyurethane”，在 Term 2 中输入“prepara-tion”，在关键词的下拉菜单中选择“All Fields”字段，逻辑关系中选择“AND”，确定年代范围（见图 9-4）。

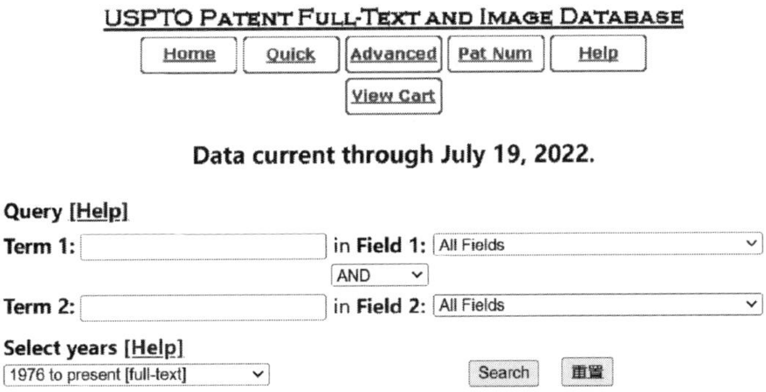

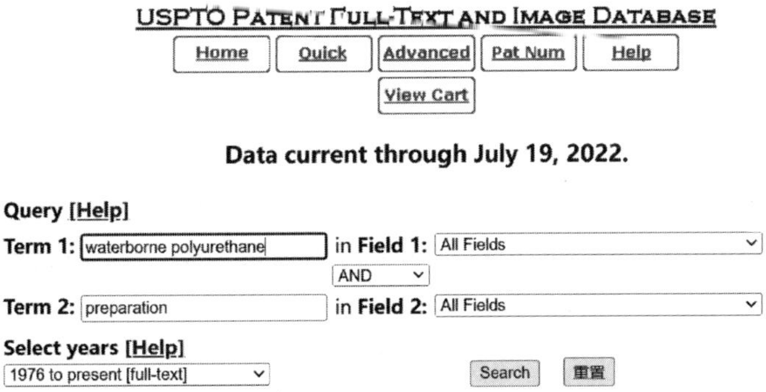

USPTO PATENT FULL-TEXT AND IMAGE DATABASE
Home
Quick
Advanced
Pat Num
Help
View Cart
Data current through July 19, 2022.
Query [Help]
Term 1:
waterborne polyurethane
in Field 1:
All Fields
AND
Term 2:
preparation
in Field 2:
All Fields
Select years [Help]
1976 to present [full-text]
Search
重置

图 9-4 检索水性聚氨酯的相关专利

点击图 9-4 中的"Search",即可进入图 9-5 的界面。

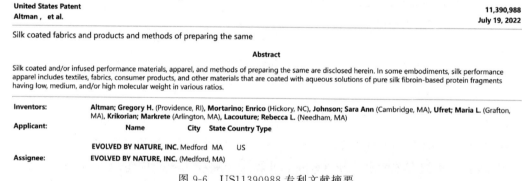

图 9-5　检索出的水性聚氨酯的相关专利文献

逐一查找出自己所需专利,并点击该专利题目,即可找到包含有专利说明书的全文。如选择专利号为 US11390988 的专利,题目为"Silk coated fabrics and products and methods of preparing the same",点击后出现如图 9-6 所示界面。

United States Patent　　　　　　　　　　　　　　　　　　　　　　　11,390,988
Altman, et al.　　　　　　　　　　　　　　　　　　　　　　　　　　July 19, 2022

Silk coated fabrics and products and methods of preparing the same

Abstract

Silk coated and/or infused performance materials, apparel, and methods of preparing the same are disclosed herein. In some embodiments, silk performance apparel includes textiles, fabrics, consumer products, and other materials that are coated with aqueous solutions of pure silk fibroin-based protein fragments having low, medium, and/or high molecular weight in various ratios.

Inventors:	**Altman; Gregory H.** (Providence, RI), **Mortarino; Enrico** (Hickory, NC), **Johnson; Sara Ann** (Cambridge, MA), **Ufret; Maria L.** (Grafton, MA), **Krikorian; Markrete** (Arlington, MA), **Lacouture; Rebecca L.** (Needham, MA)			
Applicant:	**Name**	**City**	**State Country Type**	
	EVOLVED BY NATURE, INC.	Medford	MA	US
Assignee:	**EVOLVED BY NATURE, INC.** (Medford, MA)			

图 9-6　US11390988 专利文献摘要

图 9-6 中除显示专利号 US11390988 的题目、文摘、发明人外,还有与专利相关的文献资料、发明权限、专利描述及专利说明书的所有内容。

(2) 高级检索　选择图 9-2 中的"Advanced Search",显示如图 9-7,主要包括一个检索表达式的输入框(Query)和一个年代选择的菜单(Select Years),下面紧接着还有检索字段及代码列表。

针对检索要求可以应用逻辑算符对检索式进行匹配,如:abst/polyurethane and isd/202206 $ and preparation。$ 为截断符,这里表示检索 2022 年 6 月公开的关于 polyurethane preparation 的专利(见图 9-8)。

点击图 9-8 中的"Search",出现如图 9-9 所示界面。图 9-9 中说明涉及 2022 年 6 月已公示的聚氨酯制备方面的专利。

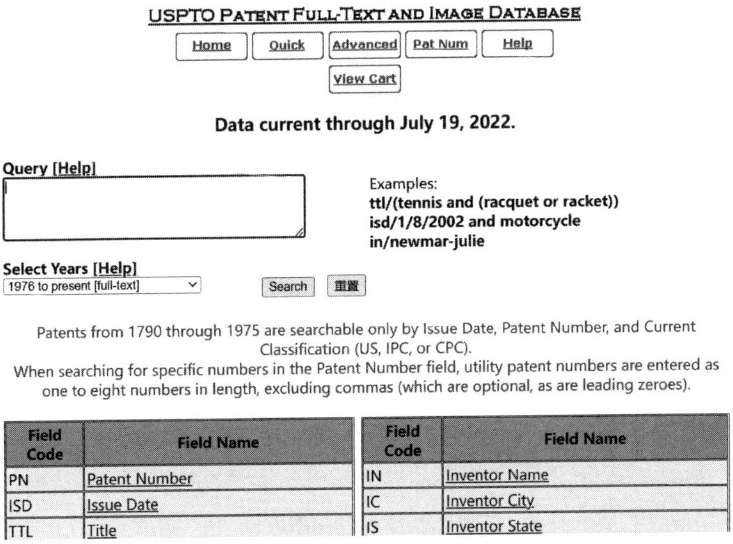

USPTO PATENT FULL-TEXT AND IMAGE DATABASE

Home　Quick　Advanced　Pat Num　Help

View Cart

Data current through July 19, 2022.

Query [Help]

Examples:
ttl/(tennis and (racquet or racket))
isd/1/8/2002 and motorcycle
in/newmar-julie

Select Years [Help]

1976 to present [full-text]　Search　重置

Patents from 1790 through 1975 are searchable only by Issue Date, Patent Number, and Current Classification (US, IPC, or CPC).
When searching for specific numbers in the Patent Number field, utility patent numbers are entered as one to eight numbers in length, excluding commas (which are optional, as are leading zeroes).

Field Code	Field Name	Field Code	Field Name
PN	Patent Number	IN	Inventor Name
ISD	Issue Date	IC	Inventor City
TTL	Title	IS	Inventor State

图 9-7　选择高级检索后检索界面

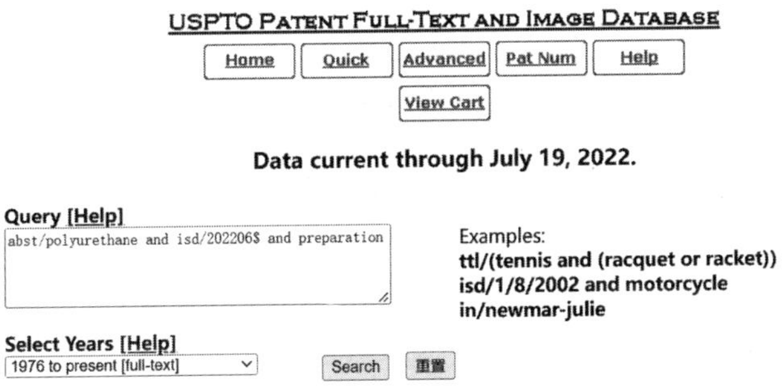

USPTO PATENT FULL-TEXT AND IMAGE DATABASE

Home　Quick　Advanced　Pat Num　Help

View Cart

Data current through July 19, 2022.

Query [Help]

abst/polyurethane and isd/202206$ and preparation

Examples:
ttl/(tennis and (racquet or racket))
isd/1/8/2002 and motorcycle
in/newmar-julie

Select Years [Help]

1976 to present [full-text]　Search　重置

图 9-8　检索 2022 年 6 月公开的关于 polyurethane preparation 的专利

Searching US Patent Collection...

Results of Search in US Patent Collection db for:
((ABST/polyurethane AND ISD/202206$) AND preparation): 12 patents.
*Hits **1** through **12** out of **12***

Jump To

Refine Search　abst/polyurethane and isd/202206$ and preparation

PAT. NO.　　　　　　　　　　　　**Title**
1 11,370,929 T Bioink set and applications thereof for three-dimensional printing of cells
2 11,370,500 T Polyurethane wear pad
3 11,370,194 T Multifibrous multilayer composite material for applications in the automotive sector
4 11,365,332 T Plastic adhesion promotion for 2K polyurethane adhesives
5 11,365,322 T Flame retardant clear coatings for building panels
6 11,365,278 T Polyurethane-based binder system

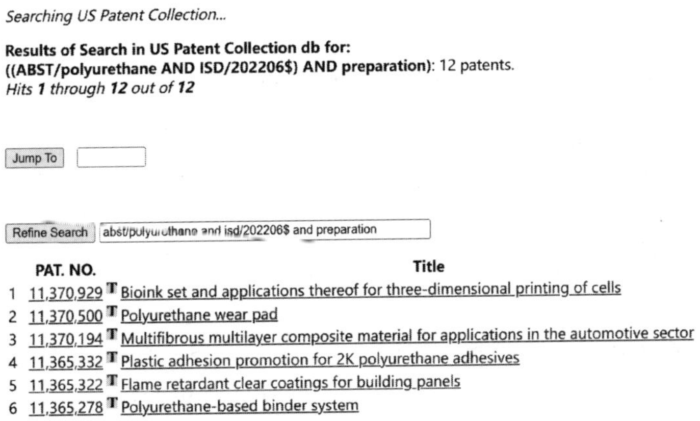

图 9-9　2022 年 6 月公开的关于 polyurethane preparation 的专利文献

（3）通过专利号检索　点击专利号检索（Number Search），进入专利号检索界面（见图 9-10），在输入框中输入专利号（见图 9-11）。

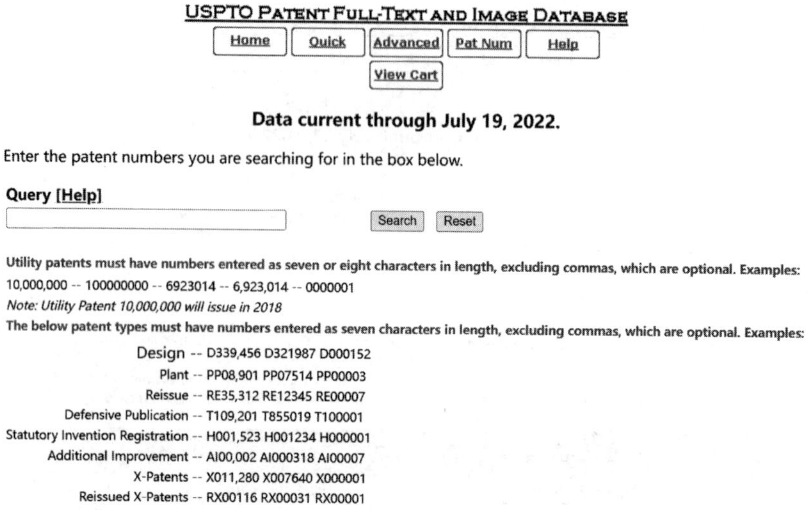

USPTO PATENT FULL-TEXT AND IMAGE DATABASE

[Home] [Quick] [Advanced] [Pat Num] [Help]
[View Cart]

Data current through July 19, 2022.

Enter the patent numbers you are searching for in the box below.

Query [Help]

[   ]   [Search] [Reset]

Utility patents must have numbers entered as seven or eight characters in length, excluding commas, which are optional. Examples:
10,000,000 -- 100000000 -- 6923014 -- 6,923,014 -- 0000001
Note: Utility Patent 10,000,000 will issue in 2018
The below patent types must have numbers entered as seven characters in length, excluding commas, which are optional. Examples:

Design -- D339,456 D321987 D000152
Plant -- PP08,901 PP07514 PP00003
Reissue -- RE35,312 RE12345 RE00007
Defensive Publication -- T109,201 T855019 T100001
Statutory Invention Registration -- H001,523 H001234 H000001
Additional Improvement -- AI00,002 AI000318 AI00007
X-Patents -- X011,280 X007640 X000001
Reissued X-Patents -- RX00116 RX00031 RX00001

图 9-10 专利号检索界面

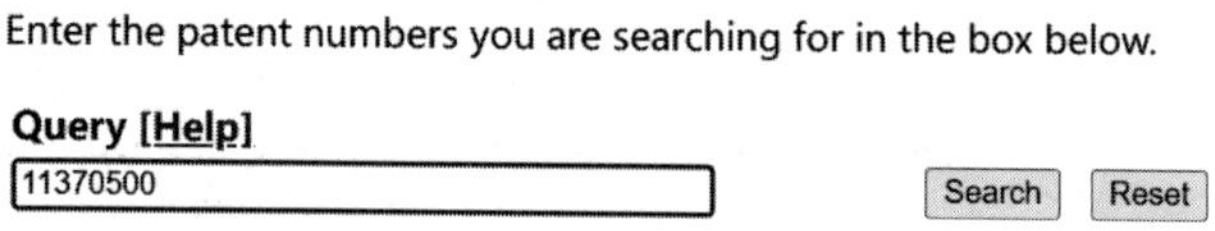

Enter the patent numbers you are searching for in the box below.

Query [Help]
[11370500   ]   [Search] [Reset]

图 9-11 检索 US11370500 专利

通过专利号输入后搜索，得到如图 9-12 所示的专利文献。

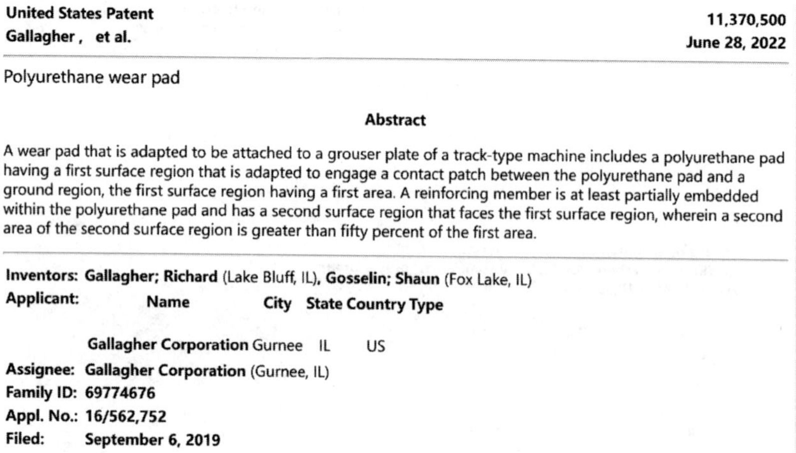

United States Patent	11,370,500
Gallagher , et al.	June 28, 2022

Polyurethane wear pad

Abstract

A wear pad that is adapted to be attached to a grouser plate of a track-type machine includes a polyurethane pad having a first surface region that is adapted to engage a contact patch between the polyurethane pad and a ground region, the first surface region having a first area. A reinforcing member is at least partially embedded within the polyurethane pad and has a second surface region that faces the first surface region, wherein a second area of the second surface region is greater than fifty percent of the first area.

Inventors: **Gallagher; Richard** (Lake Bluff, IL), **Gosselin; Shaun** (Fox Lake, IL)
Applicant: Name   City   State Country Type

          Gallagher Corporation Gurnee   IL   US
Assignee: **Gallagher Corporation** (Gurnee, IL)
Family ID: 69774676
Appl. No.: 16/562,752
Filed: September 6, 2019

图 9-12 检索出的 US11370500 专利文献

在图 9-10 的检索输入框中，也可输入数个专利号，各个专利号之间应该用空格或者逻辑运算符 OR 隔开，如 "11370500 or 11365332"（见图 9-13）。

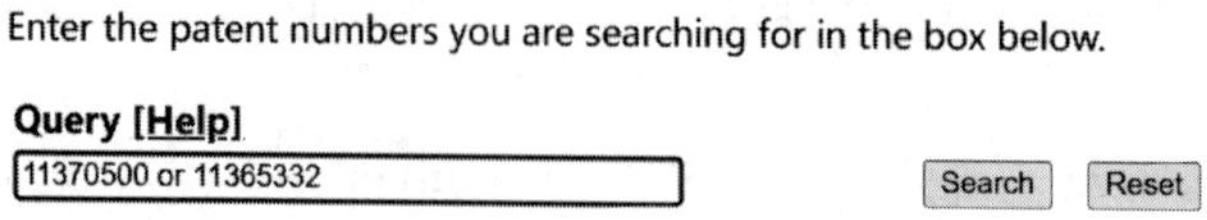

Enter the patent numbers you are searching for in the box below.

Query [Help]
[11370500 or 11365332   ]   [Search] [Reset]

图 9-13 多个专利号的输入

在图 9-13 中点击"Search",则找到该专利号相应的文献(见图 9-14)。

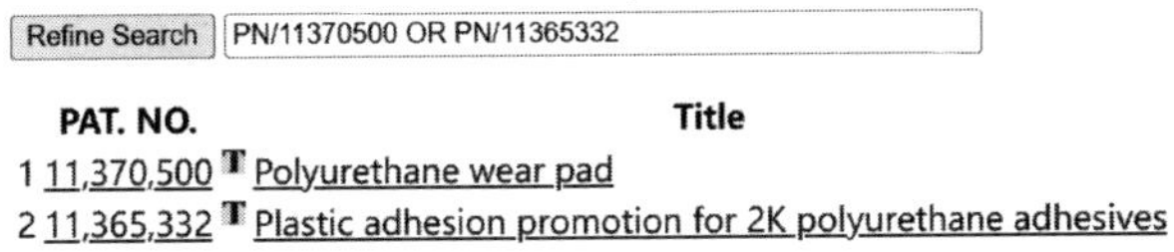

Refine Search　PN/11370500 OR PN/11365332

PAT. NO.	Title
1 11,370,500 **T**	Polyurethane wear pad
2 11,365,332 **T**	Plastic adhesion promotion for 2K polyurethane adhesives

图 9-14　输入两个专利号后检索出的相关专利文献

第三节　欧洲专利

欧洲专利局(European Patent Office,EPO)是由奥地利、英国、芬兰、法国、德国、比利时、丹麦、瑞士、西班牙等 14 国组成,至 1995 年已有 17 个缔约国。申请文件可使用英、德、法三种语言。授予专利的条件必须具有新颖性、创造性、工业实用性。

欧洲专利局在线专利 4500 万件,从 1998 年开始,欧洲专利局的 esp@cenet 开始向 Internet 用户提供免费的专利服务,esp@cenet 可以免费访问全球 70 多个国家,近 4500 万份专利,其服务内容包括:检索最近两年内由欧洲专利局及其成员国出版的专利;世界知识产权组织(WIPO)出版的 PCT(专利合作条约)专利的著录信息及扫描图像;1920 年以来欧洲专利局收集的世界各国专利信息以及 1970 年以来收集的专利的英文标题与摘要。

一、欧洲专利说明书

1. 说明书

[11] Publication　number 0413437A1

[12] European Patent　Application

[21] Application Number 9030783

[22] Date of　filing 18,07 1990

[51] Int. Cl (07) 251/36

[30] Priority　18,07,1989 JP 185754/89

[43] Date of Publication of Application 20,02,1991 Bulletin 91/08

[34] Designated contracting States　ES FR GB

[71] Applicant:NISSAN CHEMICAL INDUSTRIES　LTD3-7-1,Knada Nishiki-hochiyoda-Ku Tokyo

[72] Inventor:Murakami Takaski,C/O　Nissan Chemical Ind. Ltd 3-7-1　Knada Nishiki-chochiyoda-Ku Tokyo(7P)

[74] Representive:Lamb,John Bacxter　et al MARKS CLERK 57/60 Lincolns Inn Fields London WCZA 3Ls(GB)

[54] Process for producing trichloroisocyanuric　acid

[57] A process for producing trichloroisocyanuric acid by supplying unreacted chlo-

rine from a second

2. 著录说明

[11] 欧洲专利号；[12] 文献类别；[21] 专利申请号；[22] 申请日期；[30] 优先国别；[34] 标志代理国别；[43] 公布申请日；[51] 国际专利分类号；[54] 专利标题；[57] 专利内容；[71] 申请人姓名；[72] 发明人所在地；[74] 代理人。

二、欧洲主要国家的专利制度及检索入口

1. 欧洲专利局专利制度与检索入口

欧洲专利的审查制度主要是：

① 只授予发明专利　欧洲专利公约的条款规定：对于任何有创造性并且能在工业中应用的新发明，授予欧洲专利。

② 审查方式为审查制　审查制是专利局对专利进行严格的检索和实质审查，最后决定是否授予专利权。

③ 先申请原则　欧洲专利局与世界通行的做法相同，先申请原则，根据提出申请的时间先后确定专利权人。

④ 指定缔约国　欧洲专利局是一个政府间组织，因此欧洲专利局授予的专利不能在所有缔约国内生效，只在申请人指定的缔约国生效。

⑤ 没有宽限期　欧洲专利公约不为申请人提供宽限期，因此，如果专利申请人在申请日之前以任何形式公开了该专利的内容，就会使该专利丧失新颖性。

欧洲专利局各成员国专利的检索入口网址：http://de. espacenet. com

EPO 的检索入口网址：http://ep. espacenet. com，由此网站可免费查阅美国、英国、欧洲、日本、德国和世界专利说明书，esp@cenet 提供了 4 种检索专利的入口：Search in European patents（EP）；Search in PCT（WO）patents；Search the worldwide patents；Search in Japanese patents。提供 pdf 文件，采用 Acrobat Reader 4. 0 阅读较为理想。

2. 英国的专利制度及检索入口

英国于 1617 年建立专利制度，1624 年颁布垄断法，1852 年正式颁布专利法，现行的英国专利法是 1977 年 7 月颁布，1978 年 6 月生效。

英国专利的保护对象：

① 发明专利（包括：机器、制品、制法、化学物质、食品、药品、饮料、调味品、微生物制品等）；

② 外观设计。

文学艺术、戏剧音乐、数学方法、科学理论、计划、规则、竞赛方案、计算机程序、动植物新品种、外科治疗方法等，不受专利保护。

英国专利局检索入口网址：http://www. patent. gov. uk

英国专利数据库检索入口网址：http://gb. espacenet. com

3. 德国的专利制度及检索入口

德国专利为发明专利、实用新型与外观设计，德国专利只保护发明，对实用新型及外

观设计则另有法规作相应的保护。1968年，德国采用早期公开延迟审查制，实行授权后的异议与无效请求程序。

德国专利与商标局的检索入口网址：http://depatisnet.dpma.de

4. 俄罗斯联邦专利制度与检索入口

1991年12月15日，俄罗斯联邦接替苏联成为保护工业产权巴黎公约成员国和专利合作条约成员国。1992年9月23日，俄罗斯联邦颁布了《专利法》。1992年9月成立俄罗斯专利商标委员会，1996年9月更名为俄罗斯专利商标署（ROSPATENT）。俄罗斯专利商标署是俄罗斯联邦权力执行机构，是对俄罗斯境内的发明、实用新型等专利给予登记、保护、批准、协调的职能部门。俄罗斯的专利制度也是采取早期公开延长审查制，完成形式审查的平均期限约1个月，发明的实质性审查是12个月。

俄罗斯专利入口网址：https://www.fips.ru/en/

三、欧洲专利检索方法

输入 http://ep.espacenet.com，呈现主页（如图9-15），其中搜索可分为 Smart search、Advanced search 和 Classification search，可根据需求进入相应的搜索栏进行编辑。

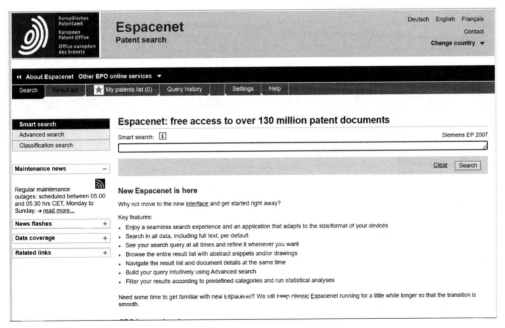

图9-15 欧洲专利局主页

1. 智能检索（Smart search）

智能检索（Smart search）的界面如图9-16所示，我们可以直接在搜索栏中输入想搜索的内容，如关键词、主要内容和专利号等，网站根据内容识别反馈结果。如需查找水性涂料的专利，在搜索栏中填入"Water-based coatings"，点击"Search"出现相关的专利文献，继续搜索找出相应的专利文献说明书。

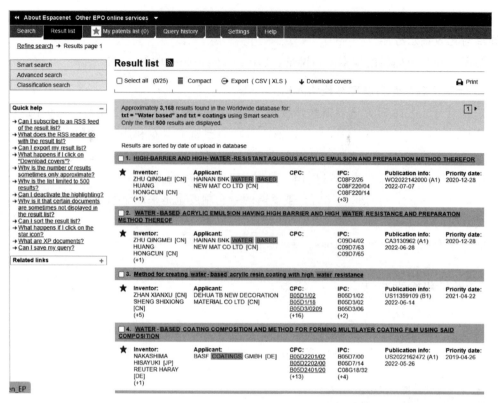

图 9-16 Water-based coatings 相关的专利文献

在图 9-16 出现的文献中，找出自己感兴趣的文献，选择专利标题查看（见图 9-17）。

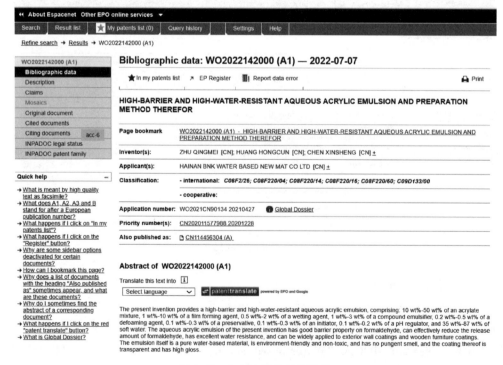

图 9-17 专利文献的各项说明

在图 9-17 中，点击左侧导航栏中"Original document"并保存文档，则出现如图 9-18 所示界面。

图 9-18　专利文献保存过程

在图 9-18 中，点击"Download"保存文档，则出现如图 9-19 所示界面。

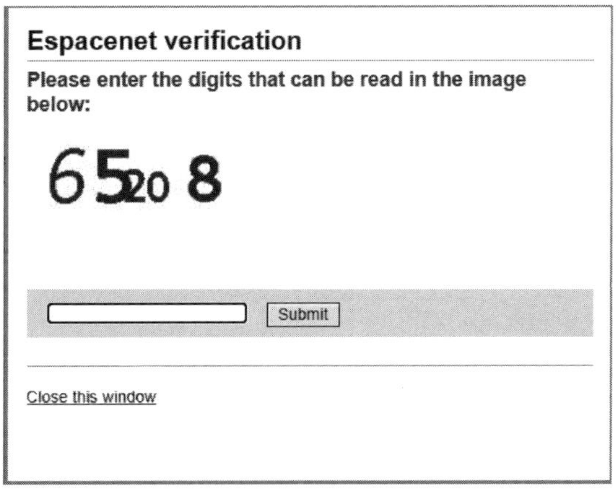

图 9-19　保存专利说明书的过程

在图 9-19 的输入框中输入所给出的 65208，点击"Submit"即可得到上述所搜索的专利文献的 pdf 文本（见图 9-20）。

(12) 按照专利合作条约所公布的国际申请

(19) 世界知识产权组织
国 际 局

(43) 国际公布日
2022 年 7 月 7 日 (07.07.2022)

WIPO | PCT

(10) 国际公布号
WO 2022/142000 A1

(51) 国际专利分类号:
C08F 220/60 (2006.01) *C08F 220/16* (2006.01)
C08F 220/14 (2006.01) *C08F 2/26* (2006.01)
C08F 220/04 (2006.01) *C09D 133/00* (2006.01)

(21) 国际申请号: PCT/CN2021/090134

(22) 国际申请日: 2021 年 4 月 27 日 (27.04.2021)

(25) 申请语言: 中文

(26) 公布语言: 中文

(30) 优先权:
202011577988.X 2020年12月28日 (28.12.2020) CN

(71) 申请人: 海南必凯水性新材料有限公司 (HAINAN BNK WATER-BASED NEW MATERIALS CO., LTD) [CN/CN]: 中国海南省海口市秀英区海口国家高新区狮子岭工业园光伏北路18号, Hainan 571152 (CN)。

(72) 发明人: 朱清梅(ZHU, Qingmei): 中国海南省海口市秀英区海口国家高新区狮子岭工业园光伏北路18号, Hainan 571152 (CN)。 黄宏存(HUANG, Hongcun): 中国海南省海口市秀英区海口国家高新区狮子岭工业园光伏北路18号, Hainan 571152 (CN)。 陈新生(CHEN, Xinsheng): 中国海南省海口市秀英区海口国家高新区狮子岭工业园光伏北路18号, Hainan 571152 (CN)。

(74) 代理人: 北京集佳知识产权代理有限公司 (UNITALEN ATTORNEYS AT LAW): 中国北京市朝阳区建国门外大街22号赛特广场7层, Beijing 100004 (CN)。

(81) 指定国(除另有指明, 要求每一种可提供的国家保护): AE, AG, AL, AM, AO, AT, AU, AZ, BA, BB, BG, BH, BN, BR, BW, BY, BZ, CA, CH, CL, CN, CO, CR, CU, CZ, DE, DJ, DK, DM, DO, DZ, EC, EE, EG, ES, FI, GB, GD, GE, GH, GM, GT, HN, HR, HU, ID, IL, IN, IR, IS, IT, JO, JP, KE, KG, KH, KN, KP, KR, KW, KZ, LA, LC, LK, LR, LS, LU, LY, MA, MD, ME, MG, MK, MN, MW, MX, MY, MZ, NA, NG, NI, NO, NZ, OM, PA, PE, PG, PH, PL, PT, QA, RO, RS, RU, RW, SA, SC, SD, SE, SG, SK, SL, ST, SV, SY, TH, TJ, TM, TN, TR, TT, TZ, UA, UG, US, UZ, VC, VN, WS, ZA, ZM, ZW。

(84) 指定国(除另有指明, 要求每一种可提供的地区保护): ARIPO (BW, GH, GM, KE, LR, LS, MW, MZ, NA, RW, SD, SL, ST, SZ, TZ, UG, ZM, ZW), 欧亚 (AM, AZ, BY, KG, KZ, RU, TJ, TM), 欧洲 (AL, AT, BE, BG, CH, CY, CZ, DE, DK, EE, ES, FI, FR, GB, GR, HR, HU, IE, IS, IT, LT, LU, LV, MC, MK, MT, NL, NO, PL, PT, RO, RS, SE, SI, SK, SM, TR), OAPI (BF, BJ, CF, CG, CI, CM, GA, GN, GQ, GW, KM, ML, MR, NE, SN, TD, TG)。

本国际公布:
— 包括国际检索报告(条约第21条(3))。

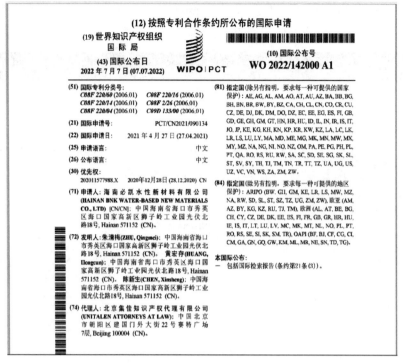

图 9-20 专利说明书

2. 高级检索（Advanced search）

高级检索栏中主要有题目或文摘中的关键词、授权专利号、申请号、优先国别与优先号、授权日期、申请日、发明者、欧洲专利分类号与国际专利分类号（见图 9-21）。

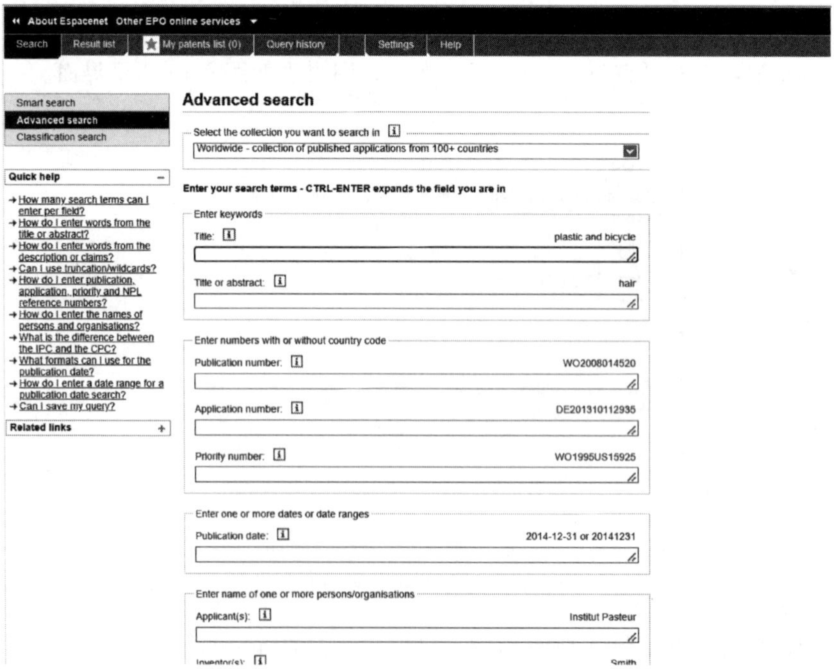

图 9-21 高级检索主界面

在图 9-21 各栏目中填写相应内容（见图 9-22）。

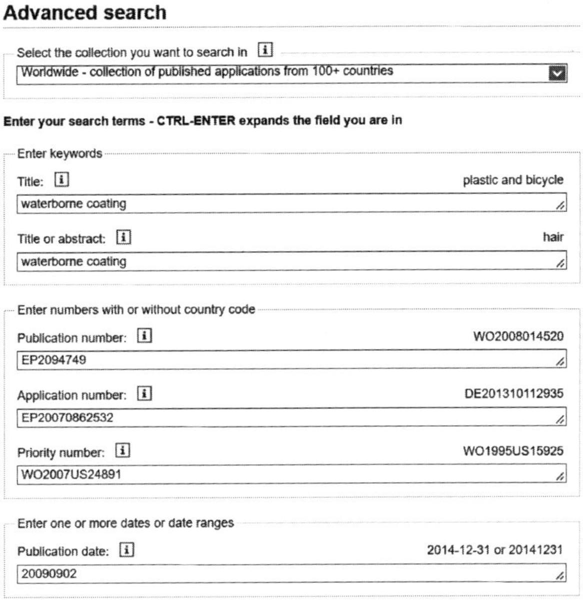

Advanced search

Select the collection you want to search in ⓘ

Worldwide - collection of published applications from 100+ countries ▼

Enter your search terms - CTRL-ENTER expands the field you are in

┌─ Enter keywords ───┐
│ Title: ⓘ   plastic and bicycle │
│ waterborne coating   │
│   │
│ Title or abstract: ⓘ   hair │
│ waterborne coating   │
└───┘

┌─ Enter numbers with or without country code ─────────────────────────┐
│ Publication number: ⓘ   WO2008014520 │
│ EP2094749   │
│   │
│ Application number: ⓘ   DE201310112935 │
│ EP20070862532   │
│   │
│ Priority number: ⓘ   WO1995US15925 │
│ WO2007US24891   │
└───┘

┌─ Enter one or more dates or date ranges ─────────────────────────────┐
│ Publication date: ⓘ   2014-12-31 or 20141231 │
│ 20090902   │
└───┘

图 9-22　输入框中输入检索项内容

如果有些栏目不是很清楚，但至少专利公开号与主题词应填写，点击"Search"，则可检索到所要文献（见图 9-23）。

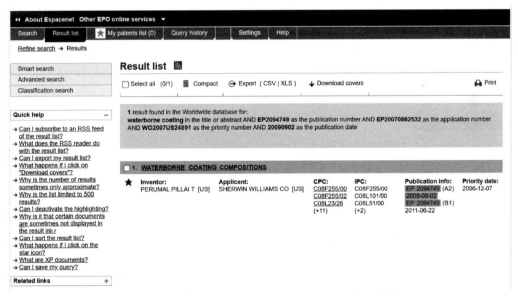

图 9-23　检索出的 waterborne coating 的专利文献

点击图 9-23 中的题目继续搜索可查到原始文献，后续操作如图 9-18 与图 9-19 所述。

3. 分类检索（Classification search）

分类检索（Classification search）的界面如图 9-24 所示，点击类名，系统会显示进一步细分类。

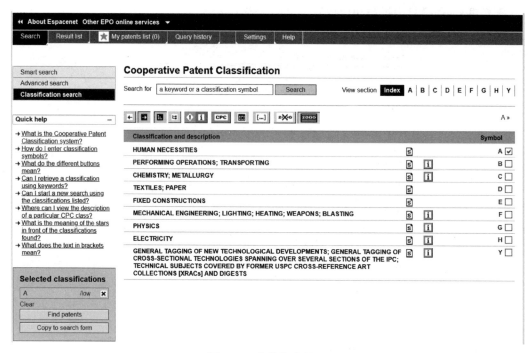

图 9-24 分类检索界面

比如想寻找选择性除草剂相关的专利，按照系统给予的分类一步步选择，最终得到如图 9-25 界面，点击左下角的"Find patents"，即可得到选择性除草剂相关的所有专利（见图 9-26）。

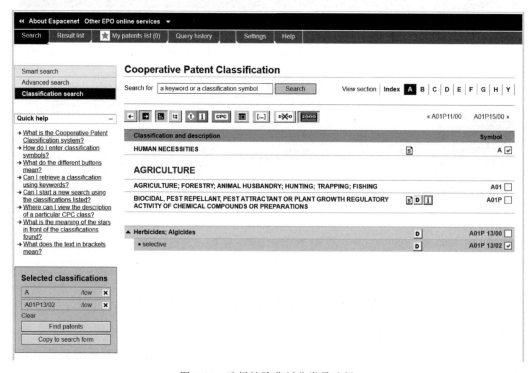

图 9-25 选择性除草剂分类号选择

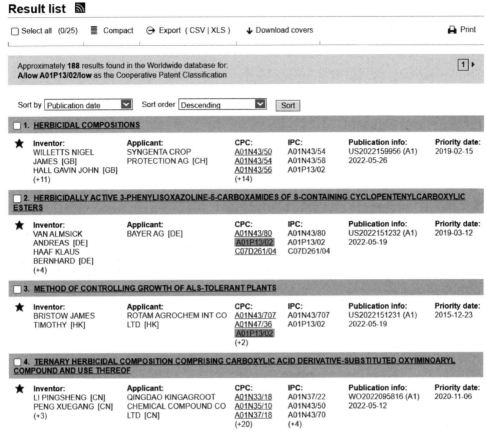

图 9-26　选择性除草剂相关专利

点击题目后出现新的图示，再点击"Original document"，继续按提示填写，并下载到原文。

第四节　世界知识产权组织

一、世界知识产权组织简介

世界知识产权组织（World Intellectual Property Organisation，WIPO）是一个致力于促进使用和保护人类智力作品的国际组织，总部设在瑞士日内瓦，是联合国组织系统中的 16 个专门机构之一。它管理着涉及知识产权保护各个方面的 24 项国际条约，现今成员国有 184 个。该组织主要职能是负责通过国家间的合作，促进对全世界知识产权的保护，管理建立在多边条约基础上的关于专利、商标和版权方面的 23 个联盟的行政工作，并办理知识产权法律与行政事宜。中国于 1980 年 6 月 3 日加入该组织，至 1999 年 1 月，中国共加入了该组织管辖的 12 个条约。

世界知识产权组织官方网站提供了可供检索的网上免费数据库，通过该数据库可以检索 PCT 申请公开、工业品外观设计、商标和版权的相关数据（网址：http://www.wipo. int/portal/index.html.en），通过国家知识产权局网站（网址：http://www.sipo. gov.cn/sipo/）链接也可进入。如进行专利检索，该检索系统提供四种检索方式：简单检索（Simple search）、高级检索（Advanced search）、结构化检索（Structured search）和浏览每周公布的专利文献（Browsed by Week）。

二、专利检索方法

进入世界知识产权组织网站主页，点击"Search"，出现图 9-27 所示的界面。界面中含有两种检索方式：Simple search，Advanced search。

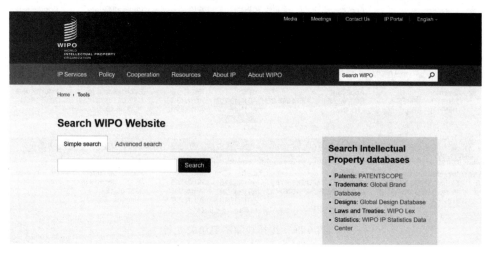

图 9-27 世界知识产权组织主页

1. 简单检索（Simple search）

简单检索仅提供一个检索输入框，首先需要选择筛选的知识产权数据库，此处我们选择 Patents，进入对应的搜索界面如图 9-28 所示，在左侧输入框可以选择输入检索的词范

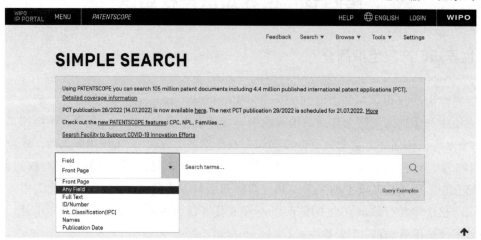

图 9-28 简单检索界面

围（首页、任意字段、全文、中文文本、识别码编号、国际分类号、名称、日期等），我
们选择"Any page"检索得到的文献包含任何一个输入的检索词汇。

如在图 9-28 中输入"*N*-hydroxymethyl acrylamide"（*N*-羟甲基丙烯酰胺），可以得
到与此相关的专利题目与摘要（图 9-29）。

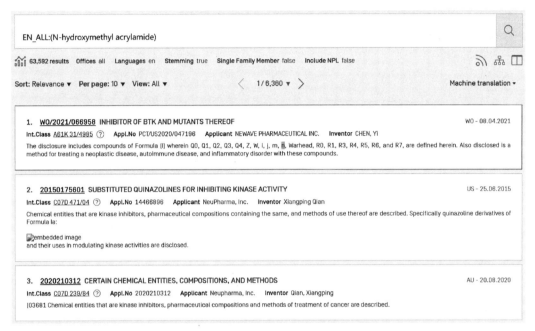

图 9-29　*N*-羟甲基丙烯酰胺的专利文献

继续点击图 9-29 中的题目，出现专利文献的详细资料（见图 9-30）。

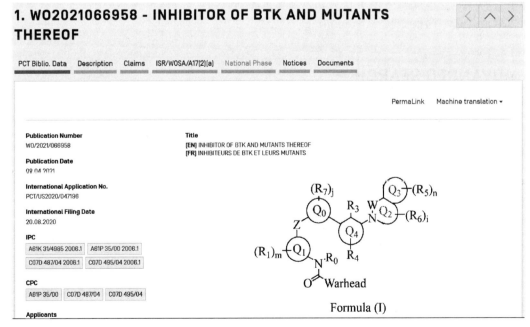

图 9-30　*N*-羟甲基丙烯酰胺的专利文献的详细资料

要下载的话，需要点击"文件"选项卡，在页面右侧下载需要的文件（如图 9-31）。

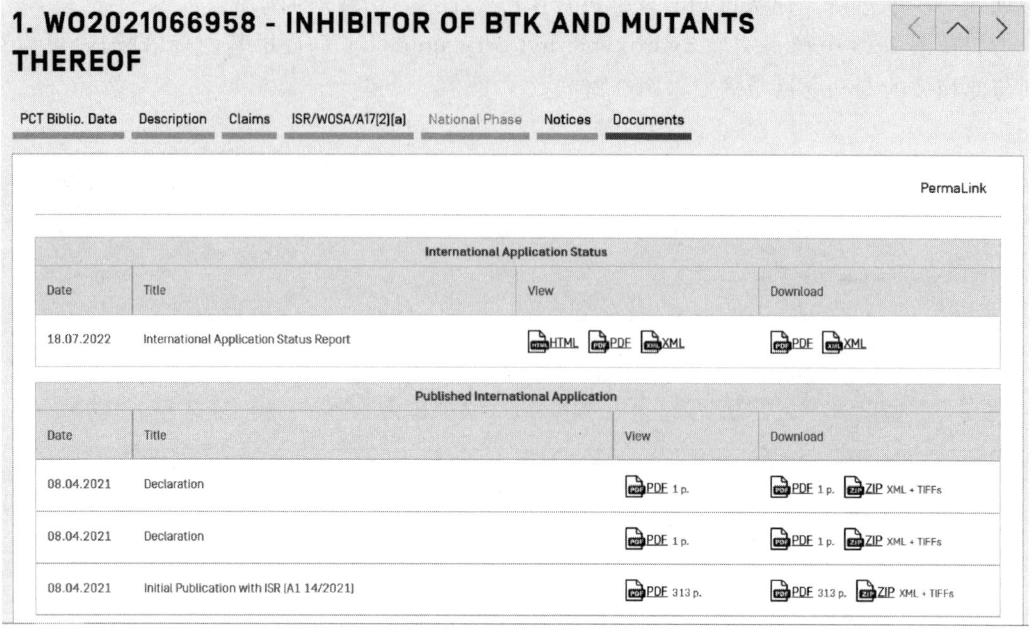

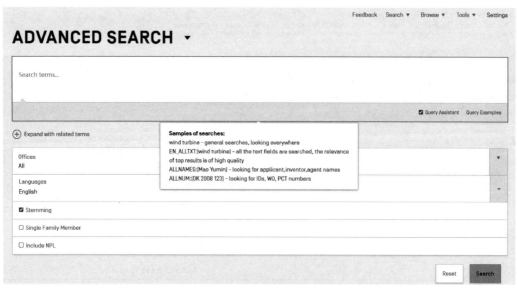

图 9-31   N-羟甲基丙烯酰胺的专利文献下载界面

2. 高级检索（Advanced search）

高级检索中，对检索条件的输入没有数量限制，可以通过运算符来组合检索词，从而进行复杂的检索，检索的结果按相关的降序进行排列。在高级检索页面中，勾选下方的"工具提示帮助"（Query Examples），回到检索框移动鼠标，可以显示检索样例。点击检索框右侧的问号也可显示检索样例。如果想把检索限制为与框中输入的词/句全词匹配，可以取消勾选"词根提取"（Stemming）（见图 9-32）。

图 9-32   界面高级检索界面

3. 字段组合检索（Field combination）

在字段组合界面，可以在特定的检索字段中利用检索词进行针对性检索。在第一列下拉菜单中选择 AND/OR（和/或），在第二列下拉菜单中选择检索字段，在第三列中输入检索词。页面左下方的"⊕"添加检索字段，"⊖"重置检索字段（见图9-33）。

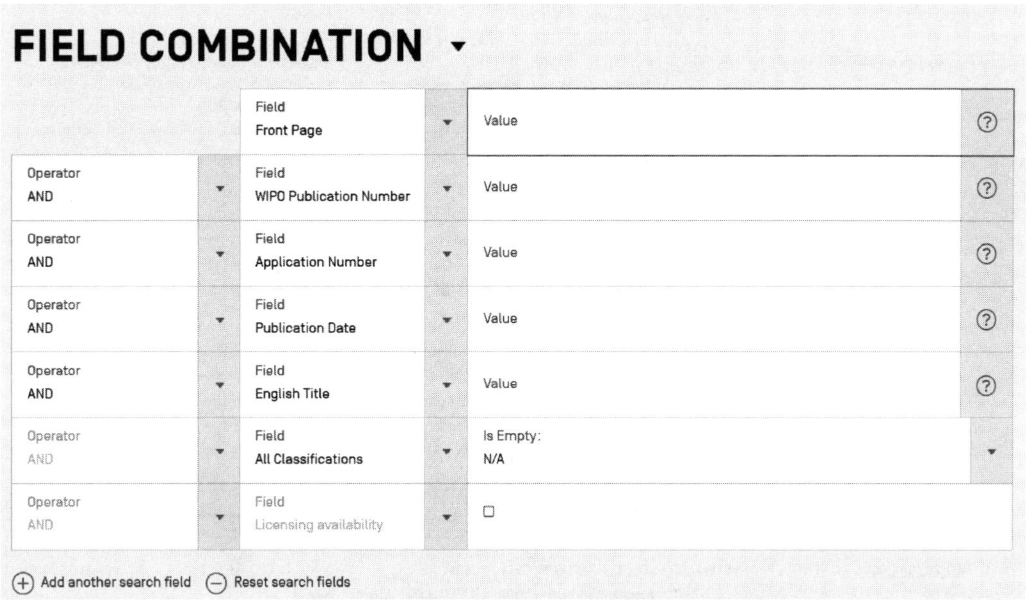

图9-33　字段组合检索界面

4. 跨语种检索（Cross lingual expansion）

跨语种扩展即为CLIR（Cross Lingual Information Retrieval，跨语言信息检索），这个功能的作用是：把用外语公开的专利文献加入结果列表，扩大检索范围。CLIR支持14种语言的查询，包括中文、丹麦文、荷兰文、英文、法文、德文、意大利文、日文、韩文、波兰文、葡萄牙文、俄文、西班牙文、瑞典文。在以上任意一种语言中键入词语，系统就会自动在所有13种语言中进行转化，从而检索所有词语公开的专利文献。CLIR有两种扩展模式，可以通过下拉箭头选择，自动模式会直接根据检索词生成结果，而监督模式能够帮助我们进一步选择和查询相关的技术领域。CLIR还可以选择精准度"高"和"低"的程度，即"查准"和"查全"，"查准"和"查全"在检索领域互为"矛"和"盾"。"查准"提供与检索条件相关程度最高的检索结果，但风险在于会遗漏一些相关度不太高的结果。"查全"会检索尽可能多的检索结果，但风险在于会检索到大量不相关的结果（见图9-34）。

以"燃料电池"为例，进行跨语种查询，可以看到搜索栏中会自动对关键词进行了语言转化（如图9-35）。

所有的结果显示都如同简单检索介绍的一致。

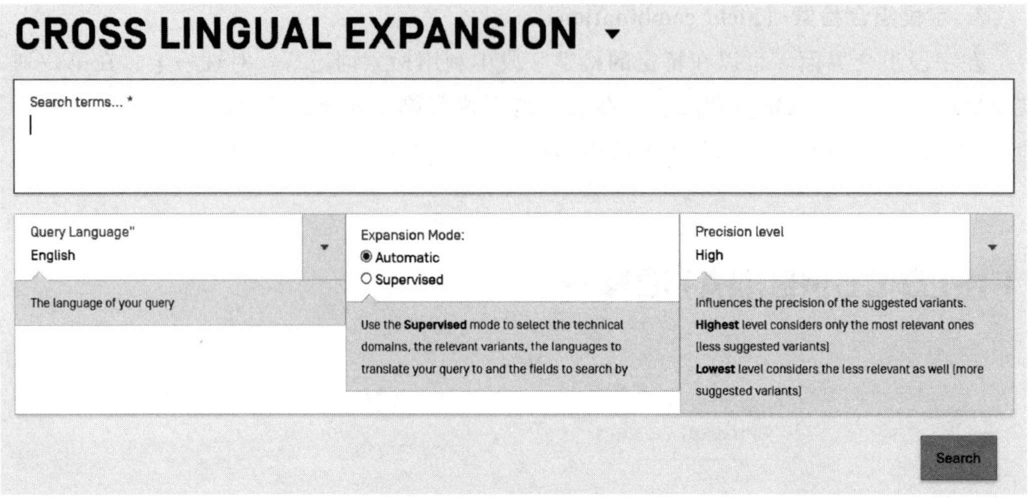

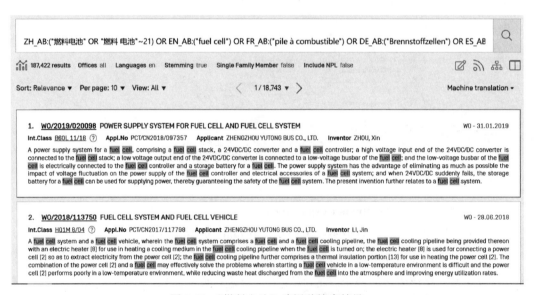

图 9-34　跨语种检索界面

图 9-35　"燃料电池"跨语种搜索结果

第五节　德温特专利检索体系

德温特专利检索体系简称德温特专利出版物（Derwent Patent Publication）。

德温特专利出版物收录了世界知识产权组织主要成员国的专利文献，具有权威性，其刊物语言是英语。德温特专利出版物的总体结构分为索引和文摘两部分。

索引：①专利权人索引；②国际专利分类索引；③专利号索引；④登记号索引。

文摘：中心专利索引（实为文摘）；世界专利文摘杂志。

DII 数据库：DII 数据库即德温特创新索引（Derwent Innovations Index），该数据库

将原来的德温特世界专利索引（WPI）与专利引文索引（PCI）加以整合。DII 数据库是世界上国际专利信息收录最全面的综合数据库，来源于世界上 40 多个国家的专利信息，包括化学、电子与电气、工程三大类，数据库收录起始于 1963 年。DII 采用与 web of Science 链接，可通过 web of Science，Web of Knowledg 系统以及联机检索系统 Dialog 数据库和 STN 联机检索。

第六节　中国专利

1984 年 3 月我国颁布了专利法，1992 年又进行了修订，2000 年 8 月进行了第二次修订。

一、中国专利文献

1. 专利文献代码说明

（1）专利汉语拼音代码

专利类别	专利号前汉语拼音代码	表示内容
发明专利申请	GK	公开号
	SD	审定号
	ZL	专利号
实用新型	GG	公告号
外观设计	ZL	专利号

（2）不同类别的说明书代码

编号前所标代码	编号后所标代码	说明书类别
CN	A	发明专利申请公开说明书
CN	B	发明专利申请审定说明书
CN	C	发明专利申请的专利说明书
CN	U	实用新型专利申请公开说明书
CN	R	实用新型专利申请专利说明书

三种专利的编号采用 8 位数，前两位数表示年代；第三位数用来区分三种不同的专利：1 为发明，2 为实用新型，3 为外观设计，后五位数表示申请流水号。CN 在号前，类别在号后，如：CN 89100213A　CN 91100243B。

2. 中国专利说明书

中国专利申请公开说明书是一种未经实质性审查也未授予专利权的申请说明书。中国专利法规定，对发明专利实行早期公开、延长审查制。图 9-36 是中国专利申请公开说明书的扉页，它包含：申请人、发明人、题目、专利代理人、专利摘要等。

(19) 中华人民共和国国家知识产权局

(12) 发明专利申请

(10) 申请公布号 CN 109574945 A

(43) 申请公布日 2019.04.05

(21) 申请号 201811127955.8

(22) 申请日 2018.09.27

(66) 本国优先权数据

201710895095.1 2017.09.28 CN

(71) 申请人 东莞东阳光科研发有限公司

地址 523871 广东省东莞市长安镇振安中
路368号

(72) 发明人 李义涛 池伟林 曾水明 连泽宇
张虎 林健

(74) 专利代理机构 北京邦信阳专利商标代理有
限公司 11012

代理人 王惠

(51) Int.Cl.

C07D 261/04 (2006.01)

C07D 261/20 (2006.01)

C07D 413/14 (2006.01)

A01N 43/80 (2006.01)

A01N 43/84 (2006.01)

A01P 13/00 (2006.01)

权利要求书21页 说明书105页 附图5页

(54) 发明名称

异噁唑啉衍生物及其在农业中的应用

(57) 摘要

本发明提供异噁唑啉衍生物及其在农业中
的应用;具体地,本发明提供一种如式(I)所示的
化合物或式(I)所示化合物的立体异构体、氮氧
化物或其盐,制备方法,以及含有这些化合物的
组合物及其在农业中的应用,特别是作为除草剂
活性成分用于防治不想要的植物的用途;其中
R^1、R^2、R^3、R^4、n、R^5、R^6和Hy具有如本发明所述的含

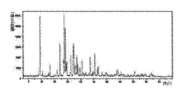

图 9-36 中国专利申请说明书扉页

3. 中国专利文献

中国专利文献由中国专利出版社出版发行。主要包括:①发明专利公报、实用新型专利公报和外观设计专利公报;②发明专利申请公开说明书、发明专利说明书;③实用新型专利说明书;④专利年度索引。1985 年以纸质版出版发行,1987 年开始出版发行以缩微胶片为载体的公报和说明书的专利文献,1992 年开始出版发行中国专利文献的 CD-ROM 光盘出版物。

(1) 专利公报 《中国专利公报》可以分为三个部分:第一部分公告专利申请中记载的著录事项(如:申请的名称、国际专利分类号、申请日、申请号、公开号或授权公告)和摘要及附图;第二部分是专利事务,记载与专利申请的审查及专利的法律状态有关的事项(如申请的撤回、专利权的撤销、专利权的无效宣告、专利权的终止、专利权的继承或转让等);第三部分是索引,按 IPC(国际专利分类号)、专利号和专利权人编排三个索引。

(2) 发明专利申请公开说明书 《发明专利申请公开说明书》是一种对发明专利未进行实质性审查也未授权的专利申请说明书。

(3) 发明专利说明书 《发明专利说明书》对所发明背景进行描述,公开发明的新技术、新特点及专利保护的权限。

（4）专利年度索引 《中国专利索引-申请号、专利号索引》由专利文献出版社于1991年起出版发行。中国专利年度索引主要有：《中国专利索引-分类年度索引》按国际专利分类号的顺序排列，主要包括国际专利分类号、公开号、申请号、申请人、发明名称、发布该专利申请的专利公报的卷期号；《中国专利索引-申请人、专利权人年度索引》按申请人、专利权人名称的汉语拼音字顺排列，主要包括申请人、国际专利分类号、公开号、申请号、发明名称等。

（5）中国专利分类文摘 《中国专利分类文摘》是通过对原专利文献重新加工的二次文献，按 IPC 号 8 个部分分为 8 个分册。

二、中国专利数据库

中国专利数据库由国家知识产权局和中国专利信息中心开发提供，该系统收录了中国自 1985 年实施专利制度以来的全部中国专利文献，具有较高的权威性，网上数据每周更新一次，是国内最好的专利数据库检索系统之一。

（1）国家知识产权局 负责知识产权的保护与运用、知识产权公共服务和协调涉外知识产权等，读者可通过网址进行专利的查询（网址 https://www.cnipa.gov.cn/）。

（2）中国专利信息网 中国专利信息网提供中国专利的检索及中国专利的各种信息（网址：http://www.patent.com.cn），读者可以通过上网进行查询。

三、中国专利查询举例

通过国家知识产权局查询检索，在主页中，选择政务服务中专利选项，在查询服务中点击专利检索及分析系统，注册并登录，即显示检索页面（见图 9-37）。

图 9-37　专利检索及分析系统界面

　　如需要查找镀锌无铬钝化有关的专利，可在自动识别中输入"镀锌　无铬钝化"，点击"检索"，则出现与此相关的专利条目（见图9-38）。

图 9-38　镀锌无铬钝化的专利检索条目

　　在众多的结果之中，我们可根据筛选条件进行筛选，如查找近两年来的有效发明专利，按图9-39进行筛选，得到相应结果。

图 9-39　镀锌无铬钝化的近两年来的有效发明专利检索条目

　　点击图9-39中的专利条目，则出现该专利公开的申请说明书的摘要及发明人、公告号、申请号、申请人、授权日期等内容，如果要查找专利说明书全文，则可点击左侧下载即可查看全文（见图9-40）。

常规检索 / 检索结果 / 详览
文献浏览列表
全选
CN112813471A
门窗五金绿色电镀工艺方法
下载 收藏 +分析库
高亮 格式设置 翻译
著录项目 全文文本 摘要附图 说明书附图 全文图像 法律状态 同族 引证
被引证
发明名称：门窗五金绿色电镀工艺方法
申请号 CN202110139215.1
申请日 2021.02.02
申请人所在国家/地区/组织 CN
公开
公开号（公开） CN112813471A
公开日期（公开） 2021.05.18
申请人（公开） 山东建筑大学
发明人（公开） 王晓敏; 李洋洋; 谷子丰; 商雨新; 王建鹏; 石磊; 吴晨希; 林浩; 黄舒夏; 陈逸飞
IPC分类（公开） C25D5/48;C23C22/40;C25D3/56;C25D5/34;C25D7/00
CPC发明（公开） C25D3/565;C25D7/00;C25D5/34;C25D5/48;C23C22/40
发明名称（公开） 门窗五金绿色电镀工艺方法

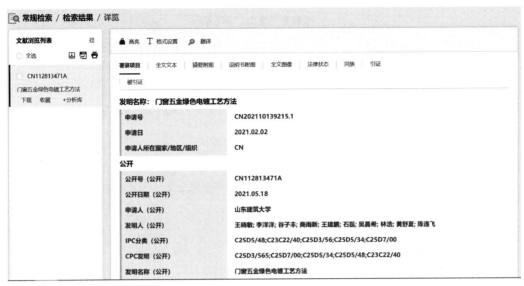

图 9-40 检索所需条目后的专利信息

第七节 专利下载方法

一、美国专利下载

在检索到美国专利号之后，可以登录网址：http://www.drugfuture.com/uspat/us_patent.asp，进行美国专利的全文下载（图 9-41）。

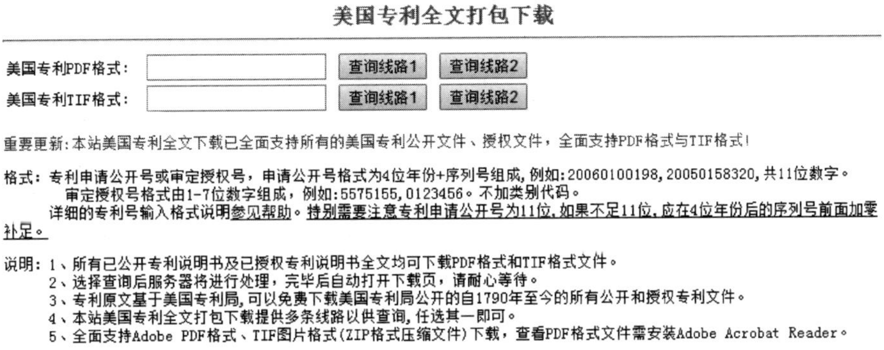

美国专利全文打包下载
美国专利PDF格式： 查询线路1 查询线路2
美国专利TIF格式： 查询线路1 查询线路2
重要更新：本站美国专利全文下载已全面支持所有的美国专利公开文件、授权文件，全面支持PDF格式与TIF格式！
格式：专利申请公开号或审定授权号，申请公开号格式为4位年份+序列号组成，例如：20060100198，20050158320，共11位数字。
审定授权号格式由1-7位数字组成，例如：5575155，0123456。不加类别代码。
详细的专利号输入格式说明参见帮助。特别需要注意专利申请公开号为11位，如果不足11位，应在4位年份后的序列号前面加零补足。
说明：1、所有已公开专利说明书及已授权专利说明书全文均可下载PDF格式和TIF格式文件。
2、选择查询后服务器将进行处理，完毕后自动打开下载页，请耐心等待。
3、专利原文基于美国专利局，可以免费下载美国专利局公开的自1790年至今的所有公开和授权专利文件。
4、本站美国专利全文打包下载提供多条线路以供查询，任选其一即可。
5、全面支持Adobe PDF格式、TIF图片格式（ZIP格式压缩文件）下载，查看PDF格式文件需安装Adobe Acrobat Reader。

图 9-41 利用专利号下载美国专利全文

二、欧洲专利下载

网址：http://www.drugfuture.com/eppat/patent.asp，如图 9-42 所示。

欧洲专利全文打包下载

请输入需要打包下载的专利号：☐☐☐☐☐☐　　查询线路1　查询线路2　查询线路3　查询线路4

格式：专利国别代码+数字编号，例如WO03075629、US6831838。数字编号不足7位加0补充，类别代码可省略。
功能：1、专利原文基于欧洲专利局，由本站进行格式处理。
　　　2、全面支持书签功能。
　　　3、可限定专利类别，如A1、B1、B、C等。
　　　4、选择查询后服务器将进行处理，完毕后自动打开下载页。
　　　5、可以免费查到欧洲专利局收藏的7000多万份世界各国的专利，包括PCT、欧洲、美国、英国、日本、德国、法国专利
　　　（WO\EP\US\GB\JP\DE\FR）等。
　　　6、根据网络速度需要相应的处理时间，请耐心等待。
　　　7、专利全文为Adobe PDF格式，查看全文需安装Adobe Acrobat Reader。

建议：下载美国专利的最佳方式为选择本站美国专利打包下载，与美国专利局同步更新，且可下载全部申请及授权文件！

图 9-42　利用专利号下载欧洲专利全文

三、中国专利下载

网址：http://www.drugfuture.com/cnpat/cn_patent.asp，如图 9-43 所示。

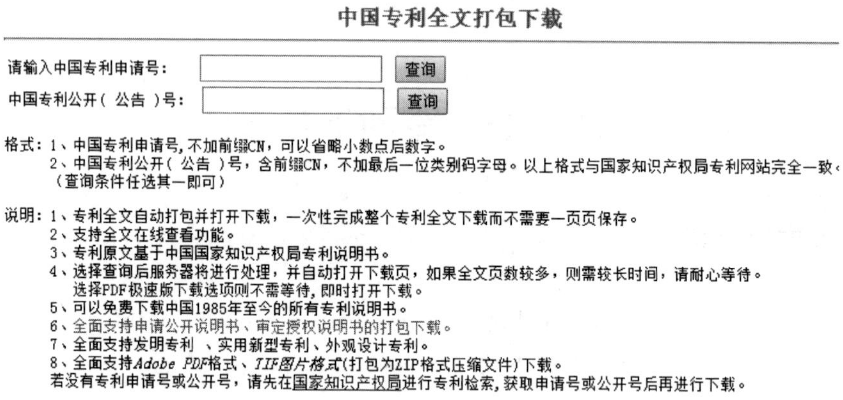

中国专利全文打包下载

请输入中国专利申请号：☐☐☐☐☐☐☐　查询
中国专利公开（公告）号：☐☐☐☐☐☐☐　查询

格式：1、中国专利申请号，不加前缀CN，可以省略小数点后数字。
　　　2、中国专利公开（公告）号，含前缀CN，不加最后一位类别码字母。以上格式与国家知识产权局专利网站完全一致。
　　　（查询条件任选其一即可）

说明：1、专利全文自动打包并打开下载，一次性完成整个专利全文下载而不需要一页页保存。
　　　2、支持全文在线查看功能。
　　　3、专利原文基于中国国家知识产权局专利说明书。
　　　4、选择查询后服务器将进行处理，并自动打开下载页，如果全文页数较多，则需较长时间，请耐心等待。
　　　　　选择PDF极速版下载选项则不需等待，即时打开下载。
　　　5、可以免费下载中国1985年至今的所有专利说明书。
　　　6、全面支持申请公开说明书、审定授权说明书的打包下载。
　　　7、全面支持发明专利、实用新型专利、外观设计专利。
　　　8、全面支持Adobe PDF格式、TIF图片格式(打包为ZIP格式压缩文件)下载。
　　　若没有专利申请号或公开号，请先在国家知识产权局进行专利检索，获取申请号或公开号后再进行下载。

图 9-43　利用专利号下载中国专利全文

四、各国专利网站

	国家或组织	网址	支持语言
中国	中国专利信息网	http://www.patent.com.cn/	中文
	中国知识产权局	https://www.cnipa.gov.cn/	中文
	台湾地区专利检索	http://nbs.apipa.org.tw/	中文
	世界知识产权组织	http://www.wipo.int/	英语
	世界 PCT 组织	http://www.wipo.int/	英语
	欧洲专利局（FPO）	http://www.epo.co.at/epo	英语/德语/法语
	日本	https://www.j-platpat.inpit.go.jp/	日语

续表

国家或组织	网址	支持语言
奥地利	http://at.espacenet.com/	德语
比利时	http://be.espacenet.com/	法语
保加利亚	http://bg.espacenet.com/	保加利亚语
捷克	http://cz.espacenet.com/	捷克语
丹麦	http://dk.espacenet.com/	丹麦语
爱沙尼亚	http://ee.espacenet.com/	菲律宾语
芬兰	http://fi.espacenet.com/	芬兰语
法国	http://fr.espacenet.com/	法语
德国	http://de.espacenet.com/	德语
希腊	http://gr.espacenet.com/	希腊语
匈牙利	http://hu.espacenet.com/	匈牙利语
爱尔兰	http://ie.espacenet.com/	英语
意大利	http://it.espacenet.com/	意大利语
列支敦士登	http://li.espacenet.com/	法语/德语/意大利语
卢森堡	http://lu.espacenet.com/	法语
摩纳哥	http://mc.espacenet.com/	法语
荷兰	http://nl.espacenet.com/	荷兰语
葡萄牙	http://pt.espacenet.com/	葡萄牙语
罗马尼亚	http://ro.espacenet.com/	罗马尼亚语
斯洛伐克	http://sk.espacenet.com/	斯洛伐克语
西班牙	http://es.espacenet.com/	西班牙语
瑞士	http://se.espacenet.com/	瑞典语
土耳其	http://tr.espacenet.com/	土耳其语
英国	http://gb.espacenet.com/	英语

思考题

1. 专利的性质及保护内容主要有哪些?
2. 申请专利必须考虑哪些因素?
3. 专利的扉页主要包括哪些内容,专利主要由哪几个部分组成?

4. 最常用的专利文献有哪几种，请叙述从网上查阅这些专利文献的方法。

5. 简述发明和实用新型获得专利权的实质条件。

6. 选择中外专利数据库各一个，检索2021年关于"绿色农药"方面的专利文献，每个数据库保存3～5篇相关文献。

7. 请从 EP 免费专利网上查找两篇有关丙烯酸酯聚合物的专利。

8. 通过美国专利网站查找出2020年关于癌症药物分子的相关专利。

9. 检索某年我省烟草（或主要农作物如小麦、水稻等）的播种面积及总产量，并写出检索结果。

10. 检索华中师范大学于2021年内所获得的成果数量，并写出检索过程和一篇成果的题录。

第十章

Web资源 →»

一、Google 学术搜索

Google 学术搜索是一个可以免费搜索学术文章的 Google 网络应用。2004 年 11 月，Google 第一次发布了 Google 学术搜索的试用版。该项索引包括了世界上绝大部分出版的学术期刊，是可广泛搜索学术文献的简便方法。可以从一个位置搜索众多学科和资料来源：来自学术著作出版商、专业性社团、预印本、各大学及其他学术组织的经同行评论的文章、论文、图书、摘要等。Google 学术搜索可帮助您在整个学术领域中确定相关性最强的研究，由于谷歌已退出中国大陆市场，所以在使用谷歌学术搜索时网页经常无法打开，推荐使用谷歌镜像网站（图 10-1）。

网址：http://scholar.scqylaw.com

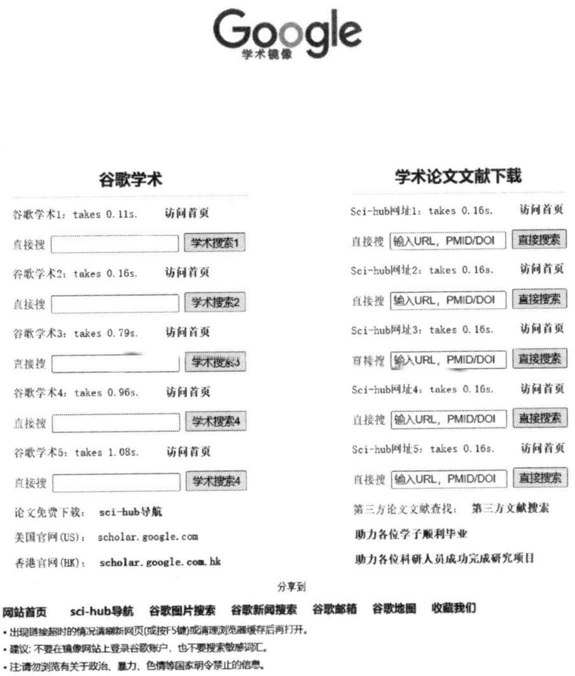

谷歌学术　　　　　　　　　　　　学术论文文献下载

谷歌学术1: takes 0.11s.　　访问首页　　　　Sci-hub网址1: takes 0.16s.　　访问首页

直接搜 [　　　　　　] 学术搜索1　　　　直接搜 [输入URL, PMID/DOI] 直接搜索

谷歌学术2: takes 0.16s.　　访问首页　　　　Sci-hub网址2: takes 0.16s.　　访问首页

直接搜 [　　　　　　] 学术搜索2　　　　直接搜 [输入URL, PMID/DOI] 直接搜索

谷歌学术3: takes 0.79s.　　访问首页　　　　Sci-hub网址3: takes 0.16s.　　访问首页

直接搜 [　　　　　　] 学术搜索3　　　　直接搜 [输入URL, PMID/DOI] 直接搜索

谷歌学术4: takes 0.96s.　　访问首页　　　　Sci-hub网址4: takes 0.16s.　　访问首页

直接搜 [　　　　　　] 学术搜索4　　　　直接搜 [输入URL, PMID/DOI] 直接搜索

谷歌学术5: takes 1.08s.　　访问首页　　　　Sci-hub网址5: takes 0.16s.　　访问首页

直接搜 [　　　　　　] 学术搜索4　　　　直接搜 [输入URL, PMID/DOI] 直接搜索

论文免费下载　sci-hub导航　　　　　　　　第三方论文文献查找：　第三方文献搜索

美国官网(US)：scholar.google.com　　　　助力各位学子顺利毕业

香港官网(HK)：scholar.google.com.hk　　　助力各位科研人员成功完成研究项目

分享到

网站首页　sci-hub导航　谷歌图片搜索　谷歌新闻搜索　谷歌邮箱　谷歌地图　收藏我们

· 出现链接超时的情况请刷新网页(或按F5键)或清理浏览器缓存后再打开。
· 建议：不要在镜像网站上登录谷歌账户，也不要搜索敏感词汇。
· 注请勿浏览有关于政治、暴力、色情等国家明令禁止的信息。

图 10-1　Google 学术镜像网站界面

二、X-MOL 科学知识平台

X-MOL 是一款科学知识平台，由北京衮雪科技有限公司创办，对化学工作者免费开放。它提供最新科研进展、文献检索、文献订阅、求职信息、专业问答、免费的实验室试剂管理系统，还包括化学试剂的采购和比价功能。该平台将涉及医学、生命科学、化学、材料、计算机科学、工程技术等多种学科领域的重要期刊集合在一个平台。现已收录上万本英文期刊，几乎涵盖了 SCIE、ESCI、SSCI、AHCI 和 EI 的全部期刊，而且还会根据用户建议不断增加。网站上的文章更新迅速，每天至少更新一次，基本保持与期刊官网同一天上线。用户可以订阅关心的科研期刊，选择关键词或作者进行一站式的浏览，页面还可以切换成"中文浏览"模式，见图 10-2。

网址：https://www.x-mol.com

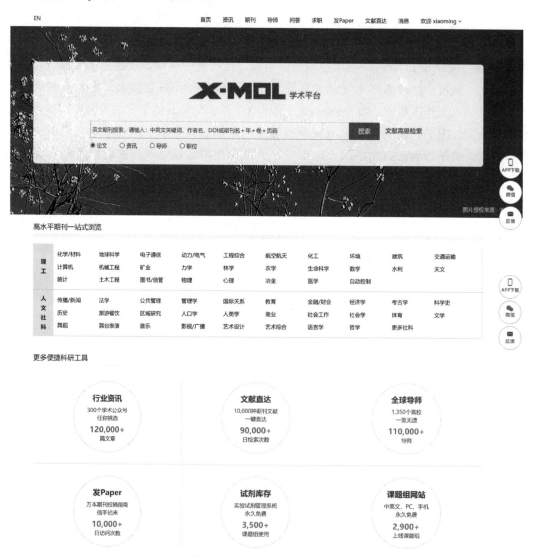

图 10-2　X-MOL 学术平台首页

三、PubMed

PubMed 是一个免费的搜索引擎，提供生物医学方面的论文搜寻以及摘要。它的数据库来源为 MEDLINE。其核心主题为医学，也包括其他与医学相关的领域，如护理学或其他健康学科。同时还提供生物化学与细胞生物学等生物医学相关资讯。该搜索引擎是由美国国家医学图书馆提供，是 Entrez 资讯检索系统的一部分。PubMed 的资讯并不提供期刊论文的全文，但可能提供全文提供者（付费或免费）的链接，见图 10-3。

网址：http://www.ncbi.nlm.nih.gov/pubmed

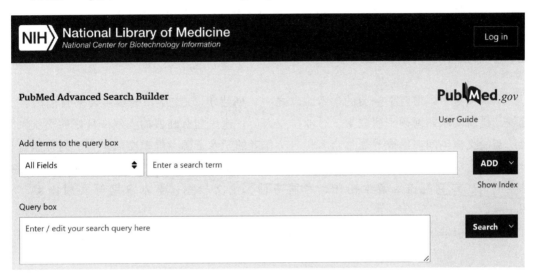

图 10-3 PubMed 高级检索页面

PubMed 界面提供与综合分子生物学数据库的链接，其内容包括：DNA 与蛋白质序列，基因图数据，3D 蛋白构象，人类孟德尔遗传在线，也包含与提供期刊全文的出版商网址的链接等。

PubMed 系统的特征工具栏提供辅助检索功能，侧栏提供其它检索如期刊数据库检索、主题词数据库检索和特征文献检索。提供原文获取服务，免费提供题录和文摘，可与提供原文的网址链接，提供检索词自动转换匹配，操作简便快捷。

PubMed 医学文献检索服务系统，其数据主要来源有：MEDLINE、OLDMEDLINE、Record in process、Record supplied by publisher 等。数据类型：期刊论文、综述，以及与其它数据库链接。

MEDLINE 收录 1966 年以来的包含医学、护理、兽医、健康保健系统及前临床科学的文献 1600 万余条书目数据（2005 年数据），记录的标记为［PubMed-indexed for MED-LINE］。这些数据来源于 70 多个国家和地区的 4800 多种生物医学期刊，近年数据涉及 30 多个语种，回溯至 1966 年的数据涉及 40 多个语种，90％左右为英文文献，70％～80％的文献有著者撰写的英文摘要。

In Process Citations 从 1996 年 8 月开始，每天收录由 MEDLINE 的期刊出版商提供

的尚未经过规范化处理的数据,该库中的记录只具有简单的书目信息和文摘,记录标记为 [PubMed-in process]。当该库中数据被标引 MeSH 词、文献类型及其他数据时,每周转入 MEDLINE 一次,而被处理前的数据从该数据库中删除。

OLDMEDLINE:含 1950～1965 年期间发表的 200 万篇生物医学文献。该系统的记录没有 MeSH 字段和摘要,记录的标记为:[PubMed-OLDMEDLINE for Pre1966]。

Publisher-Supplied Citations(Articles Not in MEDLINE or IN Process)是由出版商提供的电子文献,每条记录标有 [PubMed-as supplied by publisher]。这些文献包括两种来源:MEDLINE 收录范围的文献,每日被添加到 In Process Citation 中去,换上 [PubMed-in process] 的标记,并赋予一个 MEDLINE 的数据识别号 (UI);不属于 MEDLINE 收录范围的文献则只有 PubMed 数据识别号 PMID 而没有 MEDLINE UI。

四、小木虫学术科研论坛

小木虫是中国最有影响力的学术站点之一。创建于 2001 年,会员主要来自国内各大院校、科研院所的博硕士研究生、企业研发人员,这里拥有旺盛的人气、良好的交流氛围及广阔的交流空间,已成为聚集众多科研工作者的学术资源、经验交流平台。内容涵盖化学化工、生物医药、物理、材料、地理、食品、理工、信息、经管等学科,除此之外还有基金申请、专利标准、留学出国、考研考博、论文投稿、学术求助等实用内容,见图 10-4。

网址:http://muchong.com/bbs/index.php

图 10-4　小木虫登录页面

五、PLoS Journal（科学公共图书馆期刊）

PLoS Journal 成立于 2000 年,总部位于美国,致力于推动全球科技和医学领域文献的免费获取。2002 年成立期刊编辑部,成为非营利性组织出版商。目前该组织共出版了 12 种期刊,几乎涉足了每一个科研领域,所有期刊都是 OA 期刊(开源期刊),且均由同行专家严格评审,其中 PloS Biology 和 PloS Medicine 都是中国科学院一区期刊,2022 年 SCI 影响因子分别为 9.593、11.613,领域内具有较高知名度。旗下期刊 PloS One 是一本综合性期刊,创刊十余年来,尤其是最近十年,每年发文量都巨大,影响因子维持在 3 左右。

网址:http://www.plos.org/

六、开放获取课件

中国大学 MOOC（慕课）国家精品课程在线学习平台：MOOC 的全称为 Massive Open Online Courses，即"大规模在线开放课程"，由网易公司和教育部爱课程网携手推出。网站汇聚了中国顶尖高校的 MOOC 课程，已有包括北京大学、复旦大学等近千所高校入驻此平台，提供的课程类别丰富，从大学类别下的国家精品课程，到升学就业的考研考证课程，再到终身学习的个人提升等，应有尽有，可以说是目前最全面的学习平台。

网址：https://www.icourse163.org

MIT 开放获取课件（MIT OpenCourseWare）：自 2001 年以来，麻省理工学院开放课程共享其教育资源，帮助免费获取知识。该网站涵盖了整个 MIT 课程，包含数千门课程的免费开放资料集合。不需要注册或登记，可以下载文件并进行修改编辑。

网址：http://ocw.mit.edu

思考题

1. 常用 Web 资源有哪些？

2. X-MOL 科学知识平台可以搜索到哪些资源？

参考文献

［1］ 谭凯. 化学信息学. 3 版. 北京：化学工业出版社，2017.

［2］ 张艳玲，董阿力德尔图，张君. 化学信息学. 北京：化学工业出版社，2021.

［3］ Woodburn H. Using the Chemical Literature. Florida：CRC Press，2010.

［4］ Roberts G, Russell C. Chemical History：Reviews of the Recent Literature. Royal Society of Chemistry，2007.

［5］ 李国辉，汤大权，武德峰. 信息组织与检索. 北京：科学出版社，2003.

［6］ 余向春. 化学文献及查阅方法. 4 版. 北京：科学出版社，2009.

［7］ 魏振枢. 化学化工信息检索. 3 版. 北京：化学工业出版社，2023.

［8］ 王荣民. 化学化工信息及网络资源的检索与利用. 北京：化学工业出版社，2016.

［9］ 何晓萍. 文献信息检索理论、方法和案例分析. 北京：机械工业出版社，2014.

［10］ 李一梅，罗时忠，王银玲. 化学化工文献信息检索. 合肥：中国科学技术大学出版社，2021.

［11］ 穆安民. 科技文献检索实用教程. 5 版. 北京：化学工业出版社，2023.

［12］ 王细荣. 文献信息检索与论文写作. 8 版. 上海：上海交通大学出版社，2022.

［13］ 盛彧欣，李兰燕，毛雪石. Reaxys 与 SciFinder 数据库对比分析. 医学信息学杂志，2012，11：57-60.

［14］ 孙君，杨毓丽，夏立娟. Reaxys 数据库的功能提升与检索技巧. 图书馆学刊，2011，8：106-108.

［15］ 宋玉梅. Reaxys 的检索及特点. 现代情报，2011，10：151-156.

［16］ 仇蕾安，蒲志凤. 化学专利实务指南. 北京：北京理工大学出版社，2015.

［17］ Steven H V. 从发明到专利——科学家和工程师指南. 李文宇，等译. 北京：清华大学出版社，2020.

［18］ 孙英伟. 专利知识一书通. 北京：知识产权出版社，2021.